Cornelia Döll, Christine Hundt

Grammatikübungsbuch
PORTUGIESISCH

BUSKE

Dr. Cornelia Döll studierte Erwachsenenbildung in den Fächern Portugiesisch und Englisch. Sie promovierte zum Thema *Portugiesisch-englischer Sprachkontakt* und beschäftigt sich insbesondere mit varietätenlinguistischen Lehr- und Forschungsschwerpunkten. Sie ist seit 1983 am Institut für Romanistik der Universität Leipzig als Wissenschaftliche Mitarbeiterin tätig und hat umfangreiche Lehrerfahrung auf den Gebieten portugiesische Sprachwissenschaft und Sprachpraxis.

Dr. Christine Hundt, Diplomromanistin, ist seit 1982 am Institut für Romanistik der Universität Leipzig als Wissenschaftliche Mitarbeiterin tätig und lehrt auf den Gebieten portugiesische Sprachwissenschaft und Sprachpraxis. Ihr Lehr- und Forschungsinteresse konzentriert sich auf die Lexikologie, sie verfasste ihre Dissertation zur *Portugiesischen Phraseologie*.

Bibliografische Information der Deutschen Nationalbibliothek

Die Deutsche Nationalbibliothek verzeichnet diese Publikation in der Deutschen Nationalbibliografie; detaillierte bibliografische Daten sind im Internet abrufbar über: https://portal.dnb.de

ISBN 978-3-96769-002-6

2., bearbeitete Auflage

 Umschlaggestaltung: QART Büro für Gestaltung, Hamburg. Layout: Beate Stangl, tigerworx, Berlin. Satz: Reemers Publishing Services, Krefeld. Druck und Bindung: Printing Solutions, Toruń. Printed in Poland.

Inhaltsverzeichnis

Vorwort

Das „Grammatikübungsbuch Portugiesisch" richtet sich an Anfänger mit Grundkenntnissen sowie an fortgeschrittene Lernende.

Getreu dem Sprichwort Alcança quem não cansa! lassen sich mit diesem Buch alle wesentlichen Aspekte der portugiesischen Grammatik (europäisches Portugiesisch) schnell und gezielt nachschlagen und üben. Dabei können Sie selbst entscheiden, in welcher Reihenfolge und in welchem Tempo Sie den Stoff behandeln möchten. Das Buch ist lehrwerkunabhängig, universell einsetzbar und eignet sich als kursbegleitende Übungsgrammatik ebenso wie zum selbstständigen Lernen.

In 45 überschaubaren Kapiteln werden die grundlegenden Themen der portugiesischen Grammatik prägnant und verständlich erklärt. Zur Veranschaulichung dienen zahlreiche Tabellen, Übersichten und Beispielsätze mit Übersetzungen. Zudem werden bei der Darstellung wiederholt Aspekte des portugiesisch-deutschen Sprachvergleichs berücksichtigt. Jedes Kapitel schließt mit einer Vielzahl abwechslungsreicher Übungen zur unmittelbaren Anwendung des gelernten Stoffes. Erklärungen und Übungen bilden somit eine zusammenhängende didaktische Einheit, die Ihnen eine intensive Beschäftigung mit dem jeweiligen Grammatikthema ermöglicht und Sie mit den wesentlichen Strukturen der portugiesischen Sprache vertraut macht. Mit Hilfe des Lösungsschlüssels können Sie leicht die Ergebnisse der Übungen und damit Ihre Kenntnisse des jeweiligen Grammatikthemas überprüfen und einzelne Punkte, wenn nötig, wiederholen.

Das Buch schließt mit einem portugiesisch-deutschen Vokabelverzeichnis, das über 1.500 Vokabeln des modernen portugiesischen Wortschatzes enthält. Verzeichnet wurden alle wichtigen Wörter, die in den passiven portugiesischsprachigen Übungen nicht als absoluter Grundwortschatz vorausgesetzt werden können. Zu den deutsch-portugiesischen Übersetzungsübungen gibt es zusätzliche Vokabelhilfen. Darüber hinaus kann anhand des ausführlichen Stichwortregisters nach bestimmten Grammatikaspekten gesucht werden.

Wir danken Frau Susana Leite (Porto) für die muttersprachliche Durchsicht, Frau Annegret Worm und Frau Diane Weding für die redaktionelle Unterstützung sowie dem Helmut Buske Verlag für die fachkundige Betreuung. Unseren Studierenden danken wir für die gemeinsame Erprobung der Erklärungen und Übungen. Ein herzliches Dankeschön an alle, die sich aufmunternd für den Werdegang des Buches interessiert haben.

Viel Freude und Erfolg beim Lernen und Üben!

Cornelia Döll und Christine Hundt

Abkürzungsverzeichnis

Folgende Abkürzungen kommen in diesem Grammatikübungsbuch vor:

Adv.	Adverb
BP	Brasilianisches Portugiesisch
Dt./dt.	Deutsch/deutsch
EP	Europäisches Portugiesisch
f.	feminin
Fem.	Femininum
GZ	Gleichzeitigkeit / gleichzeitige Nebensatzhandlung
m.	maskulin
Mask.	Maskulinum
NZ	Nachzeitigkeit / nachzeitige Nebensatzhandlung
Pers.	Person
Pl.	Plural
Präp.	Präposition
Sg.	Singular
VZ	Vorzeitigkeit / vorzeitige Nebensatzhandlung
zusgs.	zusammengesetzt (in Bezug auf Zeitformen)

1 Substantive

Substantive weisen im Portugiesischen weniger grammatische Merkmale auf als im Deutschen.

Genus

Es gibt im Portugiesischen nur zwei Genera: maskulin und feminin. Maskulina enden in der Regel auf -o (*o livro*), Feminina auf -a (*a escola*). Ausnahmen sind einige maskuline Substantive auf -ma: *o clima*, *o cinema*, *o problema*, *o sistema*, *o programa*, *o dilema*, *o esquema* etc. Feminin sind auch alle abstrakten Substantive auf -ão (*a situação*) und -ade (*a idade*). Substantive mit anderen Endungen lassen sich nicht in Gruppen zusammenfassen. Hier muss das jeweilige Genus mitgelernt werden:

maskulin	*o restaurante*	das Restaurant
	o jornal	die Zeitung
feminin	*a luz*	das Licht
	a colher	der Löffel

Bei Personen und Lebewesen richtet sich das Genus nach dem natürlichen Geschlecht:

maskulin	feminin
o pai, o marido, o José	a mãe, a mulher, a Isabel

Bildung femininer Formen

In Ableitung von der maskulinen Form eines Substantivs, das Lebewesen bezeichnet, wird die feminine Form wie folgt gebildet:

Mask. Endung	Bildungsprozess	Beispiele	
-o	Ersatz durch -a	o amigo o americano o gato	a amiga a americana a gata
-or -ês -l -z	Anhängen von -a	o professor o francês o espanhol o juiz	a professora a francesa* a espanhola a juíza
-ão	häufig: Ersatz durch -ã selten: Ersatz durch -oa selten: Ersatz durch -ona	o alemão o patrão o solteirão	a alemã a patroa a solteirona

* Die feminine Form verliert den Akzent.

Einige portugiesische Substantive auf -a und -e (davon alle auf -ista und -nte) haben lediglich eine Endung für beide Geschlechter:

o artista	der Künstler	*a artista*	die Künstlerin
o pianista	der Pianist	*a pianista*	die Pianistin
o colega	der Kollege	*a colega*	die Kollegin
o estudante	der Student	*a estudante*	die Studentin
o assistente	der Assistent	*a assistente*	die Assistentin
o ouvinte	der Hörer	*a ouvinte*	die Hörerin

Sonderformen

o rapaz – a rapariga | o homem – a mulher | o avô – a avó | o pai – a mãe | o cão – a cadela | o boi – a vaca | o genro – a nora | o rei – a rainha | o príncipe – a princesa | o ator – a atriz | o herói – a heroína

Artikel

Analog zu den Genera gibt es auch beim Artikel eine Zweiteilung in maskulin und feminin. Die unbestimmten Artikel lauten um (maskulin) und uma (feminin):

um livro ein Buch

uma escola eine Schule

Die bestimmten Artikel lauten:

	Singular			Plural		
maskulin	o	*o livro*	das Buch	os	*os livros*	die Bücher
feminin	a	*a escola*	die Schule	as	*as escolas*	die Schulen

Plural

Die Pluralbildung erfolgt im Portugiesischen in der Regel durch Anhängen von -s:

o livro, os livros das Buch, die Bücher

a escola, as escolas die Schule, die Schulen

Der Plural wird mit der Endung -es gebildet, wenn ein Wort auf -r, -z oder -s auslautet:

o lugar, os lugares der Ort, die Orte

o nariz, os narizes die Nase, die Nasen

o país, os países das Land, die Länder

Bei Substantiven auf -m wird der Plural mit -ns gebildet:

o homem, os homens der Mann, die Männer

o jardim, os jardins der Garten, die Gärten

Substantive, die auf betontes -al, -el, -il, -ol oder -ul enden (Substantive auf -l sind im Portugiesischen endbetont), bilden den Plural wie folgt:

-al	→	-ais	*o animal*	das Tier	*os animais*	die Tiere
-el	→	-éis	*o hotel*	das Hotel	*os hotéis*	die Hotels
-il	→	-is	*o barril*	das Fass	*os barris*	die Fässer
-ol	→	-óis	*o espanhol*	der Spanier	*os espanhóis*	die Spanier
-ul	→	-uis	*o azul*	das Blau	*os azuis*	die Blautöne

Substantive (mit Akzent), die auf unbetontes -el, -il, -ol enden, bilden den Plural wie folgt:

-el	→	-eis	*o túnel*	der Tunnel	*os túneis*	die Tunnel
-il	→	-eis	*o réptil*	das Reptil	*os répteis*	die Reptilien
-ol	→	-ois	*o álcool*	der Alkohol	*os álcoois*	die Alkohole

Substantive auf -ão bilden den Plural regelmäßig auf -ões. Daneben existieren jedoch auch einige unregelmäßige Bildungen auf -ãos oder -ães:

a estação, as estações die Station, die Stationen

a mão, as mãos die Hand, die Hände

o alemão, os alemães der Deutsche, die Deutschen

Substantive auf unbetonte Endung + -s haben im Singular und Plural die gleiche Form:

o lápis, os lápis der Bleistift, die Bleistifte

o átlas, os átlas der Atlas, die Atlanten

Wiedergabe der deutschen Kasus

Im Portugiesischen wird die Funktion eines Substantivs innerhalb des Satzes entweder durch die Stellung im Satz oder durch Präpositionen, welche die Beziehung des Substantivs zu anderen Elementen des Satzes zum Ausdruck bringen, angegeben:

Nominativ	Subjekt steht vor dem Verb	*A vizinha vê o amigo.*
Genitiv	mit Präposition de vor der Ergänzung	*O livro do amigo está na mesa.*
Dativ	mit Präposition a vor dem Objekt	*Ele dá o dinheiro à amiga.*
Akkusativ	Objekt steht nach dem Verb	*O amigo não vê a vizinha.*

Das Subjekt (dt. Nominativ) und das direkte Objekt (dt. Akkusativ) eines Satzes haben also die gleiche Form, so dass die Stellung im Satz vor bzw. nach dem Verb hier entscheidend ist. Wie das dritte Beispiel zeigt, steht in einem Satz mit zwei Objekten das direkte Objekt (*o dinheiro*) vor dem indirekten Objekt (*à amiga*).

Die Präpositionen de und a verschmelzen immer mit dem bestimmten Artikel: *do/ao amigo, da/à vizinha*. Beim unbestimmten Artikel kann es zu einer Verschmelzung mit de kommen: *dum amigo, duma amiga* oder *de um amigo*.

Übungen

1. Sortieren Sie die folgenden Substantive nach Maskulina und Feminina.

terra | ano | medicina | calor | flor | sol | coração | carta | semana | problema | idade | nariz | paz | doutor | doutora | carne | lápis | laranja | peixe | porco

2. Übersetzen Sie die folgenden deutschen Wortgruppen und Sätze und beachten Sie dabei die erforderlichen Veränderungen des Artikels.

1. das Buch der Freundin
2. das Foto eines Mannes
3. die Autos der Mütter
4. der Hund einer Dame
5. Wir schreiben den Schülern eine Postkarte.
6. Ich schicke einem Freund einen Brief.
7. Sie schenken den Eltern eine Reise.
8. Der Dieb stiehlt der alten Dame das Geld.

Vokabelhilfe: schenken *oferecer* | Dieb *o ladrão* | stehlen *roubar*

3. Bestimmen Sie das Geschlecht der folgenden Körperteilbezeichnungen.

braço | pé | perna | joelho | calcanhar | unha | mão | nariz | coração | costela | tórax | rim

4. Bestimmen Sie das Geschlecht der folgenden Substantive auf *-e* bzw. *-a*.

cidade | estudante | presidente | doente | torre | convite | nome | neve | chave | volume | arte | bebé | cliente | intérprete | noite | pele | dente

bicicleta | mapa | chá | empresa | especialista | médica | cinema | desportista | equipa | irmã | tema | dentista | gramática | artista | dúvida

5. Finden Sie zu den folgenden Pluralformen das Substantiv im Singular.

cidadãos | questões | pães | maçãs | chapéus | fregueses | luzes | barris | lençóis | lápis

6. Bilden Sie die Pluralform der folgenden Früchte.

maçã | figo | pêra | melão | amendoim | noz | pêssego | ananás | laranja | limão

7. Bilden Sie jeweils den Plural.

o motor | o polícia | o homem | o sal | a profissão | a comida | o pão | o hotel | a mulher | o almoço | o português | o farol | a mão | a irmã | o irmão | o casal | o papel | o rapaz | o túnel

8. Bilden Sie jeweils die feminine Form.

o brasileiro | o português | o alemão | o guineense | o angolano | o vietnamita | o leão | o cão | o guia | o ator | o jornalista | o enfermeiro | o músico | o vendedor

2 Präsens: regelmäßige Verben

Bildung

Das Präsens (*Presente*) wird regelmäßig durch das Anhängen folgender Endungen an den Verbstamm der drei Konjugationsklassen (-ar, -er- und -ir) gebildet:

Person	falar (sprechen)	escrever (schreiben)	discutir (diskutieren)
eu	falo	escrevo	discuto
tu	falas	escreves	discutes
ele/ela	fala	escreve	discute
nós	falamos	escrevemos	discutimos
vocês	falam	escrevem	discutem
eles/elas	falam	escrevem	discutem

Folgende Verben weisen regelmäßige Veränderungen im Stamm auf:

— Verben auf -ear verändern das e in stammbetonten Formen zu ei:

passear (spazierengehen)	passeio, passeias, passeia, passeiam; *aber*: passeamos
recear (fürchten)	receio, receias, receia, receiam; *aber*: receamos

So z. B. auch nomear (nennen, be-/ernennen), pentear (kämmen), semear (säen)

— Einige Verben auf -iar (sonst regelmäßig) verhalten sich wie die Verben auf -ear:

odiar (hassen)	odeio, odeias, odeia, odeiam; *aber*: odiamos

So z. B. auch incendiar (in Brand setzen), premiar (auszeichnen), presenciar (erleben)

Gebrauch

Das Präsens bezeichnet:

1. allgemeingültige (universelle) Sachverhalte:

A Alemanha fica na Europa.	Deutschland befindet sich in Europa.

2. über den Sprechmoment hinausreichende (andauernde/übliche) Sachverhalte:

O pai do Pedro cozinha muito bem.	Pedros Vater kocht sehr gut.

3. nur im gegenwärtigen Sprechmoment gültige (aktuelle) Sachverhalte:

O Benfica hoje joga bem.	Benfica spielt heute gut.

4. zukunftsbezogene Sachverhalte (Futurersatz):

Nós só partimos amanhã.	Wir reisen erst morgen ab.

Übungen

1. Formulieren Sie eine gegenteilige Aussage mit einem der folgenden Verben: *abrir, viajar (para), adorar, saber, desaconselhar, entrar.*

Beispiel: A equipa do Pedro ganha sempre. → A equipa do Tiago perde sempre.

1. Eles não gostam de marisco. O senhor Santos ________________________________.
2. Eu não entendo nada de computadores. O Alfredo __________ muito ___________.
3. O médico da Dona Antónia aconselha uma dieta. Os amigos dela _______________.
4. A Dona Natália chega hoje do estrangeiro. O sogro dela _______________________.
5. O Sr. Santos fecha a porta e eles vão-se embora. Nós _________ e eles ___________.

2. Formulieren Sie synonyme Aussagen mit einem der folgenden Verben: *partir, cozinhar, compreender, gritar, perguntar (a), enviar.*

1. Eles interrogam o treinador da equipa do Pedro amanhã.
2. Tu sais a que horas?
3. O amigo da Dona Antónia fala muito alto porque ela não o entende bem.
4. Eu mando uma carta oficial ao chefe do departamento.
5. O senhor Santos prepara um prato saboroso para o jantar: Bacalhau à Brás.

3. Ordnen Sie die »geschüttelten« Verbformen.

1. FOUM dez cigarros por dia.
2. BESEB mais uma cerveja?
3. MASDSOUTE Filosofia na Faculdade de Letras.
4. A equipa do Pedro AGJO quase sempre bem.
5. A Susana e a amiga dela ATMOGS de música, elas MAOTC piano há 7 anos.
6. O comboio RETAP às 13 horas e AGHEC ao Porto às 15 horas.

4. Bilden Sie die 1. Person Singular der folgenden Verben auf *-ear/-iar* und übersetzen Sie die Sätze anschließend.

1. Penteamos o cabelo.
2. Nomeamos o Carlos chefe de equipa.
3. Odiamos esta situação.
4. Passeamos pelas ruas da cidade.
5. Receamos as consequências negativas.
6. Premiamos o melhor texto.

5. Übersetzen Sie die Sätze ins Portugiesische.

1. Er sät immer Mais, aber dieses Jahr säen wir Weizen.
2. Ich hasse das!
3. Sie gehen durch den Park spazieren.
4. Die Jury zeichnet jedes Jahr den besten Roman aus.

Vokabelhilfe: säen *semear* | Mais *o milho* | Weizen *o trigo* | Jury *o júri* | Roman *o romance*

3 Präsens: unregelmäßige Verben (1)

Folgende sehr häufig gebrauchte Verben bilden das Präsens unregelmäßig:

Person	ser (sein)	estar (sein)	ir (gehen; fahren)	ver (sehen)
eu	sou	estou	vou	vejo
tu	és	estás	vais	vês
ele/ela	é	está	vai	vê
nós	somos	estamos	vamos	vemos
vocês	são	estão	vão	vêem/veem
eles/elas	são	estão	vão	vêem/veem

Person	vir (kommen)	ter (haben)	dizer (sagen)	trazer (bringen)
eu	venho	tenho	digo	trago
tu	vens	tens	dizes	trazes
ele/ela	vem	tem	diz	traz
nós	vimos	temos	dizemos	trazemos
vocês	vêm	têm	dizem	trazem
eles/elas	vêm	têm	dizem	trazem

Person	fazer (machen, tun)	saber (wissen)	querer (mögen, wollen)	caber (hineinpassen)
eu	faço	sei	quero	caibo
tu	fazes	sabes	queres	cabes
ele/ela	faz	sabe	quer	cabe
nós	fazemos	sabemos	queremos	cabemos
vocês	fazem	sabem	querem	cabem
eles/elas	fazem	sabem	querem	cabem

Person	pôr (setzen; stellen; legen)	poder (können; dürfen)	dar (geben)	perder (verlieren)
eu	ponho	posso	dou	perco
tu	pões	podes	dás	perdes
ele/ela	põe	pode	dá	perde
nós	pomos	podemos	damos	perdemos
vocês	põem	podem	dão	perdem
eles/elas	põem	podem	dão	perdem

Folgende Verben auf -ir bilden zwar Gruppen, gelten jedoch ebenfalls als unregelmäßig im Präsens:

Person	usufruir (genießen)[1]	cair (fallen)[2]	construir (bauen)[3]
eu	usufruo	caio	construo
tu	usufruis	cais	construis/constróis
ele/ela	usufrui	cai	construi/constrói
nós	usufruímos	caímos	construímos
vocês	usufruem	caem	construem/constroem
eles/elas	usufruem	caem	construem/constroem

[1] so z. B. auch: fluir (fließen), instituir (einrichten), atribuir (verleihen), influir (beeinflussen), contribuir (beitragen), distribuir (verteilen), restituir (zurückerstatten), substituir (ersetzen)

[2] so z. B. auch: sair (ausgehen), atrair (anziehen), distrair (zerstreuen)

[3] so z. B. auch: destruir (zerstören), obstruir (verstopfen, versperren), instruir (unterrichten)

Person	produzir (herstellen)[4]	ouvir (hören)	pedir (bitten)[5]
eu	produzo	ouço/oiço	peço
tu	produzes	ouves	pedes
ele/ela	produz	ouve	pede
nós	produzimos	ouvimos	pedimos
vocês	produzem	ouvem	pedem
eles/elas	produzem	ouvem	pedem

[4] so z. B. auch: traduzir (übersetzen), conduzir (führen, lenken), reduzir (reduzieren)

[5] so z. B. auch: despedir (verabschieden), impedir (verhindern), medir (messen)

Übungen

1. Setzen Sie die richtige Form der folgenden Verben ein und übersetzen Sie die Sätze anschließend: *treinar, estar, ir, ir, ver, ficar, visitar, morar, vir, ter.*

1. A Susana e o Pedro ____________ ao jogo do Benfica este fim de semana.
2. O pai deles ____________ em casa e ____________ o jogo na televisão.
3. A mãe e a Susana ____________ de carro à cidade e ____________ a avó Antónia. Esta ____________ 78 anos e ____________ num apartamento pequeno.
4. Os jogadores da equipa nacional ____________ cinco vezes por semana.
5. O Alberto e a esposa não __________ à festa hoje, eles __________ no estrangeiro.

2. Wandeln Sie in die 1. Person Singular um und übersetzen Sie.

1. Vimos pela primeira vez a este encontro.
2. Não vemos nada. Não sabemos aonde devemos ir.
3. Sabemos a verdade e somos felizes.
4. Não cabemos neste carrinho!

3. Übersetzen Sie Claudias Mail an Pedro ins Portugiesische.

Leider können wir uns morgen nicht treffen. Ich fahre mit unserer Gruppe an die Algarve und wir kommen erst am Sonntagabend aus Faro zurück. Hast Du um 20 Uhr Zeit? Sehen wir uns? Liebe Grüße, Claudia

Vokabelhilfe: zurückkommen *voltar* | am Sonntagabend *no domingo à noite*

4. Ergänzen Sie Verben, Artikel und Präpositionen und formulieren Sie sinnvolle Aussagen mit *dizer, poder, dar, fazer, pôr und trazer.*

1. eu – (…) – mão – amigo
2. ele – (…) – progressos – estudos
3. o empregado – (…) – bebidas
4. galinhas da minha tia – (…) – muitos ovos
5. avó Antónia – não – (…) ler – sem óculos
6. ele é mentiroso, nunca – (…) – a verdade

5. Wandeln Sie in die 1. Person Plural um und übersetzen Sie.

1. Trago-te aqui uma prenda de aniversário.
2. Dou-lhes o dinheiro amanhã.
3. Não lhes faço a vontade desta vez.
4. Digo-te já que vai ser difícil.
5. Onde ponho a tua mala?
6. Onde posso acender a luz?
7. Perco sempre as chaves.
8. Não sei se vou ao Porto no sábado.

6. Übersetzen Sie ins Portugiesische.

1. Heute fahren die Freunde mit dem Bus.
2. Ich gehe mit Isabel ins Museum.
3. Kommst (*vir*) du? Ich komme (*ir*) schon!
4. Ich sehe Pedro und Susana am Wochenende.
5. Ich bin nicht von hier. Ich kann (*saber*) den Weg nicht erklären.
6. Er will ein Geschenk für seine Großmutter kaufen.

Vokabelhilfe: mit dem Bus fahren *ir de autocarro* | erklären *explicar*

7. Was wird wo produziert?

Beispiel: 1. Grécia / 2. azeite → Na Grécia produz-se azeite.

1. Brasil, Portugal, Alemanha, Japão, Irlanda, Suíça
2. chocolate, café, uísque, computadores, carros, vinho

8. Übersetzen Sie ins Portugiesische.

Herr Santos, Susanas und Pedros Vater, will am Wochenende seinen Geburtstag feiern. Es kommen 15 Personen. Herr Santos kocht gut, er liebt Wein und Fisch. Deshalb bereitet er *Bacalhau à Brás* vor und kauft verschiedene Weine ein.

Der Bruder von Frau Santos, Alberto, kann nicht kommen, er ist gerade im Ausland. Auch Pedro weiß noch nicht, ob er kommen kann. Er spielt in einer Jugendmannschaft Fußball und hat ein wichtiges Spiel an der Algarve.

Susana deckt den Tisch. Die ersten Gäste kommen an. Herr Santos bringt sie in den Garten des Hauses. Alle gratulieren und überreichen die Geschenke. Herr Santos öffnet die Geschenke. Sie loben das fantastische Essen und den *Vinho Verde*.

Vokabelhilfe: feiern *festejar* | kochen *cozinhar* | Fisch *o peixe* | Jugendmannschaft *equipa juvenil* | den Tisch decken *pôr a mesa* | Gäste *os convidados* | (hin-)bringen *levar* | gratulieren *dar os parabéns* | überreichen *entregar* | das Essen loben *elogiar a comida*

9. Bilden Sie abgeleitete Verben und von diesen die 3. Person Plural.

Beispiel: restituição (*Erstattung*) / restituir → eles restituem

1. contribuição (*Beitrag*) ____________________ ____________________
2. distribuição (*Verteilung*) ____________________ ____________________
3. substituição (*Ersatz*) ____________________ ____________________
4. destruição (*Zerstörung*) ____________________ ____________________

10. Ergänzen Sie die Sätze mit der richtigen Form der folgenden Verben: *traduzir, ouvir, conduzir, substituir.*

1. No seu tempo livre, a Dona Idália __________ poemas do francês para o português.
2. A Susana gosta de música clássica e diz: »Eu ________________ sobretudo composições de Brahms.«
3. O senhor Santos tem um BMW e um Smart. Hoje ele ______________ o Smart.
4. O Pedro, no treino de hoje, ______________ o guarda-redes ferido.

4 Präsens: unregelmäßige Verben (2)

Zahlreiche Verben auf -ir haben einen Stammvokalwechsel im Präsens. Die häufigsten Wechsel sind:

A	B	C	D
e → i	e → i	o → u	u → o
in der 1. Person Sg.	in allen stamm-betonten Formen	in der 1. Person Sg.	in der 2./3. Pers. Sg. und in der 3. Pers. Pl.
despir (ausziehen)[1]	agredir (angreifen)[2]	dormir (schlafen)[3]	subir (hinaufsteigen)[4]
dispo	agrido	durmo	subo
despes	agrides	dormes	sobes
despe	agride	dorme	sobe
despimos	agredimos	dormimos	subimos
despem	agridem	dormem	sobem

[1] so z. B. auch: seguir (folgen), perseguir (verfolgen), conseguir (schaffen), mentir (lügen), sentir (fühlen), consentir (zustimmen), advertir (warnen), divertir (unterhalten), repetir (wiederholen), refletir (nachdenken), vestir (anziehen), preferir (vorziehen), referir-se (sich beziehen), inserir (einfügen)

[2] so z. B. auch: progredir (fortschreiten), transgredir (übertreten, überschreiten)

[3] so z. B. auch: cobrir (be-/abdecken), descobrir (entdecken), colorir (färben), abolir (abschaffen), encobrir (verbergen), explodir (explodieren), demolir (zerstören), tossir (husten)

[4] so z. B. auch: fugir (fliehen), cuspir (spucken), consumir (verbrauchen), sacudir (schütteln)

Orthografische Veränderungen (zur Erhaltung der Aussprache des Infinitivs) treten bei Verben mit der Endung -cer/cir, -ger/gir, -guer/guir in der 1. Person Singular auf:

-cer/cir	c → ç	descer (hinabsteigen)[5]	desço, desces …
-ger/gir	g → j	reger (regieren)[6]	rejo, reges …
-guer/guir	gu → g	distinguir (unterscheiden)[7]	distingo, distingues …

[5] so z. B. auch: merecer (verdienen), agradecer (danken), exercer (ausüben)

[6] so z. B. auch: eleger (wählen), proteger (schützen), agir (handeln), fingir (vortäuschen), fugir (fliehen)*, reagir (reagieren), restringir (einschränken), surgir (auftauchen)

[7] so z. B. auch: erguer (aufrichten)

* Beachten Sie, dass das häufig gebrauchte Verb fugir eine Unregelmäßigkeit im Stammvokal und eine orthografische Veränderung aufweist: fujo, foges, foge, fugimos, fogem

Übungen

1. Wandeln Sie in die 1. Person Singular um und übersetzen Sie die Sätze.

1. O treinador descobre sempre erros na técnica da equipa do Pedro.
2. Nós amanhã dormimos até tarde porque o jogo só começa às 17 horas.
3. Eles fogem do perigo.
4. O guarda-redes da equipa agride o jogador adversário.
5. Sobem na tabela com a equipa.

2. Ergänzen Sie die Sätze mit den passenden Verbformen von *consumir, preferir, sentir-se, subir, tossir, vestir und vestir.*

1. Com este mau tempo [nós] ______________ ver o jogo na televisão.
2. Fecho sempre a torneira porque [eu] ______________________ mal quando [eu] ______________ muita água.
3. Não há elevador neste prédio, então [nós] ______________ as escadas.
4. A Susana está constipada, [ela] ______________ o tempo todo.
5. O tio Alfredo hoje vai ao casamento do seu sobrinho e __________________ o seu melhor fato. A sua mulher diz: Oh Alfredo, não sei o que [eu] ____________.

3. Unterstreichen Sie im folgenden Text alle Präsensformen.

O Futebol Português teve uma evolução significativa desde os anos 80 até hoje. Esta evolução insere-se na dinâmica europeia e mundial deste desporto.

Começando por aqui posso desde já adiantar que progressivamente as transmissões televisivas foram ganhando cada vez mais adeptos e, ao invés, os estádios foram perdendo. Quem ainda consegue ser fiel ao seu clube prefere muitas vezes ficar no conforto do seu lar ou ir ao café da rua do que ir ao estádio. Exemplificando digo que hoje seria impensável ter 120.000 adeptos no Estádio da Luz para ver um Clássico com os preços de bilhetes de 1985 atualizados à taxa de inflação. (...)

Quanto ao fenómeno televisivo é ainda necessário referir que as transmissões são em número muito superior às de duas décadas atrás. Vemos as melhores ligas e todas as provas internacionais com a regularidade que queremos. (...)

(Quelle: http://futebolar.portugalmail.pt/artigo/20070727/o-futebol-portugues-da-decada-de-80-ate-hoje – 21.02.2012)

4. Übersetzen Sie die folgenden Sätze ins Deutsche und gruppieren Sie die Infinitive der Verben nach ihrem Stammvokalwechsel in die Klassen A, C und D (Übersicht siehe vorige Seite).

1. Tu segues o conselho do treinador.
2. Ele mente com frequência.
3. Nós consentimos com a proposta.
4. Eu descubro novos talentos em ti.
5. Nós sacudimos as carpetes.
6. Os ratos fogem do Rodolfo Tigrado.
7. As bombas explodem.
8. A neve cobre a terra.
9. Os lamas cospem.

5. Ordnen Sie die in Übung 3 unterstrichenen Verbformen vertikal in die Kästchen ein. Das Lösungswort kommt aus dem Themenfeld Fußball.

					5.				
				4.					8.
1.		2.	3.				6.	7.	
	E					T		V	

6. Bilden Sie zu allen Verbformen aus der Übung 3 bzw. 5 die 3. Person Plural.

7. Vervollständigen Sie die Geschichte mit den Verben *buscar* (holen), *chamar, colocar, dar, descer, descer, fugir, fingir, ouvir, praguejar, aparecer, surgir* und *ver* in der richtigen Form.

O Sr. Santos __________ as escadas para a cave da sua casa no Porto para ir _________ uma garrafa de Vinho Verde. A lâmpada na cave está fundida e está escuro. De repente o Sr. Santos ___________ um barulho e _____________-lhe algo preto pela frente. Ele ___________ e ___________ pela sua mulher. A Dona Madalena ___________ na porta com uma nova lâmpada na mão. Juntos _____________ as escadas e _____________ a lâmpada.

Então (eles) ____________ o »agressor«: é o *Rodolfo Tigrado* – o gato gordo da família. O *Rodolfo* está sentado ao pé das escadas e __________ que é um inocente e bonzinho. Mas, de repente, ele __________ um salto e __________ pela escada acima. Malandro do *Rodolfo*!

8. Welche der folgenden Aktivitäten kann man einer Katze zuordnen? Bilden Sie bejahte und verneinte Sätze aus der Sicht einer Katze und ihrer Artgenossen.

Beispiel: Sou um gato e apanho ratos. → Os meus amigos também apanham ratos. // Sou um gato e não jogo futebol. → Os meus amigos também não …

1. exercer uma profissão
2. reagir rapidamente
3. fugir de cães
4. eleger o Presidente
5. fingir ser inocente

5 Das Verb *ser*

Bildung

In den Hauptzeitformen wird ser wie folgt gebildet:

Person	Präsens	Einfaches Perfekt	Imperfekt	Futur
eu	sou	fui	era	serei
tu	és	foste	eras	serás
ele/ela	é	foi	era	será
nós	somos	fomos	éramos	seremos
vocês	são	foram	eram	serão
eles/elas	são	foram	eram	serão

Gebrauch

ser wird in seinen Grundbedeutungen »sein« und »sich befinden« in folgenden Kontexten verwendet:

1. Angabe von Eigenschaften – mit Adjektiv ausgedrückt –, die objektiv oder aus Sprechersicht permanent/innewohnend sind, z. B. Alter, Farbe, Nationalität, Einstellung:

A avó Antónia é religiosa.	Oma Antonia ist religiös.
Os móveis da tia Catarina são antigos.	Die Möbel von Tante Catarina sind alt.

2. Angabe von Eigenschaften – mit Substantiv ausgedrückt –, egal ob permanent oder vorübergehend:

Ele é professor.	Er ist Lehrer.
Paris é a capital da França.	Paris ist die Hauptstadt von Frankreich.
Eles eram milionários na altura.	Sie waren damals Millionäre.
Nós fomos os primeiros.	Wir waren die ersten.

3. Ortsangaben für Objekte, die objektiv oder aus Sprechersicht nicht beweglich / unverrückbar sind (Länder, Städte, Gebäude u.ä.), synonym wird hier oft *ficar* »sich befinden« benutzt:

A Moldávia é (fica) na Europa.	Moldawien liegt in Europa.
A Torre Eiffel é (fica) em Paris.	Der Eiffelturm ist in Paris.
As salas eram (ficavam) no 1° andar.	Die Räume waren im ersten Stock.

4. Orts- und Zeitangaben von Ereignissen:

O próximo jogo será em Madrid.	Das nächste Spiel wird in Madrid sein.
O terramoto de Lisboa foi em 1755.	Das Erdbeben von Lissabon war 1755.

5. ser de zur Angabe von Herkunft, Material und Besitz:

A estudante é dos EUA.	Die Studentin ist/stammt aus den USA.
O vestido da noiva será de seda.	Das Kleid der Braut wird aus Seide sein.
O chapéu era do avô António.	Der Hut gehörte Großvater António.

6. Allgemeine Uhrzeit-, Wochentags- und Datumsangaben:
auf die Frage *Que horas são/eram?* (Wie spät ist/war es?)

São 2.00 horas da madrugada.	Es ist 2 Uhr morgens.
Eram 15.30 horas.	Es war 15.30 Uhr.

auf die Frage *Que dia é/foi hoje/ontem …?* (Welcher Tag ist/war heute/gestern …?)

Hoje é sexta-feira.	Heute ist Freitag.
Ontem foi sábado.	Gestern war Samstag.

auf die Frage *Quantos são hoje?* (Der Wievielte ist heute?)

Hoje são 5 (cinco) de outubro.	Heute ist der 5. Oktober.
Hoje é o dia 4 (quatro) de março.	Heute ist der 4. März.

7. Entfernungsangaben:

De Berlim a Lisboa são 2800 km.	Von Berlin nach Lissabon sind es 2800 km.
Quantos metros eram até ao carro?	Wie viele Meter waren es bis zum Auto?

8. Bildung des Vorgangspassivs (*ser* + Partizip) (vgl. Kapitel 20):

Estes chips são produzidos no país.	Diese Chips werden im Land hergestellt.
A casa foi vendida.	Das Haus wurde verkauft.

Übungen

1. Setzen Sie die passenden Verben in der richtigen Form ein.

1. Ontem __________ domingo e amanhã __________ terça-feira.
2. Quantos __________ hoje? Hoje __________10 de novembro.
3. __________ meio-dia quando o chefe chegou.
4. Quantos quilómetros __________ daqui até ao lago? __________ perto. __________ apenas 2 km.

2. Übersetzen Sie ins Portugiesische.

1. Wann wird denn das nächste Spiel sein? Es ist nächsten Montag.
2. Wie viele Kilometer sind es bis ins Stadtzentrum?
3. Heute ist Mittwoch, der 17. Januar. Es ist 13.00 Uhr.
4. Wann war das Konzert? Es war am Sonntag um 16.00 Uhr.
5. Von hier bis nach Hause sind es mindestens 4 km.

3. Setzen Sie die richtigen Formen von *ser* ein.

Na cantina da Faculdade, o Pedro encontra uma colega dele:

Pedro: Então, Teresa? Como é que estás? O que vais fazer agora?

Teresa: Olha, estou à espera de umas amigas. Elas __________ da Alemanha.

Pedro: __________ aquelas duas raparigas ali?

Teresa: __________, sim.

Pedro: De onde __________ na Alemanha?

Teresa: __________ de Leipzig.

Pedro: Ai, é? Que interessante. Como se chamam elas?

Teresa: Uma __________ a Jana, a outra __________ a Claudia.

Pedro: A alta e loira de mini-saia __________ Jana ou Claudia?

Teresa: Oh Pedro, tu __________ impossível!

4. Ergänzen Sie und ordnen Sie die passenden Fragen und Antworten einander zu.

1. Quem ____________ o *Rodolfo Tigrado*?
2. Quem ____________ os primeiros a pisar na lua?
3. Quem ____________ Fernando Pessoa?
4. Onde ____________ os laboratórios da Faculdade de Ciências?
5. Como ____________ o inverno na Alemanha?

A. ____________ na cave do edifício principal.
B. ____________ o gato malandro da família Santos.
C. ____________ muito frio.
D. ____________ um dos maiores poetas portugueses.
E. ____________ os norte-americanos.

5. Im Folgenden finden Sie einen Wochenplan von Frau Santos und ihren Kindern. Antworten Sie auf die gegenseitigen Fragen.

Beispiel: D. Idália: Ó Susana, a que horas é a tua aula de piano na 3ª feira?
A minha aula de piano é das 18.00 às 21.00 h.

	3ª feira	4ª feira	5ª feira
D. Idália	*18.00 h* aula de ioga	*20.00 h* oficina de tradução	
Susana	*18.00–21.00 h* aula de piano	*21.00 h* encontro com a Ana	*19.00–21.00 h* aula de bailado
Pedro		*21.00 h* encontro com a Claudia	*16.00–19.00 h* treino de futebol

1. Susana: Ó mãe, a que horas ____________ a tua aula de ioga? → …
2. Pedro: Ó Susana, em que dia ____________ o teu encontro com a Ana? → …
3. D. Idália: Ó Pedro, o teu treino ____________ na 5ª ou no sábado? E ____________ de manhã ou à tarde? → …

6 Das Verb *estar*

Bildung

In den Hauptzeitformen wird estar wie folgt gebildet:

Person	Präsens	Einfaches Perfekt	Imperfekt	Futur
eu	estou	estive	estava	estarei
tu	estás	estiveste	estavas	estarás
ele/ela	está	esteve	estava	estará
nós	estamos	estivemos	estávamos	estaremos
vocês	estão	estiveram	estavam	estarão
eles/elas	estão	estiveram	estavam	estarão

Gebrauch

estar wird in seinen Grundbedeutungen »sein« und »sich befinden« in folgenden Kontexten verwendet:

1. Angabe von Eigenschaften / Zuständen – mit Adjektiv ausgedrückt –, die objektiv oder aus Sprechersicht vorübergehend/veränderlich sind:

A avó Antónia está cansada hoje.	Oma Antonia ist heute müde.
Os móveis estão sujos.	Die Möbel sind schmutzig.

Selten wird estar auch mit Substantiven verbunden, z.B. bei Wetterangaben:

Está sol/vento/bom tempo.	Es ist sonnig/windig/schönes Wetter.

2. Ortsangaben für Personen und bewegliche Objekte (im Deutschen oft übersetzt mit »stehen«, »liegen«):

O Roberto esteve dois anos em Paris.	Roberto war zwei Jahre in Paris.
As mesas estavam no andar de cima.	Die Tische standen im oberen Stockwerk.

3. estar com in der Bedeutung »haben« (Besitz/Kontrolle) sowie in der Bedeutung »haben« / »sein« zum Ausdruck seelischer oder körperlicher Zustände:

Ele estava com o dinheiro.	Er hatte das Geld.
Estou com fome e com sono.	Ich habe Hunger und bin müde.

4. Datumsangabe: auf die Frage *A quantos estamos hoje?*:

Hoje estamos a 5 (cinco) de outubro.	Heute haben wir den 5. Oktober.

5. Bildung der periphrastischen Verlaufsform des Verbs (*estar* + *a* + Infinitiv):

Eu estou a falar ao telefone.	Ich spreche gerade am Telefon.

6. Bildung des Zustandspassivs (*estar* + Partizip) (vgl. Kapitel 20):

A casa já está vendida.	Das Haus ist bereits verkauft.
O concerto no sábado estava esgotado.	Das Konzert am Samstag war ausverkauft.

Übungen

1. Setzen Sie die richtigen Formen von *estar* ein!

Na livraria da Faculdade, o Pedro encontra uma colega dele:

Pedro: Então, Teresa? ____________ à espera de alguém?

Teresa: Olha, ____________ à espera de duas alemãs que ____________ no meu curso. Vamos almoçar juntas. Queres vir?

Pedro: Porque não! As tuas colegas são aquelas duas ali à entrada que ____________ a falar ao telemóvel?

Teresa: Ah, sim, são.

Pedro: Hm, e como se chama a loira »jeitosinha« que ____________do lado esquerdo?

Teresa: Oh Pedro, tu és um machista incorrigível! Nem sei se te vou apresentar …

2. Übersetzen Sie. Benutzen Sie neben *estar* u.a. folgende Ausdrücke:

(1) estar em casa, (2) estar sentado ao computador, (3) estar surpreendido por ver, (4) estar preocupado, (5) estar com um sorriso na cara, (6) estar a brincar, (7) estar de volta, (8) estar molhado pela chuva, (9) estar com um cesto no braço, (10) estar de acordo, (11) estar fora de si de alegria

Es war kalt, regnerisch und windig. Susana (1) war schon früh zu Hause. Die Autoschlüssel ihres Vaters lagen auf dem Tisch und das Auto stand vor dem Haus. Doch ihr Vater war nicht zu Hause. Nur ihr Bruder Pedro (2) saß am Computer in seinem Zimmer. Auf dem Fußboden lagen Bücher und Zeitschriften. Pedro (3) war überrascht, seine Schwester Susana zu sehen.

Pedro: Du bist schon da? Bist du nicht bis 17 Uhr beim Ballettunterricht?
Susana: Ja, aber der Lehrer ist krank. Wo sind die anderen?
Pedro: Die werden wohl noch in der Stadt sein. (*Futur/Vermutung*)
Susana: In der Stadt? Aber Vaters Auto ist hier.

Susana (4) war besorgt. Aber Pedro (5) hatte ein Lächeln auf dem Gesicht. »Ich (6) scherze nur«, sagte er, »sie sind nebenan bei Familie Lopes.« Kurz darauf (7) waren Herr Santos und seine Frau zurück. Alle (8) waren nass vom Regen. Herr Santos (9) hatte einen Korb im Arm. Im Korb lag ein graues Kätzchen. Frau Santos sagte: »Das ist *Mimi*, ein Töchterchen von *Rodolfo* und der Katze von Familie Lopes. (10) Bist du einverstanden, wenn wir sie behalten?« Susana (11) war außer sich vor Freude.

Vokabelhilfe: Autoschlüssel *a(s) chave(s) do carro* | Ballettunterricht *a aula de dança* | nebenan / bei *ao lado / em casa de* | kurz darauf *pouco tempo depois* | graues Kätzchen *o gatinho cinzento* | Töchterchen *a filhinha*

7 Die Verben *ser* und *estar* im Vergleich

In ihren hauptsächlichen Verwendungskontexten werden ser und estar wie folgt gegeneinander abgegrenzt:

ser	estar
Angabe von Eigenschaften – mit Adjektiv ausgedrückt –, die objektiv oder aus Sprechersicht permanent/innewohnend sind:	Angabe von Eigenschaften – mit Adjektiv ausgedrückt –, die objektiv oder aus Sprechersicht veränderlich sind:
A avó Antónia é religiosa. Oma Antonia ist religiös. *O mar é perigoso nesta zona.* Das Meer in diesem Abschnitt ist gefährlich. *O artista era cego.* Der Künstler war blind. *Ela é branca.* Sie ist weiß(häutig).	*A avó Antónia estava alegre na festa.* Oma Antonia war auf der Feier fröhlich. *O mar está perigoso hoje.* Das Meer ist heute gefährlich. *Eu estava cego (de amor).* Ich war blind (vor Liebe). *Ela está branca.* Sie ist bleich.
Angabe von Eigenschaften – mit Substantiv ausgedrückt –, egal ob permanent oder veränderlich:	Substantive werden nicht mit *estar* angeschlossen (Ausnahme: Wetterangaben):
A avó Antónia é uma mulher religiosa. *Eles eram milionários na altura.* Sie waren damals Millionäre.	*Está um dia bonito, mas está muito vento.* Es ist schönes Wetter, aber sehr windig.
Ortsangaben für nicht bewegliche Objekte:	Ortsangaben für Personen und bewegliche Objekte:
A ópera é no centro da cidade. Die Oper ist im Stadtzentrum. *As salas são no 1° andar.* Die Räume sind im ersten Stock.	*O Roberto esteve dois anos em Paris.* Roberto war zwei Jahre in Paris. *As mesas estavam no andar de cima.* Die Tische standen im oberen Stockwerk.
Datumsangabe: *Quantos são hoje?*	Datumsangabe: *A quantos estamos hoje?*
Hoje são 5 (cinco) de outubro. Heute ist der 5. Oktober.	*Hoje estamos a 5 de outubro.* Heute haben wir den 5. Oktober.
Bildung des Vorgangspassivs:	Bildung des Zustandspassivs:
A casa é vendida. Das Haus wird verkauft. *Estes poemas foram traduzidos pela Susana.* Diese Gedichte wurden von Susana übersetzt.	*A casa está vendida.* Das Haus ist verkauft. *Estes poemas já estavam traduzidos.* Diese Gedichte waren schon übersetzt.

Übungen

1. Setzen Sie die richtigen Formen von *ser* oder *estar* im Präsens ein.

1. Nós _______________ portugueses.
2. Quem _______________ estes senhores?
3. A Manuela _______________ loira e alta.
4. Cuidado, a sopa _______________ quente!
5. Ela _______________ uma mulher inteligente.
6. O Afonso _______________ no hospital.
7. Coimbra _______________ a norte de Lisboa.
8. Hoje [nós] _______________ a 10 de janeiro. Amanhã _________ 11 de janeiro.

2. Übersetzen Sie, indem Sie zwischen *ser* und *estar* auswählen.

1. bonito	Sie sah hübsch aus.	Sie ist schön.
2. simpático	Sie ist sympathisch.	Sie war nett.
3. vermelho	Anas Kleid war rot.	Ana war ganz rot.
4. aborrecido	Er ist verärgert über sie.	Das ist manchmal ärgerlich.

3. Ergänzen Sie die beiden Rätseltexte A. und B. mit den korrekten Formen und finden Sie das Lösungswort mit 5 Buchstaben.

A. (1. Pers. Sg. von *ser*, Infinitiv von *estar*)

_____________ frio, também _____________ quente, _____________ fraco, também _____________ forte. Nunca posso _____________ parado, vejam lá a minha sorte!

B. (3. Pers. Sg. von *ser*)

Não _____________ duro, não _____________ mole; não se apalpa, não se come.

Lösungswort	V				O

4. Vorgang oder Zustand? Setzen Sie *ser* oder *estar* ein.

Beispiel: O Pedro lava o carro. → O carro é lavado pelo Pedro. O carro está lavado.

1. O Sr. Santos compra as rosas para a avó.
2. A Susana informa os vizinhos.
3. A Dona Idália traduz o texto para a escola.
4. A avó fecha as janelas.

5. Ergänzen Sie die Sprichwörter mit Formen von *ser* oder *estar* und ordnen Sie sie dem Sinn nach den folgenden Verben bzw. Situationen zu: Comer, Falar, Fazer Planos, Estar Triste

1. De boas intenções ___________ o inferno cheio.
2. A fome ___________ o melhor tempero.
3. A palavra ___________ de prata, o silêncio ___________ de oiro.
4. Não declares que as estrelas ________ mortas só porque o céu _________ nublado.

8 Einfaches Perfekt

Bildung

Das Einfache Perfekt (*Pretérito perfeito simples*) wird regelmäßig durch das Anhängen folgender Endungen an den Verbstamm gebildet:

Person	estudar	escrever	discutir
eu	estudei	escrevi	discuti
tu	estudaste	escreveste	discutiste
ele/ela	estudou	escreveu	discutiu
nós	estudamos*	escrevemos	discutimos
vocês	estudaram	escreveram	discutiram
eles/elas	estudaram	escreveram	discutiram

* Alternative Schreibung zur Unterscheidung vom Präsens: estudámos

Im Einfachen Perfekt weisen zahlreiche Verben Unregelmäßigkeiten auf:

	eu	tu	ele/ela	nós	vocês / eles/elas
ir / ser	fui	foste	foi	fomos	foram
estar	estive	estiveste	esteve	estivemos	estiveram
ter	tive	tiveste	teve	tivemos	tiveram
fazer	fiz	fizeste	fez	fizemos	fizeram
dizer	disse	disseste	disse	dissemos	disseram
poder	pude	pudeste	pôde	pudemos	puderam
pôr	pus	puseste	pôs	pusemos	puseram
vir	vim	vieste	veio	viemos	vieram
ver	vi	viste	viu	vimos	viram
saber	soube	soubeste	soube	soubemos	souberam
trazer	trouxe	trouxeste	trouxe	trouxemos	trouxeram
dar	dei	deste	deu	demos	deram
querer	quis	quiseste	quis	quisemos	quiseram
haver	(houve)	(houveste)	houve	(houvemos)	(houveram)

Verben, die auf -car, -çar oder -gar enden, weisen (zur Erhaltung der Aussprache des Infinitivs) orthografische Besonderheiten in der 1. Person Singular auf:

ficar	eu fiquei	tu ficaste, etc.
começar	eu comecei	tu começaste, etc.
chegar	eu cheguei	tu chegaste, etc.

Gebrauch

Das Einfache Perfekt (*encontrei*) bezeichnet Handlungen, Vorgänge und Zustände in der Vergangenheit mit Betonung ihrer Abgeschlossenheit. Als deutsche Entsprechung kommen sowohl das Perfekt (*habe getroffen*) als auch das Präteritum-Imperfekt (*traf*) in Frage:

Ontem à tarde encontrei o João na biblioteca.	Gestern Nachmittag habe ich João in der Bibliothek getroffen / traf ich João …

Mithilfe des Einfachen Perfekts berichtet man über Ereignisse in der Vergangenheit und hat dabei Anfang und Ende des Ereignisses im Blick. Der Sprecher schaut »von außen« auf das beendete Ereignis (im Gegensatz zum Imperfekt, vgl. Kapitel 9 sowie die schematische Darstellung der Vergangenheitszeiten in Kapitel 12).

Häufige Verwendungskontexte

1. Da der Zeitpunkt des Ereignisses meist genau angegeben wird, sind bestimmte Adverbien (z. B. ontem, já [alguma vez], de repente) oder andere Zeitangaben (z. B. nesse dia, na semana passada, há três anos etc.) oft ein wichtiges Indiz für die Verwendung des Einfachen Perfekts (zur Unterscheidung vom Imperfekt):

Na semana passada estive em Berlim. Foi ótimo.	In der vergangenen Woche war ich in Berlin / bin ich in Berlin gewesen. Es war toll.

2. Ein weiteres Indiz für den Gebrauch des Einfachen Perfekts kann die Verlaufsweise der Handlung sein (punktuell, zeitlich begrenzt, aufeinander folgend, auch in Abhängigkeit von der Bedeutung des Verbs):

a) punktuell: einmaliges, abgeschlossenes Ereignis in der Vergangenheit:

A Ana nasceu em Lisboa.	Ana wurde in Lissabon geboren.
A 7 de junho de 1494 foi assinado o Tratado de Tordesilhas.	Am 7. Juni 1494 wurde der Vertrag von Tordesillas unterzeichnet.

b) punktuell: aufeinander folgende, abgeschlossene Handlungen in der Vergangenheit:

A Ana entrou na sala de aula, cumprimentou as colegas e sentou-se.	Ana betrat den Klassenraum, begrüßte die Mitschülerinnen und setzte sich.

c) Wiederholung von punktuellen Handlungen in einem bestimmten Zeitraum:

Disse-lhe isso várias vezes.	Ich habe ihm das mehrfach gesagt.

d) zeitlich begrenzte Ereignisse und Handlungen:

Vivi em Portugal de 1992 a 1994.	Von 1992 bis 1994 lebte ich in Portugal.

3. Im Satzgefüge zur Angabe eines Ereignisses, das eintrat, als (Hintergrund-)Handlungen, Vorgänge oder Zustände sich im Verlauf befanden (*Was war schon da?* → Imperfekt; *Was geschah dann?* → Einfaches Perfekt):

Estava a ler quando o telefone tocou.	Ich habe gerade gelesen (*Hintergrund*), als das Telefon klingelte (*neues Ereignis*).

Übungen

1. Lesen und übersetzen Sie die folgende Biografie mithilfe eines Wörterbuchs und unterstreichen Sie die Formen des Einfachen Perfekts.

José Saramago nasceu em 1922 numa família de camponeses. Os seus pais emigraram para Lisboa onde passou a sua juventude. Fez estudos secundários que não pôde continuar por dificuldades económicas. Autodidata, antes de se dedicar exclusivamente à literatura, trabalhou como serralheiro, mecânico, desenhador, editor, tradutor, jornalista.

Iniciou a sua atividade literária em 1947, com o romance »Terra do Pecado«, só voltando a publicar em 1966. Trabalhou durante doze anos numa editora. Em 1972 e 1973, fez parte da redação do Jornal »Diário de Lisboa« onde foi comentador político. A partir de 1976 passou a viver exclusivamente do seu trabalho literário, inicialmente como tradutor, depois como autor. Em 1980, alcançou notoriedade com o livro »Levantado do Chão«. Dois anos depois, publicou o romance »Memorial do Convento«. Foi ele o primeiro autor de língua portuguesa a receber o Prémio Nobel de Literatura, em 1998. Morreu em 2010.

2. In den folgenden Sätzen sind die Verben in der entsprechenden Form des Einfachen Perfekts einzusetzen. Beachten Sie die kursiv hervorgehobenen Indizien für die Verwendung der Zeitform.

1. *Ontem* [eu] __________ (chegar) a casa tarde. [Eu] __________ (ir) para a cozinha e ______________ (fazer) o jantar. ______________ (ligar) o rádio, mas já não ______________ (ouvir) nada porque ______________ (adormecer) imediatamente.
2. [Vocês] *Já* ____________ (fazer) a tradução? Não, [nós] *ainda não* a ___________ (fazer).
3. *Já alguma vez* [tu] ______________ (assistir) a um concerto ao vivo?
4. *Há dois anos* a minha irmã ______________ (começar) a tocar flauta.
5. *Anteontem* [eles] ______________ (dizer)-me que não há aulas no mês de julho.
6. *De repente* [eu] ______________ (descobrir) uma cobra no caminho.

3. Übersetzen Sie die folgenden Sätze ins Portugiesische.

1. Wo bist du geboren? Ich bin in Frankreich geboren.
2. Der Film war sehr interessant.
3. Sie hatten in der vergangenen Woche einen Unfall.
4. Wir haben gestern den Freund von Teresa kennengelernt.
5. Ich habe dieses Wort im Wörterbuch nicht gefunden.
6. Von 1992 bis 1996 studierte sie in Lissabon.
7. Wie war die Arbeit heute?

Vokabelhilfe: Unfall *o acidente* | Wort *a palavra*

4. Übersetzen Sie den folgenden Tagesbericht.

Gestern bin ich um 7.30 Uhr aufgestanden. Ich habe geduscht, gefrühstückt und bin um 8.30 Uhr mit dem Bus in die Universität gefahren. Der erste Sprachkurs fing um 9.15 Uhr an. Wir haben eine Übersetzung aus dem Deutschen ins Portugiesische gemacht, der Text war nicht schwer.

Im zweiten Seminar traf ich meine Freundin Luisa. Wir beschlossen, zusammen einen Kaffee zu trinken. Leider verpasste ich das Literaturseminar. Als ich nach Hause kam, rief ich meine Kommilitonin Juliane an, um die Themen zu erfahren. Am Nachmittag musste ich noch einen langen Artikel lesen.

Vokabelhilfe: zusammen *juntas* | Kommilitonin *a colega de estudo* | verpassen *perder* | Artikel *o artigo*

5. Übersetzen Sie das Telefonat zwischen den zwei Freundinnen.

Catarina: Bist du schon umgezogen (*mudar de casa*)?

Susana: Ja, ich bin schon nach Porto umgezogen. Bist du nie in Porto gewesen?

Catarina: Nein, ich habe nie eine Großstadt kennengelernt.

Susana: Ich habe schon in den beiden größten Städten Portugals gelebt. Bis 1990 haben wir in Porto gewohnt, dann sind wir nach Lissabon gezogen, jetzt mussten wir wieder nach Porto ziehen.

6. In den folgenden Sätzen sind die Verben in der entsprechenden Form des Einfachen Perfekts einzusetzen.

1. Amanhã vou a um concerto. Ontem [eu] ______________ (ir) ao cinema.
2. O Presidente da República ____________________ (inaugurar) a Escola Superior.
3. Eu nunca _________________________ (ver) esse filme, mas a minha amiga já o ___________________ (ver).
4. [Eles] ______________ (vestir) os casacos e ______________ (ir-se embora).
5. Em 1427, os navegadores do Infante D. Henrique __________________ (descobrir) as primeiras ilhas dos Açores.
6. Quando _____________________ (chegar) a altura de ir para a Universidade, [eu] _________________ (decidir) que iria ser jornalista.

7. Übersetzen Sie die folgenden Sätze ins Portugiesische.

1. Wir konnten am Donnerstag nicht kommen, Annika ist heute nicht gekommen.
2. Ich habe das Buch von Paulo Coelho noch nicht gelesen. Habt ihr es mitgebracht?
3. Ich bin vor wenigen Minuten angekommen. Plötzlich fing es an zu regnen.
4. Als ich in den Raum hereinkam, habe ich dich gleich gesehen.
5. Mein Mann hat sein Studium im September beendet.
6. Ich habe den Film dreimal gesehen.

Vokabelhilfe: mitbringen *trazer* | plötzlich *de repente*

9 Imperfekt

Bildung

Das Imperfekt (*Pretérito Imperfeito*) wird regelmäßig durch das Anhängen folgender Endungen an den Verbstamm gebildet:

Person	falar	escrever	discutir
eu	falava	escrevia	discutia
tu	falavas	escrevias	discutias
ele/ela	falava	escrevia	discutia
nós	falávamos	escrevíamos	discutíamos
vocês	falavam	escreviam	discutiam
eles/elas	falavam	escreviam	discutiam

Die einzigen unregelmäßigen Verben sind:

Person	ser	ter	vir	pôr
eu	era	tinha	vinha	punha
tu	eras	tinhas	vinhas	punhas
ele/ela	era	tinha	vinha	punha
nós	éramos	tínhamos	vínhamos	púnhamos
vocês	eram	tinham	vinham	punham
eles/elas	eram	tinham	vinham	punham

Gebrauch

Das Imperfekt (*comia*) bezeichnet Handlungen, Vorgänge und Zustände in der Vergangenheit mit Betonung ihres Andauerns oder ihrer Üblichkeit / Wiederholung. Als deutsche Entsprechung kommen sowohl das Präteritum-Imperfekt (*aß*) als auch das Perfekt (*hat gegessen*) in Frage:

Quando era pequena, ela não comia peixe.	Als sie klein war, aß sie keinen Fisch / hat sie keinen Fisch gegessen.

Mithilfe des Imperfekts schildert/beschreibt man vergangene Ereignisse und hat dabei deren Verlauf im Blick. Der Sprecher befindet sich perspektivisch »innerhalb« des in der Vergangenheit ablaufenden Geschehens (im Gegensatz zum Einfachen Perfekt, vgl. Kapitel 8 und die schematische Darstellung der Vergangenheitszeiten in Kapitel 12):

Era uma confusão. As pessoas protestavam. Ninguém sabia onde estavam as malas.	Es war ein Durcheinander. Die Leute protestierten. Niemand wusste, wo die Koffer waren.

Häufige Verwendungskontexte

1. Da der Verlauf und die Üblichkeit betont werden, sind bestimmte Adverbien oder andere Zeitangaben oft ein wichtiges Indiz für die Verwendung des Imperfekts (zur Unterscheidung vom Einfachen Perfekt):

a) Imperfekt steht meist nach antigamente, dantes, naquela altura, naquele tempo:

Antigamente eu morava num edifício antigo.	Früher wohnte ich in einem alten Gebäude / habe ich … gewohnt.
Naquela altura ainda não sabíamos nada do caso.	Damals wussten wir noch nichts von dem Fall / haben wir … gewusst.

b) Imperfekt steht oft nach sempre, com frequência, normalmente, habitualmente und mit dem Verb costumar:

Normalmente ele não falava com a vizinha. Costumava passar por ela sem a cumprimentar sequer.	Er sprach normalerweise nicht mit der Nachbarin. Er pflegte an ihr vorbeizugehen, ohne sie überhaupt zu grüßen.

2. Ein weiteres Indiz für den Gebrauch des Imperfekts kann die Verlaufsweise der Handlung / des Zustandes sein (gewohnheitsmäßig oder gerade ablaufend/bestehend, zeitlich offen/ »gedehnt«, auch abhängig von der Bedeutung des Verbs). Im Imperfekt werden häufig Zustände und Hintergrundsituationen angegeben, vor denen sich eine andere punktuelle Handlung (im Einfachen Perfekt) ereignete oder plötzlich passierte. Typische Imperfektverwendungen sind z. B.:

a) Beschreibungen von Aussehen, Stimmungen, Gewohnheiten:

O tio Alfredo era um homem alto.	Onkel Alberto war groß.
Eu vinha da praia e estava cansada e triste.	Ich kam (gerade) vom Strand und war müde und traurig.

b) Wetter- und Landschaftsbeschreibungen:

O céu estava cinzento, o dia ameaçava chuva.	Der Himmel war grau, der Tag schien Regen zu bringen.

c) Angabe des Lebensalters:

A Paula tinha vinte anos naquela altura.	Paula war damals zwanzig Jahre alt.
Que idade tinhas quando casaste?	Wie alt warst du, als du geheiratet hast?

d) Angabe der Uhrzeit:

Que horas eram?	Wie spät war es?
Já era meia-noite quando o Paulo regressou.	Es war schon Mitternacht, als Paulo zurückkam.

3. Im Satzgefüge dient das Imperfekt:

a) zur Angabe von (Hintergrund-)Handlungen, die sich im Verlauf befanden, als ein anderes Ereignis neu hinzutrat (*Was war schon da?* → Imperfekt; *Was geschah dann?* → Einfaches Perfekt):

Estava a ler quando o telefone tocou.	Ich habe gerade gelesen (*Hintergrund*), *als* das Telefon klingelte (*neues Ereignis*).

b) zur Angabe von (zwei) Handlungen, die parallel nebeneinander abliefen/bestanden:

A Susana falava ao telefone enquanto o Pedro preparava o jantar.	Susana telefonierte, *während* Pedro das Abendessen vorbereitete.

4. In der Zeitenfolge der Vergangenheit (vgl. Kapitel 16) und in der indirekten Rede (vgl. Kapitel 45) dient das Imperfekt zur Angabe von Handlungen, die gleichzeitig zur Hauptsatzhandlung bzw. zum Sprechmoment geschahen/verliefen:

Eles disseram que o vinho estava em cima da mesa.	Sie haben gesagt, dass der Wein auf dem Tisch stehe/stünde/steht.

5. In modaler Bedeutung dient das Imperfekt als Ersatzform des Konditional I (vgl. Kapitel 13) und drückt aus:

a) höfliche Bitten, Wünsche, Empfehlungen:

Trazia-me a conta?	Würden Sie mir die Rechnung bringen?
Eu gostava de falar com o Dr. Silva.	Ich würde gern mit Dr. Silva reden.

b) irreale Handlungen/Zustände, die von einer aktuell nicht erfüllten Bedingung abhängen (vgl. auch Kapitel 43 zum Konditionalsatz):

Ele comprava o novo modelo, mas não tem dinheiro.	Er würde (ja) das neue Modell kaufen, aber er hat kein Geld.

Übungen

1. Lesen und übersetzen Sie den folgenden Textbeginn mithilfe eines Wörterbuchs und unterstreichen Sie die Formen des Imperfekts. An welcher Stelle endet die Hintergrundbeschreibung?

O gigante egoísta (Oscar Wilde)

No centro da cidadezinha erguia-se, grande, o Castelo do Gigante. Contudo, ele tinha partido em viagem há algum tempo. À volta do castelo havia um grande jardim muito bonito coberto de relva fofa. Aqui e ali cresciam lindas flores que pareciam estrelas e havia doze pessegueiros que na primavera se cobriam de delicados botões rosa e cor de pérola, e no outono davam frutos deliciosos.

Todas as tardes, quando vinham da escola, as crianças costumavam brincar no jardim do Gigante. Os pássaros cantavam nas árvores tão suavemente que as crianças paravam as suas brincadeiras para os ouvir: – Que bom é estar neste jardim! – diziam umas às outras.

Um dia o Gigante regressou. … – Que estão aqui a fazer? – gritou-lhes muito zangado, e as crianças, cheias de medo, fugiram todas. – O meu jardim é só meu! – disse o Gigante. … Construiu então um grande muro à volta do jardim e pôs-lhe um letreiro: PROIBIDA A ENTRADA. Realmente era um Gigante muito egoísta.

2. Setzen Sie die richtige Verbform ein und übersetzen Sie ins Deutsche.

1. O meu avô ______________ (ter) muita paciência para os netos: ________________ (contar)-nos muitas histórias e ______________ (ouvir)-nos com muita atenção.
2. Dantes ele ____________ (ser) simpático. Agora já não é.
3. Naquele ano em Espanha nós ____________ (ir) muitas vezes a Madrid.
4. Quando eu ____________ (ser) mais novo, _____________ (costumar) passar as férias em casa dos meus tios no campo.
5. A casa _____________ (ter) uma varanda que _____________ (dar) para um jardim.
6. Antigamente não _________________ (haver) computadores e internet, as pessoas ____________ (escrever) cartas.
7. Todos os anos no dia 24 de dezembro, [nós] ______________ (comer) bacalhau e no dia 25, de manhã, as crianças ____________ (abrir) as prendas.

3. Bilden Sie die Formen des Imperfekts der Verben *acha, durmo, fica, amas, abrem, trago* und *fala* und setzen Sie diese waagerecht in die Kästchen ein. Das Lösungswort ist der Name einer portugiesischen Universitätsstadt.

1.			H			
2.			R	M		
3.			C	A		
4.	A					
5.			R	I		
6.	T					
7.			L			

4. Formen Sie um und übersetzen Sie ins Deutsche.

Beispiel: Agora moro numa casa moderna. → Na minha infância / casa velha
Na minha infância morava numa casa velha.

1. Hoje prefiro ficar em casa à noite. → Na minha juventude / gostar de sair
2. Hoje praticamos desporto e alimentamo-nos bem. → Antigamente / não
3. Hoje em dia há eletricidade e água. → No século XV / ainda não
4. Ele agora fala bem inglês. → Antes da sua estadia nos EUA / não
5. Ela hoje é uma atriz conhecida. → Há alguns anos / trabalhar na rádio

5. Pedros Freund hat Fragen und Pedro gibt Empfehlungen. (Konditionalersatz)

Beispiel: Miguel: (comprar) que prenda – para a Maria
→ Que prenda compravas para a Maria?
Pedro: livro de astrologia → Eu comprava um livro de astrologia.

Miguel:	Pedro:
1. (passar) onde – as férias de inverno	na Áustria
2. (ir) aonde – jantar em Lisboa	ao Bairro Alto
3. (falar) com quem – sobre o estágio	com o professor de economia
4. (dar de comer) o que – a um gato doente	leite misturado com água

6. Übersetzen Sie, indem Sie mit dem Verb beginnen. Die Anfangsbuchstaben der Sätze ergeben eine Bezeichnung für eine(n) typisch portugiesische(n) Künstler(in).

Beispiel: Würden Sie mir das Salz herübergeben? → Passava-me o sal?

1. Würdest du mit ihm sprechen? ____________________
2. Würdest du mir helfen? ____________________
3. Würdest du mir die Zeitung geben? ____________________
4. Würden Sie bis zur Tür gehen? ____________________
5. Würden Sie sich einen Moment setzen? ____________________
6. Würden Sie mir noch ein Wasser bringen? ____________________
7. Würden Sie das Fenster öffnen? ____________________

7. Setzen Sie die richtigen Formen des Imperfekts ein und übersetzen Sie den folgenden Text mithilfe eines Wörterbuchs.

____________ (ser) uma vez uma casa branca nas dunas. ____________ (ter) uma porta, sete janelas e uma varanda de madeira. Nessa casa ____________ (morar) um rapazito que ____________ (passar) os dias a brincar na praia. ____________ (ser) uma praia muito grande onde ____________ (haver) rochedos maravilhosos. Durante a maré alta os rochedos ______________ (estar) cobertos de água. Mas na maré vazia as rochas ____________ (aparecer) cobertas de limo e de algas. ______________ (haver) pedras de todas as cores e feitios. E a água do mar ______________ (ser) transparente e fria. Às vezes ______________ (passar) um peixe e os caranguejos (correr) por todos os lados. O rapazinho da casa branca ______________________ (adorar) as rochas e a frescura transparente das águas. E por isso ________________ (ter) imensa pena de não ser um peixe.

(Quelle: Sophia de Mello Breyner Andresen: *A Menina do Mar* – Text adaptiert)

8. Übersetzen Sie ins Portugiesische.

1. Wir freuten uns, wenn unsere Tante Mia zu Besuch kam.
2. Sie brachte immer kleine Geschenke für die Kinder mit.
3. Sie war eine große, elegante Frau und hatte blondes Haar.
4. Sie saß gewöhnlich mit meinen Eltern in der Küche und sie unterhielten sich.
5. Sie blieb oft bis Mitternacht.

10 Zusammengesetztes Perfekt

Bildung

Das Zusammengesetzte Perfekt (*Pretérito perfeito composto*) wird mit der entsprechenden Präsensform des Hilfsverbs ter und dem unveränderlichen Partizip des Hauptverbs gebildet (zum Partizip siehe Kapitel 19).

Person	*ter*		Partizip
eu	tenho		
tu	tens		
ele/ela	tem	+	estudado escrito discutido
nós	temos		
vocês	têm		
eles/elas	têm		

Unbetonte Pronomen dürfen nicht an das Partizip, sondern nur an die konjugierte Verbform angehängt werden:

Tenho-me sentido mal.	Ich habe mich schlecht gefühlt / fühle mich schlecht.

Gebrauch

Das Zusammengesetzte Perfekt bezeichnet in der Vergangenheit einsetzende Handlungen/Vorgänge/Zustände, die bis an die Gegenwart heranreichen (vgl. die schematische Darstellung der Vergangenheitszeiten in Kapitel 12). Der Sprecher will ausdrücklich anzeigen, dass die Handlung, der Vorgang bzw. der Zustand in der Gegenwart noch andauert/weitergeführt wird. Als deutsche Entsprechung kommen sowohl das Perfekt als auch das Präsens in Frage:

Esta autora tem tido críticas muito positivas.	Diese Autorin hat sehr positive Kritiken bekommen / bekommt …

Das Zusammengesetzte Perfekt wird nicht für abgeschlossene Handlungen/Vorgänge/ Zustände gebraucht und ist daher viel seltener als das Einfache Perfekt (vgl. Kapitel 8).

Signalwörter für den Gebrauch können sein:

a) Zeitangaben wie ultimamente, no(s) último(s) tempo(s):

Nestes últimos tempos, o número de turistas no nosso país tem aumentado.	In letzter Zeit ist die Zahl der Touristen in unserem Land gestiegen / steigt …

b) die Konjunktion desde que zur Einleitung des Nebensatzes mit Einfachem Perfekt; das Zusammengesetzte Perfekt steht im Hauptsatz:

Desde que publicaram o anúncio, têm tido muitas candidaturas.	Seit sie die Anzeige veröffentlicht haben, haben sie viele Bewerbungen (gehabt).

Übungen

1. Vollziehen Sie den Gebrauch des Zusammengesetzten Perfekts anhand der folgenden Pressemeldungen nach. Übersetzen Sie mithilfe eines Wörterbuchs.

1. Consumo de produtos hortícolas regionais tem aumentado.
2. Taxa de poupança em Portugal tem diminuído.
3. Livros têm sido, e continuarão a ser, um dos principais meios de preservação e transmissão de informação.
4. A crise económica tem criado situações de desemprego nas famílias.
5. Esta situação tem-se agravado nos últimos anos.

2. Vervollständigen Sie die folgenden Sätze mit den entsprechenden Formen des Zusammengesetzten Perfekts.

1. Nos últimos tempos [tu] _______________ (discutir) muito com a tua mãe.
2. A exposição »ilustrações.pt« que esteve patente em Bolonha, Paris e León e agora vai a Londres _______________ (ter) uma visibilidade enorme.
3. Como está? Como [você] _______________ (passar)?
4. [Eu] _______________ (estar) preocupado com a saúde da minha mãe.
5. Há algum tempo, o colega do Senhor Santos _______________ (andar) adoentado.
6. Desde que o museu abriu, _______________ (receber) excelentes críticas.
7. Desde que ele começou a estudar, ________ (aprender) muito sobre a história de Portugal.

3. Übersetzen Sie die folgenden Sätze ins Portugiesische.

1. In letzter Zeit war/ist es kalt im Norden Portugals.
2. Hast du (in letzter Zeit) mit ihm gesprochen? Ich treffe ihn nicht / habe ihn nicht getroffen (seit einiger Zeit).
3. Die Zahl der Studenten an der Universität Porto steigt (in den letzten Jahren).
4. Seit ich nach Porto umgezogen bin, bekomme ich viel Besuch / habe ich viel Besuch bekommen.
5. Sie interessiert sich mehr für Sport / hat sich mehr für Sport interessiert, seit sie ihn kennengelernt hat.

Vokabelhilfe: steigen *aumentar, subir* | umziehen nach *mudar(-se) para* | Besuch bekommen *ter visitas* | sich interessieren für *interessar-se por*

4. In welcher Situation befinden Sie sich in letzter Zeit (bis heute)? Bilden Sie fünf Sätze mit dem Zusammengesetzten Perfekt.

Tenho tido … / Tenho estado …

11 Plusquamperfekt

1. Das Einfache Plusquamperfekt

Bildung

Die Ausgangsform für die Bildung des Einfachen Plusquamperfekts (*Pretérito mais-que-perfeito simples*) ist die 3. Person Plural des Einfachen Perfekts (vgl. Kapitel 8). Die Endung -am wird gestrichen und an den verbleibenden Stamm werden die folgenden Endungen angehängt.

Person	-ar (estudar)	-er (escrever)	-ir (discutir)	unregelmäßig (fazer)
eu	estudara	escrevera	discutira	fizera
tu	estudaras	escreveras	discutiras	fizeras
ele/ela	estudara	escrevera	discutira	fizera
nós	estudáramos	escrevêramos	discutíramos	fizéramos
vocês	estudaram	escreveram	discutiram	fizeram
eles/elas	estudaram	escreveram	discutiram	fizeram

Die Betonung liegt im Gegensatz zum Futur I (= Endbetonung) auf der vorletzten Silbe.

Gebrauch

Das Einfache Plusquamperfekt wird nahezu ausschließlich in der Schriftsprache (v.a. in literarischen Texten, in Biografien o.ä.) verwendet und bezeichnet weiter zurückliegende Handlungen, Vorgänge und Zustände in der Vorvergangenheit. Das Einfache Plusquamperfekt wirkt dabei stärker beschreibend als das Zusammengesetzte Plusquamperfekt (siehe Punkt 2 dieses Kapitels).

Als deutsche Entsprechungen kommen das Plusquamperfekt (*hatte studiert*) und (seltener) das Präteritum-Imperfekt (*studierte*) in Frage.

Ele estudara medicina antes de entrar na Faculdade de Filosofia.	Er hatte Medizin studiert / studierte Medizin, bevor er zur Philosophischen Fakultät ging.
*Quando entrei para o liceu, já abandonara por completo os meus antigos hábitos …**	Als ich auf das Gymnasium kam, hatte ich meine alten Gewohnheiten schon vollkommen aufgegeben …

* Quelle: João Tordo: »Livro em branco«, in: o prazer da leitura, 128

2. Das Zusammengesetzte Plusquamperfekt

Bildung

Das Zusammengesetzte Plusquamperfekt (*Pretérito mais-que-perfeito composto*) wird mit der entsprechenden Imperfektform des Hilfsverbs ter und dem unveränderlichen Partizip des Hauptverbs gebildet (zum Partizip siehe Kapitel 19).

Person	*ter*		Partizip
eu	tinha		
tu	tinhas		
ele/ela	tinha	+	estudado escrito discutido
nós	tínhamos		
vocês	tinham		
eles/elas	tinham		

Unbetonte Pronomen dürfen nicht an das Partizip, sondern nur an die konjugierte Verbform angehängt werden:

Tinha-se sentido mal.	Er hatte sich schlecht gefühlt.

Gebrauch

Das Zusammengesetzte Plusquamperfekt wird auf allen Sprachebenen verwendet und bezeichnet in der Vorvergangenheit abgeschlossene Handlungen, Vorgänge und Zustände (vgl. die schematische Darstellung der Vergangenheitszeiten in Kapitel 12). Der Sprecher will ausdrücklich anzeigen, dass die Handlung bzw. der Zustand vor einer anderen vergangenen Handlung abgeschlossen wurde.

1. Die deutsche Entsprechung ist das Plusquamperfekt (*hatte gelebt, war abgefahren*).

Quando chegaram à estação, o comboio já tinha partido.	Als sie auf dem Bahnhof ankamen, war der Zug schon abgefahren.
Antes de se mudar da cidade para o campo, ela tinha vivido em Lisboa.	Bevor sie aus der Stadt auf das Land gezogen war, hatte sie in Lissabon gelebt.

2. Das Zusgs. Plusquamperfekt steht auch in der indirekten Rede bzw. in der Zeitenfolge der Vergangenheit bei Vorzeitigkeit einer Handlung (vgl. Kapitel 45 und 16).
3. Es ersetzt in modaler und irrealer Bedeutung den Konditional II (vgl. Kapitel 13 und 43).

Übungen

1. Bilden Sie zu den nachfolgenden Verbformen im Einfachen Perfekt die entsprechenden Formen des Einfachen und Zusammengesetzten Plusquamperfekts.

assisti | partimos | estiveste | pusemos | disse | ouvimos | fiz | viram | veio | foram

2. Setzen Sie die Formen des Zusammengesetzten Plusquamperfekts ein. Übersetzen Sie die Sätze und verwenden Sie auch im Deutschen das Plusquamperfekt.

1. Quando eles chegaram, o diretor já ______________ (ouvir) do acidente.
2. A minha amiga já ______________(comprar) um guia da cidade, quando lhe telefonei para explicar o caminho.
3. No ano passado a Rita foi ao Brasil e adorou. O Paulo já lá ______________ (ir) no ano anterior.
4. Ela queria assistir a um concerto ao vivo, porque nunca ______________ (assistir).
5. O meu colega já __________________ (usar) este medicamento e nunca ____________ (ter) nenhuma reação alérgica.
6. Antes o meu pai ____________ (trabalhar) no Banco »Santander Totta« em Lisboa.
7. Antes de ir ao cinema, o meu irmão ______________ (arrumar) o seu quarto.

3. Übersetzen Sie die folgenden Sätze mit Zusammengesetztem Plusquamperfekt.

1. Bevor sie einen Rundgang durch die Stadt machte, hatte sie sich im Internet über Stadtführungen informiert.
2. Bis gestern hatte ich nichts davon gehört.
3. Als ich nach Hause kam, hatte es schon zu regnen aufgehört.
4. Hattest du ihn vorher schon gesehen?
5. Zuvor hatte sie Mathematik studiert.

Vokabelhilfe: einen Rundgang machen (durch) *dar uma volta/ um passeio (por)* | Stadtführung *a visita guiada*

4. Vollziehen Sie den Gebrauch des Einfachen Plusquamperfekts anhand von Auszügen aus zwei Textsorten nach.

Depois de elaborado o projeto de uma *Enciclopédia Açoriana*, viria a merecer a aprovação e o apoio da direção do Centro de Estudos de Povos e Culturas de Expressão Portuguesa da Universidade Católica Portuguesa e o entusiasmo de Roberto Carneiro, presidente da Direção, também ele um »homem das ilhas«, pois que nelas passara toda a sua juventude. A equipa coordenadora fora-se constituindo.

(Quelle: http://pg.azores.gov.pt/drac/cca/enciclopedia/index.aspx – 08.09.2011 – Text gekürzt und adaptiert)

Ansiosamente [Helena] procurava o fim da estória. Escrevera-a de um só jato, como se uma inspiração tivesse descido dos céus … Assim fora durante três dias: como de costume se levantara cedo, durante esses três dias, e aguardara a saída do marido e dos filhos com impaciência. Deixada só no silêncio da casa, sentara-se, rápida, na sua mesa de trabalho, não se arrastando pela casa, como frequentemente fazia, inventando pretextos para retardar o começo do trabalho. Isso acontecia quando ela não sabia o que escrever.

(Quelle: Maria Isabel Barreno: *O diamante roubado / Der gestohlene Diamant*, Frankfurt am Main: TFM 1997, 8)

12 Vergangenheitszeiten und ihr Gebrauch im Vergleich

Es ist empfehlenswert, das portugiesische System der Zeitformen in der Vergangenheit zunächst unabhängig vom Zeitensystem des Deutschen zu betrachten:

Einfaches Perfekt

Art der Darstellung (Handlungsebene)	Blickwinkel des Sprechers auf das Ereignis	Signalwörter für die Verwendung
Bericht über einmalige, abgeschlossene Handlungen/Zustände (Vordergrund)	Der Sprecher hat Anfangs- und Endpunkt der Handlung im Blick (ein Fotoapparat würde ein punktuell abgeschlossenes Ereignis »von außen gesehen« festhalten).	punktuelle/genaue Zeitangaben wie ontem, anteontem, na semana passada, nunca, já (alguma vez), ainda não

Ontem foram de comboio para Berlim.
Gestern sind sie mit dem Zug nach Berlin gefahren.

Imperfekt

Beschreibung/Schilderung ablaufender oder üblicherweise sich wiederholender Handlungen/Zustände (Hintergrund)	Der Sprecher hat Anfangs- und Endpunkt der Handlung nicht (mehr) konkret im Blick (eine Kamera würde ein vergangenes Ereignis »von innen gesehen« im Verlauf aufzeichnen).	vage Zeitangaben wie antigamente, dantes, naquele tempo, naquela altura; Üblichkeit anzeigende Angaben wie normalmente oder das Hilfsverb costumar

Antigamente iam de comboio para Berlim.
Früher fuhren sie mit dem Zug nach Berlin.

Zusammengesetztes Perfekt

Beschreibung von Handlungen/Zuständen, die vor einiger Zeit begonnen haben und bis in die Gegenwart andauern	Der Sprecher will ausdrücklich anzeigen, dass die Handlung noch nicht abgeschlossen ist (die Kamera läuft seit einiger Zeit mit und zeichnet einen andauernden Zustand auf).	Hinweise auf das Einsetzen der Handlung in der Vergangenheit und das jetzige Fortbestehen: ultimamente, nos últimos tempos

Ultimamente têm ido de comboio para Berlim.
In der letzten Zeit sind sie mit dem Zug … gefahren / fahren sie mit dem Zug nach Berlin.

Zusammengesetztes Plusquamperfekt

Bericht über in der Vorvergangenheit abgeschlossene Handlungen/ Zustände	Der Sprecher will ausdrücklich anzeigen, dass die Handlung 1 vor einer anderen in der Vergangenheit realisierten Handlung 2 abgeschlossen worden ist.	

1 2

Já tinham ido de comboio para Berlim, quando ele telefonou.
Sie waren schon mit dem Zug nach Berlin gefahren, als er anrief.

Weitere Erklärungen und Übungen zum Gebrauch der Zeiten im Portugiesischen finden Sie in den einzelnen Kapiteln zu den Vergangenheitstempora (Kapitel 8–11).

Portugiesische Vergangenheitszeiten und ihre deutschen Entsprechungen

Während die folgenden Sätze im Deutschen verschiedene Übersetzungen erlauben, ist diese Variationsmöglichkeit im Portugiesischen nicht gegeben, da die Zeitenverwendung hier stärker reglementiert ist.

Das portugiesische Einfache Perfekt und das portugiesische Imperfekt können sowohl mit dem deutschen Perfekt als auch mit dem deutschen Präteritum-Imperfekt übersetzt werden:

Zeitform	Beispiel Portugiesisch	Entsprechung Deutsch
Einfaches Perfekt	*Ontem choveu o dia inteiro.*	Gestern hat es den ganzen Tag geregnet / regnete es demn ganzen Tag.
Imperfekt	*Naquele ano chovia muito.*	In jenem Jahr hat es viel geregnet / regnete es viel.

Beim Zusammengesetzten Perfekt kommt eine Übersetzung mit dem deutschen Perfekt, Präteritum-Imperfekt und Präsens in Frage:

Zusammengesetztes Perfekt	*Ultimamente tem chovido muito.*	In letzter Zeit hat es viel geregnet / regnete es viel / regnet es viel.

Das Zusammengesetzte Plusquamperfekt verhält sich als einzige Zeitform der Vergangenheit völlig konform zum deutschen Plusquamperfekt und wird immer mit diesem übersetzt:

Zusammengesetztes Plusquamperfekt	*Tinha chovido quando regressaram a casa.*	Es hatte geregnet, als sie nach Hause zurückkehrten.

Übungen

1. Unterstreichen Sie im folgenden Auszug aus »Das hässliche Entlein« die Zeitformen der Vergangenheit und erklären Sie deren Gebrauch.

O patinho feio (segundo Hans Christian Andersen)

Quando a mãe pata nadava com os filhos, todos os animais da quinta olhavam para eles: – Que patinho tão feio!

O patinho era muito infeliz. Ele não tinha amigos. Todos faziam troça dele, até a mãe.

Ele decidiu fugir pois ninguém sentiria a sua falta. – Quem me dera ser cisne! Os cisnes são tão bonitos. [...] *(fehlendes Textstück siehe Kapitel 24)*

O patinho olhou para a água e pela primeira vez ele viu como ele era bonito. Ele nem queria acreditar que ele se tinha transformado naquele belo cisne.

A partir daquele dia ele nunca mais estava sozinho. Ele tinha encontrado a sua família.

(Quelle: http://web.educom.pt/paulaperna/patinho_feio_1.htm)

2. Setzen Sie in die folgenden Kontexte die richtige Form des Verbs *trabalhar* ein.

1. Ontem [eu] ________________ o dia inteiro.
2. Naquele ano [eu] ________________ muito.
3. Ultimamente [eu] ________________ muito.
4. [Eu] ________________ no jardim, antes de preparar o almoço.

3. Vollziehen Sie den Gebrauch der Vergangenheitszeitformen nach.

Die Frage *Was geschah dann?* verweist auf die einzelnen, aufeinander folgenden Handlungen in einer Handlungskette. → Bericht über die Abfolge von abgeschlossenen Handlungen: Einfaches Perfekt

[Eu] ______________ (chegar) a casa, [eu] ______________ (ir) ao meu quarto e [eu] ______________ (sentar-se) à secretária. [Eu] ______________ (abrir) a minha caixa de e-mail, [eu] ______________ (ver) uma mensagem da minha amiga lisboeta e [eu] ______________ (ler) com muito interesse.

Die Frage *Was war schon da?* verweist auf Vorgänge und Zustände, die im Hintergrund bestehen. → Beschreibung/Schilderung mit Verben im Imperfekt. Die Frage *Was geschah neu? / Was kam hinzu?* verweist wiederum auf die eigentliche Handlungskette (Einfaches Perfekt).

______________ (ser) dez horas da noite, quando [eu] ______________ (chegar) a casa. [Eu] __________ (ir) ao meu quarto onde o meu computador ainda ____________ (estar) ligado. [Eu] ______________ (sentar-se) à secretária e ______________ (abrir) a minha caixa de e-mail que ______________ (estar) repleta de mensagens. [Eu] ______________ (ver) uma mensagem da minha amiga lisboeta que ____________ (ser) do mesmo dia e [eu] ____________ (ler) com muito interesse.

4. Setzen Sie die Formen des Einfachen Perfekts, des Imperfekts, des Zusammengesetzten Perfekts oder des Zusammengesetzten Plusquamperfekts ein.

1. Todos os fins de semana, ele ____________ (ir) ao Estádio do Dragão, na esperança de ver o FC Porto ganhar.
2. A nova casa ________________ (ter) uma varanda que _______________ (dar) para um pequeno jardim.
3. Eu _________________ (estar) no quintal, quando os meus pais ________________ (chegar) com o nosso cãozinho.
4. Ultimamente o meu irmão _______________ (dedicar) pouco tempo ao nosso cão.
5. O último barco já ________________ (partir), por isso elas _______________ (ir) de comboio para casa.
6. _______________ (ser) meia-noite quando a festa _______________ (acabar).
7. Enquanto a Susana _________________ (telefonar), o Pedro ___________________ (consertar) o computador.
8. _______________ (ser) uma vez um rei que _______________ (ter) três filhas.

5. Übersetzen Sie und vergleichen Sie die Bedeutung.

Zusammengesetztes Perfekt	Zusammengesetztes Plusquamperfekt
Tem-se discutido muito sobre o novo aeroporto.	Tinha-se discutido muito sobre o novo aeroporto.
Tenho ouvido falar do teu professor de história.	Tinha ouvido falar do teu professor de história.

6. Korrigieren Sie die hervorgehobenen Verbformen.

1. Quando fui mais nova, costumei passar as férias no Estoril.
2. Estive a ler quando ele entrava.
3. Ultimamente cheguei tarde a casa.
4. Enquanto o pai preparou o jantar, a mãe leu uma história aos filhos.

7. Übersetzen Sie abschließend die folgenden Sätze ins Portugiesische.

1. Ich habe gerade gelesen, als sie anrief.
2. Catarina hat mir noch nicht auf die Nachricht geantwortet, die ich ihr geschickt hatte.
3. Morgen gehe ich in ein Konzert, gestern bin ich in eine Ausstellung gegangen.
4. Ich war vor einem Monat dort.
5. Ich hatte heute ein Erlebnis, mit dem ich nicht gerechnet hatte.
6. Es war Mittag, als die Versammlung zu Ende war.
7. Gestern Abend habe ich dich angerufen, aber es war niemand zu Hause.
8. In letzter Zeit war es heiß an der Algarve.
9. Es war ein großes und helles Zimmer mit drei Fenstern, die zum Garten hinausgingen.

Vokabelhilfe: Nachricht *a mensagem* | rechnen mit *contar com* | Erlebnis *a aventura* | hinausgehen (Fenster) *dar para*

13 Konditional

1. Konditional I

Bildung

Der Konditional I (*Condicional Simples*) wird durch das Anhängen folgender Endungen an den Infinitiv des Verbs gebildet:

Person	falar	escrever	discutir
eu	falaria	escreveria	discutiria
tu	falarias	escreverias	discutirias
ele/ela	falaria	escreveria	discutiria
nós	falaríamos	escreveríamos	discutiríamos
vocês	falariam	escreveriam	discutiriam
eles/elas	falariam	escreveriam	discutiriam

Die einzigen unregelmäßigen Verben (mit Ausfall von -ze- aus der Infinitivform) sind:

Person	fazer	trazer	dizer
eu	faria	traria	diria
tu	farias	trarias	dirias
ele/ela	faria	traria	diria
nós	faríamos	traríamos	diríamos
vocês	fariam	trariam	diriam
eles/elas	fariam	trariam	diriam

Diese Unregelmäßigkeit betrifft auch abgeleitete Verben wie desfazer, contradizer etc.

Pronomeneinschub

Person	sentar-se
eu	sentar-me-ia
tu	sentar-te-ias
ele/ela	sentar-se-ia
nós	sentar-nos-íamos
vocês	sentar-se-iam
eles/elas	sentar-se-iam

Bei Verwendung von unbetonten Objekt- oder Reflexivpronomen muss beim Konditional ein Pronomeneinschub (vgl. Kapitel 25 Mittelstellung) erfolgen. Zur Vermeidung des Einschubs wird der Konditional häufig durch das Imperfekt (vgl. Kapitel 9) ersetzt: eu sentar-me-ia → eu sentava-me

Gebrauch

1. Höfliche Bitten, Wünsche, Empfehlungen:

Eu gostaria de falar com o Dr. Silva.	Ich würde gern mit Dr. Silva reden.
Eles poderiam contactar connosco.	Sie könnten mit uns in Kontakt treten.
Nós falaríamos com o tio Alberto.	Wir würden mit Onkel Alberto reden.

2. Irreale Handlungen/Vorgänge/Zustände, die von einer aktuell nicht erfüllten Bedingung abhängen (vgl. auch Kapitel 43):

Nós falaríamos com o Alberto, mas ele de momento não está em Portugal.	Wir würden (ja) mit Alberto reden, aber er ist im Augenblick nicht in Portugal.

3. Indirekte Rede der Vergangenheit: Angabe von zukünftigen (nachzeitigen) Handlungen (vgl. auch Kapitel 45):

Disseram que comprariam vinho.	Sie sagten, dass sie Wein kaufen würden.
Nós prometemos que falaríamos com o Alberto no dia seguinte.	Wir versprachen, dass wir am nächsten Tag mit Alberto sprechen würden.

In den Verwendungskontexten 1.–3. wird der Konditional I in der Umgangssprache häufig durch das Imperfekt ersetzt (vgl. Kapitel 9).

4. Ausdruck einer Vermutung in der Vergangenheit:

Ela teria uns 40 anos.	Sie war (wohl) etwa 40 Jahre alt.

2. Konditional II

Der Konditional II (*Condicional Composto*) wird mit der entsprechenden Form des Konditional I des Hilfsverbs ter und dem unveränderlichen Partizip des Hauptverbs gebildet (zum Partizip siehe Kapitel 19).

Bildung

Der Konditional II *(Condicional Composto)* wird mit der entsprechenden Form des Konditional I des Hilfsverbs ter und dem unveränderlichen Partizip des Hauptverbs gebildet (zum Partizip siehe Kapitel 19).

Person	*ter*	+	Partizip
ele	teria		estudado / escrito / discutido

Gebrauch

1. Nicht mehr realisierbare Empfehlungen oder Wünsche:

Nós teríamos falado com o tio Alberto.	Wir hätten mit Onkel Alberto geredet.
Eu não teria informado o gerente.	Ich hätte den Manager nicht informiert.

2. Irreale (nicht mehr realisierbare) Handlungen/Vorgänge/Zustände, die von einer vergangenen und nicht mehr erfüllbaren Bedingung abhängen:

Nós teríamos falado com o tio Alberto, mas ele não esteve em casa.	Wir hätten (ja) mit Onkel Alberto geredet, aber er war nicht zu Hause.

In den Verwendungskontexten 1. und 2. wird der Konditional II in der Umgangssprache häufig durch das Zusammengesetzte Plusquamperfekt ersetzt (vgl. Kapitel 11).

3. Angabe unbestätigter Meldungen, v.a. in der Medien- und Wissenschaftssprache (»offizielle Vermutungsfunktion«):

A polícia diz que a vítima teria cometido suicídio.	Die Polizei sagt, dass das Opfer Selbstmord begangen haben soll.

Übungen

1. Wenn Familie Santos die Möglichkeiten hätte, würde sie sich einige Wünsche erfüllen. Hier sind die Wünsche etwas durcheinander geraten. Ordnen Sie sie und benutzen Sie den Konditional I.

Beispiel: O Rodolfo Tigrado faria olhinhos à gata da família Lopes.

A Dona Idália	dar um passeio	o último modelo	conhecida.
A avó Antónia	jogar	uma bailarina	com o seu amigo.
O Senhor Santos	fazer	no clube	do Benfica.
O Pedro	comprar	uma viagem	ao Canadá.
A Susana	gostar de ser	com a gata	da família Lopes.
O Rodolfo Tigrado	ir sair	para um baile	da BMW.

2. Ergänzen und übersetzen Sie (Konditional I).

Beispiel: Eu não tenho tempo. → Senão, iria ao cinema com vocês.
Ich habe keine Zeit. → Sonst würde ich mit euch ins Kino gehen.

1. Ele não vai estar em casa. → Senão, (ver o jogo na TV)
2. Nós não estamos muito interessados. → Senão, (oferecer mais dinheiro)
3. Tu podes ir ao Consulado local. → Senão, (ter que ir à Embaixada na capital)
4. Eles estão fora do país. → Senão, (ter que pagar uma multa elevada)

3. Bilden Sie die Formen des Konditional I zu folgenden Verbformen im Präsens und setzen Sie jeweils den angegebenen Buchstaben in die Kästchen ein. Das Lösungswort ist eine Persönlichkeit aus der portugiesischen Geschichte.

a. faço → __________ (Buchstb. 3)
b. vejo → __________ (Buchstb. 2)
c. venho → __________ (Buchstb. 2)
d. durmo → __________ (Buchstb. 2)
e. digo → __________ (Buchstb. 3)
f. consigo → __________ (Buchstb. 7)
g. reajo → __________ (Buchstb. 4)
h. trago → __________ (Buchstb. 3)

a.	b.	c.				d.	e.		f.	g.	h.	
			D	E	P			T				L

4. Übersetzen Sie die folgenden Pressenachrichten mithilfe eines Wörterbuchs. Beachten Sie die offizielle Vermutungsfunktion des Konditional II.

1. Presidente dos EUA, G. W. Bush, teria perguntado o que era o G20.
2. Motorista da ambulância teria confessado que dormiu no volante.
3. Cisco teria apresentado uma oferta para comprar o Skype.
4. Órgão dos EUA teria ignorado risco radioativo de tomografia.
5. OVNI teria sido visto sobre o deserto do Atacama.

5. Formen Sie die Sätze im Konditional I in das Imperfekt um und übersetzen Sie.

Beispiel: O Pedro escreveria um postal à mãe. → O Pedro escrevia um postal à mãe.
Explicar-me-ia o exercício? → Explicava-me o exercício?

1. Eu telefonaria ao médico.
2. Eu faria a tradução como ele disse.
3. A Dona Idália reconheceria a minha amiga.
4. Poderia trazer-me a conta, por favor?
5. Não o traríamos amanhã.
6. Visitar-nos-iam com muito prazer.
7. O Senhor Santos pedir-lhe-ia desculpa.

6. Übersetzen Sie mit Konditional I

1. Was würden Sie tun? Würden Sie anfangen? Nein, ich würde noch warten.
2. Was würdest Du machen? Würdest Du dich beschweren? Ja, ich würde einen Brief schreiben.
3. Wie würden Deine Freunde reagieren? Würden sie etwas gegen dich sagen? Nein, ich denke, sie wären froh / würden froh sein.

Vokabelhilfe: sich beschweren *queixar-se* | reagieren *reagir* | etw. gegen dich sagen *dizer alguma coisa contra ti* | froh sein *estar contente*

7. Ergänzen und übersetzen Sie (Konditional II).

Beispiel: Eu não tive tempo. → Senão, teria ido ao cinema com vocês.
Sonst wäre ich mit euch ins Kino gegangen.

1. Eu vim muito cedo. → Senão, (eu – perder o comboio)
2. A Susana protegeu a gatinha Mimi. → Senão, (um cão – ferir a gatinha)
3. O Pedro marcou dois golos. → Senão, (a equipa – perder o jogo)
4. Mandei-lhe um convite pessoal. → Senão, (ele – não vir)

8. Hinterher weiß man immer alles besser. Übersetzen Sie die Sätze ins Portugiesische (Konditional II).

1. Ich hätte ihm nicht die Hand gegeben.
2. Ich hätte nichts gesagt und ihn nicht provoziert.
3. Ich hätte das Kleid nicht getragen.
4. Ich hätte mich nicht in den Konflikt eingemischt.
5. Ich wäre geblieben und hätte auf ihn gewartet.

Vokabelhilfe: die Hand geben *dar a mão* | provozieren *provocar* | das Kleid tragen *usar o vestido* | sich einmischen (in) *meter-se (em)* | warten (auf) *esperar (por)*

14 Futur

1. Futur I

Bildung

Das Futur I (*Futuro Simples*) wird durch das Anhängen folgender Endungen an den Infinitiv des Verbs gebildet:

Person	falar	escrever	discutir
eu	falarei	escreverei	discutirei
tu	falarás	escreverás	discutirás
ele/ela	falará	escreverá	discutirá
nós	falaremos	escreveremos	discutiremos
vocês	falarão	escreverão	discutirão
eles/elas	falarão	escreverão	discutirão

Die einzigen unregelmäßigen Verben (mit Ausfall von -ze- aus der Infinitivform) sind fazer, trazer und dizer:

fazer	farei	farás	fará	faremos	farão
trazer	trarei	trarás	trará	traremos	trarão
dizer	direi	dirás	dirá	diremos	dirão

Diese Unregelmäßigkeit betrifft auch abgeleitete Verben wie desfazer, contradizer etc.

Pronomeneinschub

Person	sentar-se
eu	sentar-me-ei
tu	sentar-te-ás
ele/ela	sentar-se-á
nós	sentar-nos-emos
vocês	sentar-se-ão
eles/elas	sentar-se-ão

Bei Verwendung von unbetonten Objekt- und Reflexivpronomen muss beim Futur I ein Pronomeneinschub (vgl. Kapitel 25 Mittelstellung) erfolgen. Zur Vermeidung des Einschubs wird das Futur I häufig durch das periphrastische Futur (vgl. Kapitel 15) ersetzt: eu sentar-me-ei → eu vou-me sentar / eu vou sentar-me

Gebrauch

1. zukünftige Handlungen/Vorgänge/Zustände

a) in formaler Sprache:

Os governos tomarão as medidas oportunas.	Die Regierungen werden die geeigneten Maßnahmen ergreifen.
O festival iniciar-se-á amanhã.	Das Festival wird morgen beginnen.

b) in der Umgangssprache mit affektiv betonter Realisierungsabsicht oder -hoffnung des Sprechers:

Venceremos a crise.	Wir werden die Krise überwinden.
Farei uma dieta rigorosa.	Ich werde eine strenge Diät machen.

In der Zukunftsbedeutung wird das Futur I in der Umgangssprache häufig durch das periphrastische Futur ersetzt (vgl. Kapitel 15).

2. Vermutung über einen gegenwärtigen/zukünftigen Sachverhalt:

Ela terá uns 40 anos.	Sie wird (wohl) etwa 40 Jahre alt sein.
O sinal indicará o caminho.	Das Schild wird wohl den Weg anzeigen.

3. Unsicherheit bzgl. eines gegenwärtigen/zukünftigen Sachverhalts (Fragesatz):

Será que ele não vem?	Ob er (vielleicht) nicht kommt?
Dirão a verdade?	Ob sie (wohl) die Wahrheit sagen?

4. Aufforderungsfunktion:

Primeiro lavarás a loiça.	Zuerst wirst du das Geschirr abwaschen.
Não furtarás! (Bibel)	Du sollst nicht stehlen!

2. Futur II

Das Futur II (*Futuro Composto*) wird mit der entsprechenden Form des Futur I des Hilfsverbs ter und dem unveränderlichen Partizip des Hauptverbs gebildet (zum Partizip siehe Kapitel 19).

Bildung

Das Futur II *(Futuro Composto)* wird mit der entsprechenden Form des Futur I des Hilfsverbs ter und dem unveränderlichen Partizip des Hauptverbs gebildet (zum Partizip siehe Kapitel 19).

Person	*ter*	+	Partizip
ele	terá		estudado / escrito / discutido

Gebrauch

1. Handlungen/Vorgänge/Zustände, die in Bezug auf einen Zukunftszeitpunkt oder auf eine andere Zukunftshandlung vorzeitig, d. h. bereits abgeschlossen sind:

Quando tu chegares, já teremos preparado tudo.	Wenn du ankommst, werden wir schon alles vorbereitet haben.

2. Vermutung über einen vergangenen Sachverhalt:

Entretanto ele já terá falado com ela.	Inzwischen wird er (wohl) schon mit ihr gesprochen haben.

3. Unsicherheit bezüglich eines vergangenen Sachverhalts (Fragesatz):

Eles terão conseguido?	Ob sie es (wohl) geschafft haben (werden)?

Übungen

1. Bilden Sie die Formen des Futur I aus folgenden Präsensverbformen.

compra | estudas | escreves | comemos | discutimos | parto | partem | somos | estamos | tens | faz | trago | sente-se | venho | vimos | vemos

2. Familie Santos beginnt das neue Jahr mit guten Vorsätzen. Ordnen Sie die durcheinander geratenen Satzteile richtig zu und formulieren Sie im Futur I in der 1. Person Singular.

Beispiel: Senhor Santos: »No ano novo eu deixarei de fumar.«

Dona Idália	tornar-se	um bom gato
Senhor Santos	ir mais vezes	uma dieta
Pedro	fazer	de fumar
Susana	estudar mais	à aula de piano
Rodolfo Tigrado	deixar	para a universidade

3. Familie Santos liest sich zu Silvester das Horoskop für das neue Jahr vor. Lesen Sie vor und formen Sie, wo nötig, in die 2. Person Singular um.

Beispiel: Susana → liest für Oma Antónia: Avó, na vida geral poderás conhecer pessoas que te serão úteis e na vida amorosa algumas respostas chegarão.

Signo	Nome	Vida geral, trabalho e saúde	Vida amorosa
VIRGEM	*Pedro* → *Susana*	Poderá fazer gastos em prazeres pessoais.	Poderá encontrar um novo amor.
TOURO	*Avó Antónia* → *D. Idália*	Na saúde, o novo ano não será dos melhores, mas haverá satisfação no trabalho.	Saberá aproveitar os momentos a dois.
GÉMEOS	*D. Idália* → *Sr. Santos*	No trabalho surgirão novos estímulos. Deverá dar mais atenção à saúde.	Uma relação consolidar-se-á.

4. Susana hat Zweifel, ob ihr Schulfreund Ricardo sich für sie interessiert. Sie stellt sich einige Fragen. Formen Sie diese in »innere Fragen« um. (Futur I)

Beispiel: Não sei se ele gosta de mim. → Ele gostará de mim? / Será que ele gosta de mim?

1. Não sei se ele vem à festa no fim de semana.
2. Não sei se ele tem uma namorada.
3. Não sei se ele só brinca comigo.
4. Não sei se ele se interessa pela Rita.

5. **Herr Leonardo da Silva ist zum Abendessen eingeladen und verspätet sich. Oma Antónia erreicht ihn nicht und ist besorgt. Dona Idália beruhigt sie (Futur II).**

Beispiel: perder o autocarro → Não te preocupes, ele terá perdido o autocarro.

1. deixar o telemóvel em casa
2. não conseguir um táxi
3. sair tarde de casa
4. ainda comprar rosas no caminho

6. **Kreuzworträtsel: Wie heißt der Kater von Familie Santos?**

1. Futuro simples de (nós) fizemos
2. Futuro simples de (tu) roubaste
3. Futuro simples de (ele) agradece
4. Futuro simples de (eles) puderam
5. Futuro simples de (eu) falei
6. Futuro simples de (tu) ficas
7. Futuro simples de (ele) comprou
8. Futuro simples de (tu) partiste
9. Futuro simples de (ele) vai
10. Futuro simples de (eu) agitei
11. Futuro simples de (tu) tens
12. Futuro simples de (ele) foi
13. Futuro simples de (ele) disse
14. Futuro simples de (nós) trazemos

			4											14
		3												
								8				12		
1				5							11			
	2					7				10				
					6				9				13	

7. **Familie Santos plant ihren Tag. Setzen Sie die Verbformen im Futur II ein.**

1. Susana: Quando a mãe vier da escola, [eu e a avó] já _______________ (comprar) a carne e os legumes para o jantar.
2. D. Idália: Quando o pai chegar do banco, [nós] já ____________ (voltar) do cinema.
3. Avó Antónia: Quando vocês voltarem do cinema, [eu] já _____________ (deitar-se).
4. Sr. Santos: Amanhã a esta hora [eu] já _____________ (falar) com os clientes.

15 Das periphrastische Futur

Bildung

Das periphrastische Futur (*Futuro Perifrástico)* wird aus der Präsensform des Verbs ir und dem Infinitiv des Hauptverbs gebildet. Das Verb ir verliert dabei seine Vollverb-Bedeutung (*gehen*) und wird zum Hilfsverb mit der Bedeutung *werden*:

Person	*ir*		Infinitiv
eu	vou		
tu	vais		
ele/ela	vai	+	estudar comer discutir
nós	vamos		
vocês	vão		
eles/elas	vão		

Das periphrastische Futur wird vermieden:

— mit dem Vollverb ir selbst (nicht: *ele vai ir*, sondern: *ele vai/irá*)

— mit dem Modalverb dever (nicht: *ele vai dever*, sondern: *ele deve/deverá*)

— oft mit dem Verb vir (selten: *ele vai vir*, besser: *ele vem*)

Gebrauch

1. Das periphrastische Futur wird zeitlich mit derselben zeitlichen Bedeutung gebraucht wie das Futur I. Es ist in der neutralen Sprache und Umgangssprache üblicher als das Futur I (vgl. Kapitel 14):

Os Governos vão tomar medidas.	Die Regierungen werden Maßnahmen ergreifen.
O festival vai começar amanhã.	Das Festival wird morgen beginnen.

2. Im Gegensatz zum Futur I drückt das periphrastische Futur keine Vermutung oder Unsicherheit aus.

Anmerkung: Die verbale Periphrase aus ir + Infinitiv kann nicht nur mit ir im Präsens, sondern auch in anderen Zeitformen und im Konditional gebildet werden:

Ele irá falar com o chefe.	Er wird mit dem Chef sprechen.
Ele foi falar com o chefe.	Er hat mit dem Chef gesprochen. / Er ging mit dem Chef sprechen.
Ele ia/iria falar com o chefe.	Er würde mit dem Chef sprechen.

Die Formen *ia / iria + Infinitiv* werden in der Umgangssprache häufig zum Ersatz des Konditional I verwendet (vgl. Kapitel 13).

Übungen

1. Wandeln Sie die folgenden Verbformen in Formen des periphrastischen Futurs um. Entscheiden Sie auch, wo dies nicht möglich ist.

trará	____________	estou	____________	vou	____________
direi	____________	sou	____________	devo	____________
farão	____________	ouço	____________	sabe	____________
posso	____________	trago	____________	verás	____________

2. Pedro hilft seiner deutschen Bekannten Claudia, einen Text zu verstehen. Er formt die Verbformen in das umgangssprachlichere periphrastische Futur um.

Algumas das previsões mais surpreendentes para o ano de 2012 são:

1. As ações da Apple terão uma queda de 50 % em relação ao seu valor máximo de 2011. Os produtos mais inovadores da Apple, o iPhone e o iPad, enfrentarão vários concorrentes como a Google, Amazon, Microsoft/Nokia e a Samsung.
2. A crise da dívida da União Europeia voltará com toda a força em meados do ano. Como consequência, as bolsas terão uma queda de 25 % a curtíssimo prazo.
3. Surgirá um candidato ainda não anunciado e conseguirá a presidência nos Estados Unidos.
4. O preço do trigo duplicará depois de um dos piores anos para colheita, como foi 2011.

(Quelle: http://www.prnewswire.com/news-releases/saxo-bank-divulga-as-10-previsoes-mais-surpreendentes-para-2012-135866038.html – 21.02.2012 – Text gekürzt)

3. Dona Idália freut sich, dass der Rest der Familie am Wochenende unterwegs sein wird. So wird sie Zeit für ihre Freundin haben. Was sagt sie zu Manuela am Telefon? Ordnen Sie die Aussagen richtig zu und finden Sie heraus, was Pedro in Wirklichkeit mit seinem Freund vorhat.

O meu marido	(ficar) em casa de um amigo dele e (estudar) para o exame universitário de geografia	I
O Pedro	(encontrar-se) com uma amiga da juventude	ND
A minha mãe	(ir) a Lisboa e (visitar) as amigas de escola dela	S
A Susana	(estar) em Madrid e (ter) um workshop do seu banco	W
O nosso gato	(ter) tempo para conversar e (poder) ir ao teatro	F
Nós	(ficar) em casa do vizinho que tem um gato também	UR

16 Die Zeitenfolge im Indikativ

Der Gebrauch der Zeitformen des Indikativs im Nebensatz hängt ab

- von der zeitlichen Situierung der Hauptsatzhandlung,
- vom zeitlichen Bezug der Nebensatzhandlung zur Hauptsatzhandlung, d.h. davon, ob im Nebensatz Gleichzeitigkeit (GZ), Vorzeitigkeit (VZ) oder Nachzeitigkeit (NZ) zum Hauptsatz ausgedrückt werden soll.

1. Steht im Hauptsatz ein Verb im Präsens oder Futur, so ist die Wahl der Verbform des Nebensatzes nicht eingeschränkt.
2. Steht im Hauptsatz ein Verb in einer Vergangenheitszeit oder im Konditional, besteht im Nebensatz eine sogenannte Zeitenfolge, die die Wahl der Verbform vorgibt:

Vergangenheitszeit	Zeitenfolge des Indikativs in der Vergangenheit		
	VZ	*que tinha assistido ao projeto.* dass er *(zuvor)* am Projekt teilgenommen hatte.	Plusquamperfekt
Todos sabiam Alle wussten,	GZ	*que assistia ao projeto.* dass er *(zur damaligen Zeit)* am Projekt teilnahm.	Imperfekt
	NZ	*que assistia / ia assistir ao projeto.* *que assistiria / iria assistir ao projeto.* dass er *(später)* am Projekt teilnehmen wird / würde.	Imperfekt/ Konditional

Übung

1. Übersetzen Sie die Sätze unter Verwendung einer richtigen Zeitform.

1. Ich wusste, wann … a) er gearbeitet hatte. (VZ)
   b) er arbeitete. (GZ)
   c) er arbeiten würde. (NZ)
2. Sie sah, dass … a) er den Koffer mitgenommen hatte. (VZ)
   b) er den Koffer mitnahm. (GZ)
   c) er den Koffer mitnehmen würde. (NZ)
3. Es war klar, dass … a) es geregnet hatte. (VZ)
   b) es regnete. (GZ)
   c) es regnen würde. (NZ)

17 Persönlicher Infinitiv

Bildung

Zur Bildung des persönlichen Infinitivs (*Infinitivo pessoal*) werden folgende personalisierende Endungen an die Infinitivform des Verbs angefügt:

Person	estudar	escrever	discutir
eu	eu estudar	eu escrever	eu discutir
tu	estudares	escreveres	discutires
ele/ela	ele/ela estudar	ele/ela escrever	ele/ela discutir
nós	estudarmos	escrevermos	discutirmos
vocês	estudarem	escreverem	discutirem
eles/elas	estudarem	escreverem	discutirem

Die 1. und 3. Person Singular sind endungslos. Die Personalisierung erfolgt in diesem Fall dadurch, dass das Subjektpronomen vor den persönlichen Infinitiv gestellt wird. Auch die anderen Subjektpronomen oder lexikalische Subjekte können (zusätzlich) vorangestellt werden:

para eu estudar	damit ich studiere
para (eles / os alunos / vocês) estudarem	damit sie / die Schüler / ihr studieren/studiert

Vom funktional verschiedenen, aber formal sehr ähnlichen Konjunktiv Futur (vgl. Kapitel 39) unterscheidet sich der persönliche Infinitiv dadurch, dass es hier keine Sonderformen bei unregelmäßigen Verben gibt (vgl. z. B. *estares, trazerem* (persönlicher Infinitiv) / *estiveres, trouxerem* (Konjunktiv Futur)).

Unbetonte Pronomen werden (in der Grundstellung) an den persönlichen Infinitiv angehängt:

É normal enganares-te.	Es ist normal, dass du dich irrst.

Zum Ausdruck der Vorzeitigkeit existiert eine zusammengesetzte Form des persönlichen Infinitivs, die mit der entsprechenden Form des persönlichen Infinitivs des Hilfsverbs ter und dem unveränderlichen Partizip des Hauptverbs gebildet wird (zum Partizip siehe Kapitel 19).

Persönlicher Infinitiv von *ter*	+	Partizip
ter (-es/-mos/-em)		estudado/comido/discutido

Gebrauch

Der persönliche Infinitiv ist sehr gebräuchlich und kann das gebeugte Verb in einer Reihe von Nebensätzen ersetzen. Hierbei entfallen beim Verb des Nebensatzes Zeitform und Modus (Indikativ oder Konjunktiv), und man spricht von einer Verkürzung des Nebensatzes. Für die Verwendung ist es nicht entscheidend, in welcher Zeitform der dazugehörige Hauptsatz steht:

Hauptsatz	Nebensatz	Nebensatz mit Infinitiv verkürzt
É bom	*que fales com ele.*	*falares com ele.*
Es ist gut,	dass du mit ihm sprichst.	
Era/Foi/Seria bom	*que falasses com ele.*	*falares com eles.*
Es war/wäre gut,	dass/wenn du mit ihm sprachst/sprichst.	

1. Der persönliche Infinitiv steht entweder ohne Einleitungswort (siehe oben) oder er wird durch eine Präposition eingeleitet. Er wird niemals durch die Konjunktion *que* oder abgeleitete Konjunktionen wie *para que, porque, até que* usw. eingeleitet.

Eu estou contente por falares com ele.	Ich bin froh, dass/weil du mit ihm sprichst.

2. Die häufigste Verwendung des persönlichen Infinitivs ist die Verkürzung von Subjekt- und Adverbialsätzen (vgl. auch Kapitel 33 sowie 40–44):

— Subjektsatz nach unpersönlichen Ausdrücken und Verben:

É melhor que venhas connosco.	*É melhor vires connosco.*
É importante que falemos com ela.	*É importante falarmos com ela.*
Basta que olhes para ele.	*Basta olhares para ele.*

— Adverbialsatz in Verbindung mit Präpositionen wie z. B. por (*weil*; kausal), para (*damit*; final), depois de (*nachdem*; temporal), antes de (*bevor*; temporal), até (*bis*; temporal), ao (*als/wenn*; temporal), a (*wenn*; konditional), sem (*ohne dass*; modal):

Ela está triste porque [eles] não vêm.	*Ela está triste por [eles] não virem.*
Vou pedir um pudim para que [vocês] provem.	*Vou pedir um pudim para [vocês] provarem.*
Esperamos até que ele chegue.	*Esperamos até ele chegar.*
Antes que saias vamos almoçar.	*Antes de saires vamos almoçar.*
Quando regressamos para casa, os pais já lá estavam.	*Ao regressarmos para casa, os pais já lá estavam.*

3. Der persönliche Infinitiv muss gebraucht werden bei Subjektverschiedenheit zwischen Hauptsatz und Infinitivsatz (siehe obige Beispiele). In diesen Fällen darf nicht der einfache Infinitiv ohne Personalisierung stehen.
4. Der persönliche Infinitiv kann gebraucht werden bei Subjektgleichheit zwischen Hauptsatz und Infinitivsatz:

Depois de comer(mos) vamos ao cinema.	Nachdem wir gegessen haben, gehen wir ins Kino.

Übungen

1. Setzen Sie den persönlichen Infinitiv in der richtigen Form ein und übersetzen Sie.

Beispiel: É melhor _______ [telefonar, eles] antes. → É melhor [eles] telefonarem antes.
Es ist besser, dass/wenn sie vorher telefonieren.

1. É melhor ______________________ [comprar, tu] o livro na livraria.
2. É possível ______________________ [chegar, eles] cedo.
3. É importante ______________________ [decidir, nós] muito cedo.
4. Basta ______________________ [escrever, a Sra.] um e-mail.
5. Chega ______________________ [assinar, você] aqui.
6. Chega ______________________ [entregar, nós] o trabalho no dia 14.

2. Subjektsätze: Formen Sie in einen Infinitivsatz um und übersetzen Sie.

Beispiel: É importante que cheguemos com antecedência. → É importante chegarmos com antecedência. → Es ist wichtig, dass wir zeitiger da sind.

1. É melhor que eu vá de carro.
2. É maravilhoso que vamos ao concerto.
3. É necessário que vocês tragam os passaportes.
4. É importante que eles se encontrem antes.
5. É bom que estejas tão interessada.
6. É mau que ele não mostre mais interesse.
7. É ótimo que eles possam passar as férias na praia.

3. Temporalsätze: Setzen Sie den persönlichen Infinitiv in der richtigen Form ein und übersetzen Sie.

1. Antes de __________________ [telefonar, nós], tens que falar com o pai dele.
2. Antes de __________________ [chegar, os convidados], temos que preparar tudo.
3. Ao __________________ [sair, nós] para a rua, encontrámos o Fernando.
4. Ao __________________ [regressar, eles] para casa,o pai já lá estava.
5. Ao __________________ [saber, nós] a novidade, já tinhas partido.
6. Depois de __________________ [entrar, nós] em contacto com eles, vamos ver.
7. Vamos à praia *depois de* __________________ [regressar, tu] da cidade.
8. Esperamos *até* todos __________________ [estar] prontos.

4. Kausal- und Finalsätze: Setzen Sie den persönlichen Infinitiv in der richtigen Form ein.

1. Estou triste por já __________________ [ter de partir, tu].
2. Estás triste por __________________ [ter de partir, nós] já?
3. Não estou contente por __________________ [chegar, vocês] tão tarde.
4. Explicaram tudo para __________________ [conhecer, nós] o problema.
5. Trouxe os CDs para __________________ [ouvir, o Sr.] música popular.
6. Trago aqui a lista para __________________ [poder, os Srs.] escolher a sobremesa.
7. Explico-te o assunto para ____________ [compreender, tu] melhor a minha atitude.

5. Übersetzen Sie.

1. Es ist gut, dass Pedro morgen zu Hause ist.
2. Es reicht, wenn Dona Idália mit dem Nachbarn spricht.
3. Es ist möglich, dass Susanas Freundinnen aus Lissabon heute kommen.
4. Als sie die Haustür öffnen, hält ein Auto vor dem Haus.
5. Bevor Herr Santos morgens das Haus verlässt, gibt seine Frau ihm einen Abschiedskuss.
6. Herr Santos bringt das Auto in die Werkstatt, damit sie eine Durchsicht machen.
7. Der Getigerte Rodolfo bleibt unter dem Tisch, weil es draußen regnet.

Vokabelhilfe: (an-)halten *parar* | Werkstatt *a oficina* | Abschiedskuss *o beijo de despedida* | Durchsicht *a inspeção*

6. Ist der persönliche Infinitiv in den folgenden Sätzen obligatorisch oder fakultativ? Beachten Sie die Subjektgleichheit bzw. -verschiedenheit und die Stellung des Infinitivsatzes.

1. a) Ao regressarmos das férias, os nossos colegas já tinham terminado o trabalho.
   b) Ao regressarmos das férias, começámos a trabalhar no novo projeto.
   c) Começámos a trabalhar no novo projeto, ao regressarmos das férias.
2. a) Depois de chegarem ao hotel, ele tomou um duche.
   b) Depois de chegarem ao hotel, eles tomaram um duche.
   c) Eles tomaram um duche, depois de chegarem ao hotel.

18 Gerundium

Bildung

Für die Bildung des Gerundiums (*Gerúndio*) wird die Infinitivendung -r durch -ndo ersetzt. Der Vokal der jeweiligen Konjugationsklasse (-a-, -e- oder -i-) bleibt erhalten.

Infinitiv	Gerundium
estudar	estudando
escrever	escrevendo
discutir	discutindo

Es gibt keine Sonderformen bei unregelmäßigen Verben (estar → estando, ser → sendo, ter → tendo).

Unbetonte Pronomen werden (in der Grundstellung) an das Gerundium angehängt: escrevendo-te.

Zum Ausdruck der Vorzeitigkeit gibt es ein zusammengesetztes Gerundium, das mit dem Gerundium des Verbs ter und dem unveränderlichen Partizip des Hauptverbs gebildet wird (zum Partizip siehe Kapitel 19):

Gerundium von *ter*	+	Partizip
tendo		estudado/comido/discutido

Gebrauch

1. Als unveränderliche Form des Verbs bezeichnet das Gerundium Handlungen in ihrem meist gleichzeitigen Verlauf zu einem übergeordneten Sachverhalt.
2. Das Gerundium wird vorzugsweise in der Schriftsprache verwendet (literarische Texte, Presse- und Fachsprache). Es dient der Verkürzung von Nebensätzen mit modaler oder instrumentaler Bedeutung. Außerdem können durch das Gerundium – in Abhängigkeit vom Kontext – verschiedene andere Nebensatztypen wie Temporalsätze, Kausalsätze, Konzessivsätze, Konditionalsätze, Konsekutivsätze und Relativsätze verkürzt werden (siehe Übung 1 dieses Kapitels und Kapitel 41–44). Eine eindeutige semantische Interpretation des gerundialen Nebensatzes ist nicht immer möglich.

(a) Literarischer Text, Gerundium in modaler Bedeutung

O polvo trepou para cima dos rochedos e esticando muito sete dos seus oito braços prendeu-os (…) com as suas ventosas na pedra e, com o braço que tinha ficado livre, começou a tocar guitarra nos seus sete braços. (Sophia de Mello Breyner Andresen: *A Menina do Mar*)

Der Tintenfisch kletterte auf die Felssteine und, indem er sieben seiner acht Arme weit ausstreckte, klebte er diese (…) mit seinen Saugnäpfen am Stein fest. Dann begann er mit dem Arm, der frei geblieben war, Gitarre auf seinen sieben Armen zu spielen.

(b) Pressetext, Gerundium in modaler Bedeutung

A surpresa pode ser o partido dos Verdes, que poderá obter 10 por cento dos votos, recolhendo muitos votos de protesto.

Die Überraschung kann die Partei der Grünen werden, die wohl 10 Prozent der Stimmen erreichen kann, indem sie viele Proteststimmen auffängt.

(c) Fachtext, Gerundium in kausaler / modaler Bedeutung

Os ácidos gordos ómega 3 contribuem ainda para neurotransmissão, modulando a síntese, libertação, recaptação e metabolismos de neurotransmissores.

Die Omega-3-Fettsäuren tragen außerdem zur Neurotransmission bei, weil / indem sie die Synthese, Freisetzung, Rückbindung und den Stoffwechsel der Neurotransmitter modulieren.

3. Als deutsche Entsprechung kommt eine Nebenordnung der Aussage durch die koordinierende Konjunktion *und* oder durch Nebensätze, die mit *indem* bzw. *wobei* eingeleitet werden, in Frage. Selten wird mit dem deutschen Partizip Präsens übersetzt (siehe dazu auch Punkt 5 weiter unten):

Junte as duas frases, utilizando o presente do conjuntivo.	Verbinden Sie die beiden Sätze und verwenden Sie dabei den Konjunktiv Präsens (den Konjunktiv Präsens verwendend).
O Metro de Lisboa também teve um desempenho idêntico, tendo assistido a uma quebra de 9,6 % e a uma perda de 4,4 milhões de utilizadores no primeiro trimestre.	Die Metro von Lissabon verzeichnete ein ähnliches Ergebnis, wobei sie einen Einbruch von 9,6 % und den Verlust von 4,4 Millionen Nutzern im ersten Quartal hinnehmen musste.

4. In den meisten Fällen stimmen die Subjekte des Hauptsatzes und des gerundialen Nebensatzes überein:

O artista tornou-se conhecido no Norte de Portugal, expondo os seus quadros numa galeria de arte do Porto.	*Der Künstler* wurde im Norden Portugals bekannt, indem *er* seine Bilder in einer Kunstgalerie von Porto ausstellte.

Die gerundial ausgedrückte Nebenhandlung kann auch ein eigenes Subjekt haben:

Estando a minha amiga comigo, sinto-me bem segura.	Wenn *meine Freundin* bei mir ist, fühle *ich* mich sehr sicher.

5. In einigen Fällen entspricht das Gerundium dem Partizip Präsens im Deutschen:

Ele olhou-me sorrindo.	Er sah mich lächelnd an.

Das Gerundium kann jedoch nicht – wie das deutsche Partizip Präsens – als Attribut verwendet werden. Beachten Sie folgende portugiesische Entsprechungen:

kochendes Wasser — *água a ferver*

ein weinendes Kind — *uma criança a chorar*

Gerundium in Verbalperiphrasen

Im BP, wo das Gerundium Bestandteil der Verbalperiphrase zum Ausdruck des Verlaufs einer Handlung ist, findet das Gerundium sehr häufig Verwendung:
estar + Gerundium (vgl. EP: *estar a* + Infinitiv):

BP	*De que é que o senhor está falando?*	Worüber sprechen Sie (gerade)?
EP	*De que o senhor está a falar?*	

Auch im EP sind mehrere Verbalperiphrasen mit Gerundium in Gebrauch, z. B. ir + Gerundium zum Ausdruck des allmählichen Fortschreitens einer Handlung bzw. eines Zustandes:

Os preços vão aumentando.	Die Preise steigen immer weiter.
Vai andando, eu ainda não posso ir.	Geh schon allmählich voraus, ich kann noch nicht gehen/kommen.

Übungen

1. Setzen Sie die gerundiale Form des Verbs ein und übersetzen Sie die Sätze mithilfe der Hinweise in den eckigen Klammern.

1. Os »rabelos« eram barcos típicos que desciam o rio Douro __________ (transportar) as pipas de Vinho do Porto até às caves em Vila Nova de Gaia. [koordinierend / *und*]
2. Não _______________ (encontrar) uma solução para a tarefa, ela resolveu procurar na internet. [kausal]
3. Os usuários podem contactar esse serviço por mail ou _______________ (telefonar) para um dos números de serviço. [modal]
4. (Mesmo) __________________ (pedir) muito, ela não vai conseguir ficar em Lisboa. [konzessiv]
5. __________________ (referir-se) somente a dez pessoas, o resultado da sondagem não pode ser representativo. [konditional]
6. A Ponte D. Luís I., construída entre os anos 1880 e 1887, é uma ponte com estruturas metálicas, ___________________ (ligar) o Porto e Vila Nova de Gaia. [relativ]

2. Formen Sie die konjunktional eingeleiteten Sätze in Gerundialkonstruktionen um.

1. Temporalsatz: Assim que *receber* uma resposta da agência de viagens, marco logo o voo.
2. Kausalsatz: Como *não conheço* o marido da minha colega, não sei o que lhe oferecer para o seu dia de anos.
3. Konditionalsatz: Se *viajares* de avião, não podes levar tanta bagagem.

3. Formen Sie die gerundialen Nebensätze in Konjunktionalsätze um.

1. Passando no exame, podes viajar com os teus amigos.
2. Chegando ao Porto, surpreenderam-na as pontes, ligando a cidade do Porto com Vila Nova de Gaia.
3. Tendo em vista passar as férias no Algarve, vou pedir um catálogo da Península Ibérica.

19 Partizip

Bildung

1. Das Partizip (*particípio passado*) wird regelmäßig durch Anhängen folgender Endungen (ar-Verben: -ado; er-/ir-Verben: -ido) an den Verbstamm gebildet:

falar	comer	discutir
falado	comido	discutido

Das veränderliche Partizip wird auf -a, -os, -as gebildet.

Gebrauch

Unveränderliches Partizip

Das Partizip Maskulinum Singular wird als unveränderliche Form bei der Bildung der zusammengesetzten Zeit- und Modusformen (ter + Partizip) benutzt.

Zeit	Indikativ	Konjunktiv
	ter + Partizip	
zusgs. Perfekt	Ele tem comido.	(que) ele tenha comido
zusgs. Plusquamperfekt	Ele tinha comido.	(que) ele tivesse comido
Konditional II	Ele teria comido.	
Futur II	Ele terá comido.	(se) ele tiver comido

Persönlicher Infinitiv (vorzeitig): ter comido; Gerundium (vorzeitig): tendo comido

Veränderliches Partizip (Bezug auf ein Substantiv)

1. Die veränderlichen Formen (maskulin/feminin, Singular/Plural) werden zur Passivbildung (ser / estar + Partizip) verwendet (vgl. Kapitel 20):

Vorgangspassiv	Aqui são vendidos casacos.	*Hier werden Jacken verkauft.*
	A blusa é vendida.	*Die Bluse wird verkauft.*
Zustandspassiv	Os casacos estão vendidos.	*Die Jacken sind verkauft.*
	A blusa está vendida.	*Die Bluse ist verkauft.*

2. Das veränderliche Partizip wird zur Verkürzung von adverbialen Nebensätzen meist temporaler (*depois de …*) oder kausaler (*uma vez …*) Art verwendet (vgl. Kapitel 42/44):

(Depois de) terminado o trabalho, vamos à praia.	Wenn/sobald die Arbeit beendet ist / sein wird, gehen wir an den Strand.
(Uma vez) molhados, continuavam o seu caminho pela chuva.	(Da sie) Einmal nass (geworden waren), setzten sie ihren Weg durch den Regen fort.

3. Das veränderliche Partizip kann auch in »normaler« adjektivischer Stellung als Attribut verwendet werden: *as calças molhadas* (die nassen Hosen), *a língua falada* (die gesprochene Sprache).

Verben mit Doppelpartizip

Eine Reihe von Verben besitzt ein regelmäßig gebildetes und ein unregelmäßiges Partizip. Die gebräuchlichsten dieser Verben mit doppeltem Partizip sind die folgenden. Bei einigen Verben besteht die Tendenz, das regelmäßige Partizip als unstimmig zu empfinden (*) bzw. es immer seltener zu benutzen (**):

Verb	deutsche Hauptbedeutung	regelmäßiges Partizip	unregelmäßiges Partizip	deutsche Hauptbedeutung
aceitar	*annehmen*	aceitado*	aceite (EP)	*angenommen*
acender	*anzünden*	acendido	aceso	*angezündet*
eleger	*wählen*	elegido	eleito	*gewählt*
entregar	*übergeben*	entregado	entregue	*übergeben*
expressar exprimir	*ausdrücken*	expressado exprimido	expresso	*ausgedrückt*
expulsar	*hinauswerfen*	expulsado	expulso	*hinausgeworfen*
extinguir	*auslöschen*	extinguido	extinto	*(aus)gelöscht*
fritar	*braten*	fritado	frito	*gebraten*
ganhar	*gewinnen*	(ganhado)**	ganho	*gewonnen*
gastar	*verbrauchen*	(gastado)**	gasto	*verbraucht*
imprimir	*drucken*	imprimido	impresso	*gedruckt*
inquietar	*beunruhigen*	inquietado	inquieto	*(be)unruhig(t)*
limpar	*reinigen*	limpado*	limpo	*(ge)rein(igt)*
matar	*töten*	matado	morto	*getötet; tot*
morrer	*sterben*	morrido	morto	*gestorben*
pagar	*bezahlen*	(pagado)**	pago	*bezahlt*
prender	*festnehmen*	prendido	preso	*festgenommen*
salvar	*retten*	salvado	salvo	*gerettet*
segurar	*halten, sichern*	segurado	seguro	*(ge)sicher(t)*

Folgende häufig gebrauchte Verben haben nur ein unregelmäßiges Partizip:

Verb	deutsche Hauptbedeutung	unregelmäßiges Partizip	deutsche Hauptbedeutung
abrir	*öffnen*	aberto	*geöffnet, offen*
cobrir*	*bedecken*	coberto	*bedeckt*
dizer	*sagen*	dito	*gesagt*
escrever*	*schreiben*	escrito	*geschrieben*

Verb	deutsche Hauptbedeutung	unregelmäßiges Partizip	deutsche Hauptbedeutung
fazer	*machen*	feito	*gemacht*
pôr*	*stellen, legen*	posto	*gestellt, gelegt*
ver	*sehen*	visto	*gesehen*
vir	*kommen*	vindo	*gekommen*

* Auch abgeleitete Verben wie descrever, subscrever, descobrir, encobrir, supor, dispor …

Die Verben ler, ser, ter und ir bilden regelmäßige Partizipien: lido, sido, tido, ido.

Das Partizip von Verben auf -uir/-air erhält einen Akzent: z. B. construído, caído.

Bei Verben mit doppeltem Partizip findet eine Funktionsaufteilung der regelmäßigen und unregelmäßigen Form statt:

ter + regelmäßiges Partizip (unveränderlich)	*ser/estar* + unregelmäßiges Partizip (veränderlich)
Zeitenbildung	Passivbildung / Bezug auf Substantive
Tínhamos acendido as velas. Wir hatten die Kerzen angezündet.	*As velas estão acesas.* Die Kerzen sind angezündet.
Eu tinha aceitado o convite. Ich hatte die Einladung angenommen.	*O convite foi aceite.* Die Einladung wurde angenommen.
Eles terão matado o animal. Sie werden das Tier getötet haben.	*O animal estará morto.* Das Tier wird tot sein.

Übungen

1. Tragen Sie die Formen der unregelmäßigen Partizipien folgender Verben senkrecht in das Rätsel ein. Das Lösungswort ist auch ein unregelmäßiges Partizip.

		1	2	3	4	5			
1. eleger (*wählen*)	mask. Plural	E							
2. inquietar (*beunruhigen*)	mask. Singular								8
3. extinguir (*auslöschen*)	mask. Plural						6	7	
4. imprimir (*drucken*)	mask. Singular								
5. suspeitar (*verdächtigen*)	mask. Singular								
6. pagar (*bezahlen*)	mask. Plural								
7. segurar (*sichern*)	mask. Singular								
8. aceitar (*annehmen*)	mask. Singular								

2. Die im Kreuzworträtsel gefundenen Partizipien passen in folgende Sätze. Ordnen Sie sie richtig zu und passen Sie sie, wo nötig, in Genus und Numerus an.

1. Eles são _______________ de terem roubado o dinheiro.
2. O incêndio foi _______________ pelos bombeiros.
3. A conta já está _______________.
4. Lá fora há uma trovoada. Estamos _______________ aqui em casa.
5. A Presidente foi _______________ no ano passado.
6. Os dicionários vão ser _______________ na Porto Editora.
7. As crianças estão _______________ porque têm que ficar à espera.
8. A proposta do Governo foi _______________ pelo Parlamento.

Vokabelhilfe: *o incêndio* Brand | *os bombeiros* Feuerwehr | *a trovoada* Gewitter

3. Bilden Sie die Formen des Partizips zu folgenden Präsensverbformen.

posso	__________________	vejo	__________________
perco	__________________	ponho	__________________
sou	__________________	venho	__________________
vou	__________________	digo	__________________
sei	__________________	faço	__________________
tenho	__________________	trago	__________________

4. Setzen Sie in den folgenden Text über Sicherheitsmaßnahmen anlässlich einer politischen Konferenz in Lissabon die angegebenen Partizipien ein.

apreendido (beschlagnahmt), encerrada (geschlossen), revistados (durchsucht), visto (gesehen), sido revistado (durchsucht worden), surpreendidas (überrascht), transmitido (übertragen)

No acesso ao Centro Comercial Vasco da Gama, todos eram ___________________.

À hora a que Barack Obama dava a sua primeira conferência de imprensa, já os agentes policiais no Parque das Nações tinham ______________ três canivetes a indivíduos que tentavam entrar no centro comercial. Lourenço da Costa, 75 anos, não escapou ao procedimento. »Nunca tinha _______________, mas já tinha ___________________ na televisão«, disse ele.

Duas finlandesas que vinham à procura do Oceanário ficaram ______________, pois a porta de acesso à Alameda dos Oceanos estava ______________. Podiam, no entanto, visionar, dali mesmo, o discurso do primeiro-ministro português e do Chefe do Estado americano ________________ em directo num plasma gigante.

(Quelle: Carla Aguiar, *Diário de Notícias online*: http://www.dn.pt/especiais/interior.aspx?content_id=1715698& especial =Cimeira%20da%20NATO%20em%20Lisboa&seccao=POL%CDTICA – 10.11.2010 – Text stark gekürzt)

20 Vorgangs- und Zustandspassiv

Vorgangspassiv

Bildung

Zur Bildung des Vorgangspassiv wird das in Genus und Numerus veränderliche Partizip (vgl. Kapitel 19) an eine gebeugte Form von ser angehängt:

Person	*ser*			Partizip	
eu	sou/fui	*ich werde/wurde*	+	chamado/a defendido/a ferido/a	*gerufen* *verteidigt* *verletzt*
tu	és/foste	*du wirst/wurdest*			
ele/ela	é/foi	*er/sie wird/wurde*			
nós	somos/fomos	*wir werden/wurden*		chamados/as defendidos/as feridos/as	*gerufen* *verteidigt* *verletzt*
vocês	são/foram	*ihr werdet/wurdet*			
eles/elas	são/foram	*sie werden/wurden*			

In der Tabelle sind nur die beiden Hauptzeitformen Präsens und Einfaches Perfekt angegeben. Im Prinzip können aber alle Zeitformen (Indikativ und Konjunktiv) im Passiv gebildet werden, so z. B.:

Imperfekt	era chamado	*er wurde gerufen*
Futur	será / vai ser chamado	*er wird gerufen werden*
Plusquamperfekt	tinha sido chamado	*er war gerufen worden*
mit Modalverb	pode ser chamado	*er kann gerufen werden*

Treten unbetonte Pronomen (vgl. Kapitel 25) auf, werden sie (in der Grundstellung) direkt an die gebeugte Verbform angeschlossen:

O anel foi-me oferecido.	Der Ring wurde mir geschenkt.

Gebrauch

1. Wenn der Handlungsträger unbekannt ist oder nicht genannt werden soll:

O carro foi vendido.	Das Auto wurde verkauft.
Tu foste traído/traída.	Du wurdest verraten.

2. Wenn der Handlungsträger aus Sprechersicht nicht das Thema der Aussage ist, seine Nennung aber eine wichtige/neue Information darstellt. Der Handlungsträger wird dann mit der Präposition por/pela(s)/pelo(s) an die Verbgruppe angeschlossen:

O festival é organizado pela cidade.	Das Festival wird von der Stadt organisiert.
A sessão será aberta pelos presidentes.	Die Sitzung wird durch die Präsidenten eröffnet werden.

3. Sätzen im Vorgangspassiv liegt immer ein (gedachter) Aktivsatz zugrunde:

Aktiv	*Cabral descobriu o Brasil.*	*Os vizinhos vendem o carro.*
Passiv	*O Brasil foi descoberto (por Cabral).*	*O carro é vendido (pelos vizinhos).*

4. Das Passiv kann bei bestimmten Verben auch mit ficar ausgedrückt werden. Hier steht dann das Ergebnis des Vorgangs im Vordergrund (Ergebnispassiv):

As vítimas ficaram gravemente feridas.	Die Opfer wurden/waren schwer verletzt.

Zustandspassiv

Bildung

Neben dem Vorgangs- existiert auch ein sogenanntes Zustandspassiv. Hierbei wird an eine gebeugte Form von estar das in Genus und Numerus angepasste Partizip angehängt:

Person	*estar*			Partizip	
eu	estou/estava	*ich bin/war*		informado/a ferido/a	*informiert* *verletzt*
tu	estás/estavas	*du bist/warst*			
ele/ela	está/estava	*er/sie ist/war*	+		
nós	estamos/estávamos	*wir sind/waren*		informados/as feridos/as	*informiert* *verletzt*
vocês	estão/estavam	*ihr seid/wart*			
eles/elas	estão/estavam	*sie sind/waren*			

Auch hier sind nur die beiden Hauptzeitformen Präsens und Imperfekt angegeben. Im Prinzip können aber auch im Zustandspassiv alle Zeitformen (Indikativ und Konjunktiv) gebildet werden.

Gebrauch

1. Das Zustandspassiv steht bei Zuständen, die aus einer Verbhandlung resultieren und bei denen der Verursacher/Handlungsträger unbekannt/unwichtig ist. Der Handlungsträger wird hier in der Regel nicht genannt:

Os carros estão vendidos.	Die Autos sind verkauft.
O problema estava resolvido.	Das Problem war gelöst.
Tu estarás incluída.	Du wirst einbezogen sein.

2. Sätzen im Zustandspassiv liegt eine vorausgegangene Handlung zugrunde:

Aktiv	*A Dona Idália traduziu o poema.*	*O vizinho vendeu o carro.*
Passiv	*O poema está traduzido.*	*O carro está vendido.*

3. Die Idee einer vorausgegangenen Handlung, kann »semantisch verloren gehen«. Das Partizip hat dann nur noch Eigenschaftscharakter:

Estou desiludida.	Ich bin enttäuscht.
Ele estava entusiasmado.	Er war begeistert.
A porta está aberta.	Die Tür ist geöffnet/offen.

Vorgangs- und Zustandspassiv im Vergleich

Der Unterschied zwischen Zustands- und Vorgangspassiv entspricht in der deutschen Übersetzung dem zwischen »etwas wird gemacht« (Vorgang) und »etwas ist gemacht« (Zustand). Er lässt sich in den Hauptzeitformen Präsens, Einfaches Perfekt und Imperfekt wie folgt verdeutlichen:

Vorgangspassiv mit *ser*	Zustandspassiv mit *estar*
Präsens	
O carro é vendido hoje. (pelo tio) Das Auto wird heute verkauft. (vom Onkel)	*O carro está vendido.* Das Auto ist verkauft.
Einfaches Perfekt	Imperfekt
O carro foi vendido. (pelo tio) Das Auto wurde verkauft. (vom Onkel)	*O carro estava vendido.* Das Auto war verkauft.

In den meisten Vergangenheitsäußerungen der Umgangssprache wird das Einfache Perfekt (vgl. Kapitel 8) für das Vorgangspassiv und das Imperfekt (vgl. Kapitel 9) für das Zustandspassiv bevorzugt.

Übungen

1. Wandeln Sie die folgenden Sätze ins Vorgangspassiv (Präsens) um und geben Sie in Klammern den Handlungsträger an.

Beispiel: O senhor Santos informa os colegas hoje.
→ Os colegas são informados (pelo Sr. Santos) hoje.

1. A empresa despede 100 empregados por causa da crise.
2. O ministro inaugura o monumento no próximo mês.
3. A polícia procura os membros do grupo.
4. A polícia procura-os. / A polícia procura-te.

2. Übersetzen Sie folgende Presseschlagzeilen. (Vorgangspassiv)

1. Jogador é vendido ao Benfica por 30 milhões!
2. Político é investigado por suspeita de corrupção!
3. Girafa com 5 dias de vida é apresentada em zoo alemão!
4. Pneus super-duros podem ser introduzidos na Espanha!

3. Wandeln Sie die folgenden Sätze ins Vorgangspassiv (Einfaches Perfekt) um und geben Sie in Klammern den Handlungsträger an.

1. O Pedro pintou uma parede de preto.
2. A avó Antónia comprou as laranjas no supermercado.
3. A Dona Idália traduziu o texto.
4. O professor criticou-me. / O professor elogiou-me.

4. Wandeln Sie in Sätze mit *ficar* (Ergebnispassiv) um und übersetzen Sie diese.

1. As paredes foram danificadas pela água.
2. O carro foi destruído, mas o motorista não foi afetado no acidente.
3. O jogo foi interrompido e o jogador foi excluído.
4. O assunto foi encerrado e o problema foi resolvido.

5. Drücken Sie den aus der Handlung folgenden Zustand aus (Präsens) und lassen Sie den Handlungsträger weg.

Beispiel: O senhor Santos convidou os colegas. → Os colegas estão convidados.

1. A empresa despediu 100 empregados.
2. A Susana fechou a porta.
3. A Dona Idália traduziu o texto.
4. O tio Alberto instalou os computadores em casa da família Santos.
5. A Susana convidou-nos para o Porto.

6. Übersetzen Sie. (Vorgangs-/Zustandspassiv)

1. O Canadá foi incluído / estava incluído nas negociações.
2. Os participantes não foram informados / não estavam informados.
3. O país foi obrigado / estava obrigado a reduzir a dívida.
4. Os custos foram / estavam pagos antes de chegarmos.
5. Foi / Estava tudo esclarecido.
6. Tu foste integrado / estavas integrado na equipa.

7. *ser* (Vorgang: Einfaches Perfekt) oder *estar* (Zustand: Imperfekt)? Ergänzen und übersetzen Sie.

A família Santos está reunida à volta da mesa e todos contam o que aconteceu de desagradável durante o dia:

Avó Antónia:	O Sr. Leonardo hoje __________ internado no hospital.
Pedro:	O jogo do fim de semana _____________ cancelado por previsão de mau tempo.
Senhor Santos:	A minha colega Ana Paula ________ promovida para chefe de secção.
Dona Idália:	Eu __________ chamada para a diretora da escola por causa de uma aluna.
Susana:	O professor de dança ____________ desiludido comigo.
Rodolfo Tigrado:	O rato já __________ apanhado, mas eu __________ distraído pela gata do vizinho e o rato fugiu.

21 Passiversatz mit -*se*

Bildung

Für den Passiversatz mit -se wird an das gebeugte Verb in der 3. Person Singular oder Plural das Reflexivpronomen se angehängt. Häufig folgt ein auf das Verb bezogenes Substantiv, das grammatisch das Subjekt zum Verb ist und die Verbform bestimmt (vgl. dt. *Das Rad fährt sich leicht / Die Räder fahren sich leicht*):

Vende-se fruta.	Man verkauft Obst. / Es wird … verkauft.
Fala-se inglês.	Man spricht Englisch. / Es wird … gesprochen.
Falam-se várias línguas.	Man spricht mehrere Sprachen. / Es werden … gesprochen.
Comiam-se batatas.	Man aß Kartoffeln. / Es wurden … gegessen.

Gebrauch

1. Der Passiversatz mit -se steht, wenn der Handlungsträger unbekannt ist oder ungenannt bleiben soll (vgl. dt. *man* oder Übersetzung mit dem deutschen Verb im Passiv):

Depois lê-se o texto.	Dann wird der Text gelesen. / Dann liest man …
Apagam-se as luzes.	Die Lichter werden gelöscht. / Man löscht …
Onde se vendem estes livros?	Wo werden diese Bücher verkauft? / Wo verkauft man …?

2. Abhängig von Kontext und Verbbedeutung erfolgt eine »unpersönliche« Interpretation des Verbs mit -se vor allem dann, wenn das Bezugssubstantiv unbelebt ist:

O casaco lava-se a 30 °C.	Die Jacke wird bei 30°C gewaschen.
Reuniram-se condições favoráveis.	Es wurden günstige Bedingungen vereint. / Man vereinte …

3. Bei einem belebten Bezugssubstantiv ist die Interpretation der Verbhandlung in der Regel reflexiv, also »persönlich-rückbezüglich«. In diesem Fall muss entweder die Stellung des Substantivs geändert werden oder man weicht auf das »echte« Passiv aus, um Doppeldeutigkeiten zu vermeiden:

Os participantes despedem-se esta tarde. (reflexiv)	Die Teilnehmer verabschieden sich heute Nachmittag.
Despedem-se os participantes esta tarde. (Nachstellung) *Os participantes são despedidos esta tarde. (»echtes« Passiv)*	Die Teilnehmer werden heute Nachmittag verabschiedet.

4. Der Passiversatz mit -se steht immer mit der 3. Person Singular, wenn es keinen unmittelbar betroffenen Handlungsempfänger (kein direktes Bezugssubstantiv) gibt:

Aqui trabalha-se de segunda a sexta.	Hier wird von Montag bis Freitag gearbeitet. / Hier arbeitet man ....
Neste restaurante come-se bem.	In diesem Restaurant isst man gut.

Übungen

1. Formulieren Sie Texte, die auf Schildern stehen könnten, und übersetzen Sie.

Beispiel: (Vender) ________________ andares. / Vendem-se andares.

1. (Alugar) ________________ casa de férias.
2. Aqui (consertar) ________________ carros.
3. (Procurar) ________________ gatinho preto e cinza tigrado.
4. (Vender) ________________ móveis em segunda-mão.

2. Lassen Sie den Handlungsträger weg und formulieren Sie die Sätze um.

Beispiel: A mulher vende os bilhetes. → Vendem-se os bilhetes.

1. A Elsa fecha as janelas.
2. Os amigos escrevem um postal ao Manuel.
3. Aqui os alunos podem ouvir o texto.
4. A importadora compra garrafas de vinho do Porto.
5. Os estudantes não fumam durante a reunião.
6. A Isabel lê as frases em voz alta.
7. Nós não vamos a pé.
8. As pessoas aqui bebem muito vinho.

3. Übersetzen Sie.

1. Die Blumen werden in die Vase gestellt.
2. Man fragt die Eltern.
3. Morgen wird nicht gearbeitet.
4. In Portugal wird der Kaffee nach dem Essen eingenommen.
5. Man fährt mit dem Fahrstuhl hinauf.
6. Das macht man nicht.

Vokabelhilfe: Vase *a jarra* | Fahrstuhl *o elevador*

4. Übersetzen Sie. Entscheiden Sie, ob eine Übersetzung mit *-se* eindeutig ist oder zu Doppeldeutigkeiten führt.

1. João und Manuel werden begrüßt.
2. Die Maschinen werden repariert.
3. Die Briefe werden nächste Woche verschickt.
4. Die Gäste werden um 7 Uhr geweckt.

Vokabelhilfe: *cumprimentar* begrüßen | *consertar* reparieren | *acordar* wecken

22 Demonstrativpronomen

Die Verwendung der Demonstrativpronomen unterliegt im Portugiesischen strengeren Regeln als im Deutschen, da Demonstrativpronomen, ebenso wie die Ortsadverbien, in Abhängigkeit vom Standort und Blickwinkel des Sprechers variieren. Durch ihre gezielte Verwendung können räumliche und zeitliche Nähe oder Ferne zum Sprecher bzw. zum Angesprochenen ausgedrückt werden.

räumliche/zeitliche Nähe (beim Sprecher)	räumliche/zeitliche »Mitte« (beim Angesprochenen)	räumliche/zeitliche Ferne (von den Sprechern entfernt)
	Ortsadverbien	
aqui, cá	*aí*	*ali, lá*
hier	da	dort
	Unveränderliche Demonstrativpronomen	
isto [aqui]	isso [aí]	aquilo [ali]
das / dieses [hier]	das / dieses [da]	das / jenes [dort]

O que é isso [aí]? *Isto [aqui] é o meu lápis.*	Was ist das [da]? (beim Angesprochenen) Das [hier] ist mein Bleistift. (beim Sprecher)
O que é isto [aqui]? *Isso [aí] é o dicionário de português.*	Was ist das [hier]? (beim Sprecher) Das [da] ist das Portugiesisch-Wörterbuch. (beim Angesprochenen)
O que é aquilo [ali]? *Aquilo [ali] é a Universidade.*	Was ist das [dort]? (von Sprecher und Angesprochenem entfernt) Das [dort] ist die Universität. (von Sprecher und Angesprochenem entfernt)

Die veränderlichen Demonstrativadjektive werden zusammen mit dem jeweiligen Substantiv attributiv verwendet, stehen vor dem Substantiv und richten sich in Genus und Numerus nach ihrem Bezugswort.

Veränderliche Demonstrativadjektive					
beim Sprecher		beim Angesprochenen		von den Sprechern entfernt	
este	dieser [hier]	esse	dieser [da]	aquele	dieser / jener [dort]
esta	diese [hier]	essa	diese [da]	aquela	diese / jene [dort]
estes	diese [hier]	esses	diese [da]	aqueles	diese / jene [dort]
estas		essas		aquelas	

este/esse/aquele livro *esta/essa/aquela revista* *estes/esses/aqueles livros* *estas/essas/aquelas revistas*	dieses Buch [hier/da/dort] diese Zeitschrift [hier/da/dort] diese Bücher [hier/da/dort] diese Zeitschriften [hier/da/dort]
Este lápis não escreve.	Dieser Bleistift [hier] schreibt nicht. (beim Sprecher)
Esse dicionário tem uma capa azul.	Dieses Wörterbuch [da] hat einen blauen Einband. (beim Angesprochenen)
Aquele edifício foi reconstruído em 2008.	Dieses/Jenes Gebäude [dort] wurde 2008 rekonstruiert. (von Sprecher und Angesprochenem entfernt)

Mit den Demonstrativa kann man auch auf (zuvor erwähnte oder bekannte) Personen und Gegenstände verweisen, die ungenannt bleiben:

Esse é o escritor a quem me referi.	Das ist der Schriftsteller, auf den ich mich bezogen habe.
Aquele há-de ser escritor!	Aus dem wird mal ein Schriftsteller!

Demonstrativpronomen und -adjektive verschmelzen mit Präpositionen:

de	em	a
disto, deste …	nisto, neste …	àquilo, àquele … (*aber:* a isto / a este)

Im Textzusammenhang beziehen sich este … auf das zuletzt Genannte und aquele … auf das weiter zurückliegende Erstgenannte:

O tema foi tratado num jornal e na televisão. Esta apresentou os resultados duma sondagem, aquele publicou os respetivos dados estatísticos.	Das Thema wurde in einer Zeitung und im Fernsehen behandelt. Dieses (= das Fernsehen) stellte die Ergebnisse einer Umfrage vor, jene (= die Zeitung) veröffentlichte die entsprechenden statistischen Daten.

Zeitlich bezieht sich este auf etwas Naheliegendes/Jetziges, esse bezeichnet etwas eher Unbestimmtes und aquele etwas zeitlich Zurückliegendes/Damaliges:

neste/nesse/naquele dia

neste/nesse/naquele ano

a esta/essa/àquela hora

neste/nesse/naquele momento

Beachten Sie auch die Pronominal- und Adverbialverschiebung in der indirekten Rede (vgl. Kapitel 45).

Übungen

1. Setzen Sie das Demonstrativadjektiv in der richtigen Form ein.

Diese Blumen hier … (*este/esta/estes/estas*)

__________ rosa; __________ lírios; __________ violetas; __________ cravo

Diese Früchte da … (*esse/essa/esses/essas*)

__________ pêssego; __________ pêra; __________ maçãs; __________ morangos

Diese/jene Bäume dort … (*aquele/aquela/aqueles/aquelas*)

__________ macieiras; __________ damasqueiro; __________ nogueira;

__________ pessegueiros

2. Ordnen Sie ein passendes Ortsadverb *(aqui, aí, ali)* zu.

Beispiel: esta torre → esta torre aqui

este edifício | aqueles castelos | esta livraria | essa peixaria | aquele prédio | esta biblioteca | essas pontes

3. Antworten Sie wie in dem Beispiel.

Beispiel: O que é isto? (a camisola do meu irmão / bem quente)
→ O que é isto? Isso é a camisola do meu irmão. Essa camisola é bem quente.

1. O que é isso? (o guia da cidade do Porto / muito interessante)
2. O que é aquilo? (a Torre dos Clérigos / um dos monumentos mais conhecidos)
3. O que é isto? (um recado da tua mãe / muito importante)
4. O que é isto? (revistas / do teu pai)

4. Vervollständigen Sie den folgenden Auszug aus einer Stadtführung durch Porto.

Beispiel: (aqui) __________ torre é a Torre dos Clérigos.
→ Esta torre é a Torre dos Clérigos.

1. (aqui) ______________ igreja à esquerda é a Igreja dos Grilos.
2. (aqui) ______________ palácio à direita é o Palácio dos Bispos.
3. (aí) ______________ igreja é a Sé Catedral.
4. (ali) ______________ edifício é a Casa-Museu Guerra Junqueiro.
5. Vamos visitar primeiro (aqui) ______________ prédio ou (ali) ______________?

5. In kommunikativen Formeln bzw. Redewendungen wird die Verwendung bestimmter Demonstrativa bevorzugt. Lernen Sie.

Essa agora!	Nein, sowas!
Essa é boa!	Das ist ja die Höhe! / Das ist ja allerhand!
Ora essa!	Na hör mal! Nein, sowas!
Faltava-me, -te, etc. mais essa!	Das fehlte mir, dir, etc. gerade noch!
Isso mesmo!	Genau das!

6. Übersetzen Sie.

aqui

1. Das (hier) ist eine portugiesische Gitarre.
2. Ich kenne dieses Problem schon.
3. Diese Gelegenheit muss ich nutzen!

aí

4. Wo hast du dieses Kleid (da) gekauft?
5. Dieses (dein) Argument überzeugt mich nicht.
6. In dieser Zeit trafen sie sich regelmäßig.

ali

7. Wer sind jene Herren, die dort mit José sprechen?
8. In jenem Jahr regnete es viel.
9. Sie sagte, dass jenes Haus sehr schön wäre.

aqui / aí / ali

10. Was ist das (da)? Das (hier) sind Wörterbücher. Diese Wörterbücher gehören den Studenten.
11. Kennst du das/dieses/jenes Gebäude dort?

Vokabelhilfe: Gelegenheit *a oportunidade* | nutzen *aproveitar* | überzeugen *convencer* | Gebäude *o edifício, o prédio*

7. Übersetzen Sie den folgenden Dialog.

Paula verbringt drei Tage in Porto. Am Mittwoch geht sie mit Susana shoppen.

Susana: Das hier ist das blaue Kleid, von dem ich dir erzählt habe.

Paula: Das blaue Kleid [da] ist sehr schön, aber sehr teuer, das rote Strickkleid hier ist auch schön. Und Rot ist in diesem Winter modern.

Susana: Beide Kleider sind wirklich schön, kaufe ich das hier oder das da? Oder probiere ich noch diesen Rock dort?

Paula: Das rote Strickkleid steht dir sehr gut. Ich kaufe diesen Pullover hier, was meinst du?

Vokabelhilfe: Strickkleid *o vestido de malha* | modern sein *estar na moda* | probieren *experimentar* | jmdm. gut stehen *ficar bem a alguém*

23 Possessivpronomen

Bildung

Deutsche Entsprechung	Numerus und Genus des »Besitztums«				
	Singular maskulin	Singular feminin	Plural maskulin	Plural feminin	Umschreibung
mein(e)	o meu	a minha	os meus	as minhas	–
dein(e)	o teu	a tua	os teus	as tuas	–
sein(e) *ein Besitzer* ihr(e) *eine Besitzerin*	o seu	a sua	os seus	as suas	dele dela
höfliche Anrede Ihr(e) *ein Besitzer* Ihr(e) *eine Besitzerin*					do Sr. da Sra.
unser(e)	o nosso	a nossa	os nossos	as nossas	–
euer(e)	o vosso	a vossa	os vossos	as vossas	–
ihr(e) *mehrere Besitzer* ihr(e) *mehrere Besitzerinnen*	o seu	a sua	os seus	as suas	deles delas
höfliche Anrede Ihr(e) *mehrere Besitzer* Ihr(e) *mehrere Besitzerinnen*					dos Srs. das Sras.

Gebrauch

1. Das Possessivpronomen wird dem »Besitztum« vorangestellt. Dabei beziehen sich die Endungen des Pronomens in Genus und Numerus (-o/u, -a, -os, -as) immer auf das nachfolgende Substantiv (»Besitztum«):

o nosso gato unsere Katze

a nossa casa unser Haus

os nossos gatos unsere Katzen

as nossas casas unsere Häuser

2. Bezieht sich ein Pronomen auf mehr als ein Substantiv, so richtet sich die Endung nach jenem Substantiv, das ihm am nächsten steht:

os seus gestos e palavras seine Gesten und Worte

a minha alma e coração meine Seele und mein Herz

3. Die Verwendung der Pronomen der 1. und 2. Person (*o meu, o teu, o nosso, o vosso*) und der abgeleiteten Formen ist im EP weitgehend identisch mit der Verwendung der deutschen Entsprechungen (*mein, dein, unser, euer*).

4. Die Verwendung der Pronomen der 3. Person (*o seu, a sua, os seus, as suas*) ist stark mehrdeutig:

a) Es erfolgt keine Unterscheidung nach männlichem und weiblichem Besitzer (dt. *sein* und *ihr*):

o seu livro sein/ihr (Sg.) Buch

a sua casa sein/ihr (Sg.) Haus

os seus livros seine/ihre (Sg.) Bücher

as suas casas seine/ihre (Sg.) Häuser

b) Es erfolgt keine Unterscheidung nach einem/r Besitzer/in (dt. *sein/ihr*) und mehreren Besitzern (dt. *ihr*):

o seu livro sein/ihr (Sg.) / ihr (Pl.) Buch

a sua casa sein/ihr (Sg.) / ihr (Pl.) Haus

os seus livros seine/ihre (Sg.) / ihre (Pl.) Bücher

as suas casas seine/ihre (Sg.) / ihre (Pl.) Häuser

Umschreibung zur Aufhebung der Mehrdeutigkeit

In der informellen/gesprochenen Sprache werden *o seu, a sua, os seus, as suas* in der Bedeutung von a) und b) häufig durch nachgestelltes dele, dela, deles, delas umschrieben:

o seu livro	*a sua casa*	*os seus livros*
= o livro dele (sein Buch) = o livro dela (ihr Buch) = o livro deles (ihr Buch) = o livro delas (ihr Buch)	= a casa dele (sein Haus) = a casa dela (ihr Haus) = o livro deles (ihr Haus) = o livro delas (ihr Haus)	= os livros dele (seine Bücher) = os livros dela (ihre Bücher) = os livros deles (ihre Bücher) = os livros delas (ihre Bücher)

c) Besitzverhältnisse in Bezug auf höflich angesprochene Personen werden ohne Numerus- und Genusunterscheidung des Besitzers ausgedrückt (wie dt. *Ihr*):

o seu livro Ihr Buch *os seus livros* Ihre Bücher

a sua casa Ihr Haus *as suas casas* Ihre Häuser

Umschreibung zur Aufhebung der Mehrdeutigkeit

Zur Vermeidung von Missverständnissen können *o seu, a sua, os seus, as suas* hier durch die nachgestellten Formen do Sr., da Sra., dos Srs., das Sras. umschrieben werden:

o seu livro	*a sua casa*	*as suas casas*
= o livro do Sr. (Ihr Buch) = o livro da Sra. (Ihr Buch) = o livro dos Srs. (Ihr Buch) = o livro das Sras. (Ihr Buch)	a casa do Sr. (Ihr Haus) a casa da Sra. (Ihr Haus) a casa dos Srs. (Ihr Haus) a casa das Sras. (Ihr Haus)	= as casas do Sr. (Ihre Häuser) = as casas da Sra. (Ihre Häuser) = as casas dos Srs. (Ihre Häuser) = as casas das Sras. (Ihre Häuser)

Artikelgebrauch beim Pronomen

1. Im EP ist der bestimmte Artikel normalerweise Teil des adjektivischen vorangestellten Possessivpronomens:

o meu sobrinho	mein Neffe
a minha sobrinha	meine Nichte
o nosso carro	unser Auto

2. Der Artikel fällt obligatorisch weg:

— bei substantivischem, nachgestelltem Gebrauch (Besitzangabe nach *ser*):

De quem é o carro? É nosso.	Wem gehört das Auto? Es gehört uns (wörtl.: ist unseres).
A culpa é minha.	Die Schuld liegt bei mir (wörtl.: ist meine).

— bei adjektivischem, nachgestelltem Gebrauch (Auswahl aus einer Menge). Die Übersetzung ins Deutsche erfolgt mit Genitiv bzw. umgangssprachlich (*von mir/dir ...*):

alguns amigos meus	einige meiner Freunde / einige Freunde von mir
uma proposta tua	ein Vorschlag von dir
Dê-lhe cumprimentos nossos.	Übermitteln Sie ihm Grüße von uns.

aber vorangestellt: *alguns dos meus amigos, uma das tuas propostas*

— in emotionaler Funktion wie der Anrede (*meu, minha ...*) oder der Kritik (*seu, sua ...*) von nahen Personen:

Minha querida Ana!	(Meine) Liebe Ana!
Sabes, meu amor ...	Weißt du, mein Schatz ...
Seu tonto!	Sie/Du kleiner Dummkopf!
Sua cabra!	Sie/Du (dumme) Ziege!

— bei bestimmten festen Wendungen wie:

em minha (tua, sua, ...) casa	bei mir (dir, ihm/ihr ...) zu Hause
em meu (teu, seu, ...) nome	in meinem (deinem, seinem/ihrem ...) Namen

Auslassung des Pronomens

Ist das Besitzverhältnis für den Sprecher »mitverstanden«, so fällt das Pronomen meist weg (v.a. bei »körperzugehörigen« Objekten und Verwandtschaftsbezeichnungen):

Primeiro lavo as mãos.	Zuerst wasche ich meine Hände (... mir die Hände).
Ele vestiu as calças.	Er zog seine Hose an (... sich die Hose an).
Ele está em casa dos pais.	Er ist bei seinen Eltern zu Hause.

Übungen

1. Übersetzen Sie. Geben Sie dabei alle Möglichkeiten im Deutschen an (Anzahl der Möglichkeiten je Ausdruck in Klammern).

o seu instituto (4)
a minha casa (1)
a sua casa (4)
o vosso instituto (1)
a tua casa (1)
a nossa casa (1)

2. Übersetzen Sie. Geben Sie auch alle möglichen Ersatzformen an.

sein Zimmer (2)
euer Zimmer (1)
ihr Bett (4)
ihr Zimmer (4)
dein Bett (1)
Ihr Bett *(höflich)* (5)
Ihr Zimmer *(höflich)* (5)
sein Bett (2)
euer Bett (1)

3. Formen Sie die Sätze nach dem Beispiel um.

Beispiel: O senhor Santos é gerente de um banco grande. → __________ é grande.
→ O seu banco / O banco dele é grande.

1. Eu tenho uma casa bonita. → __________ é bonita.
2. Tu tens a bicicleta na cave? → __________ está na cave?
3. Nós temos colegas da Inglaterra. → __________ são ingleses.
4. »A senhora tem dois filhos, não é?« → »__________ ainda estão no liceu?«
5. A família do Pedro e da Susana mora no Porto . → __________ mora no Porto.
6. Vocês têm computadores novos? → __________ são novos?

4. Übersetzen Sie.

1. Herr Santos wäscht sein Auto.
2. Frau Santos fährt mit ihrer Mutter in die Stadt.
3. Susana bäckt mit ihrer Freundin einen Kuchen. (*fazer um bolo*)
4. Pedro bereitet seinen nächsten Test vor.
5. Der Nachbar sucht seine Autoschlüssel. (*procurar as chaves do carro*)

5. Übersetzen Sie in zwei Varianten.

Beispiel: einer meiner Kollegen → um dos meus colegas / um colega meu

eine deiner Schwestern
eine Frage von dir
eines unserer Kinder
eines eurer Geschenke

6. Ordnen Sie die Ausdrücke mithilfe eines Wörterbuchs einer der drei Gruppen zu.

Sua malandra!, Minha querida!, Seu tonto!, Seu parvalhão!, Meu bem!, Seu estúpido!

liebevoll-wertschätzend	scherzhaft-kritisch	beleidigend

24 Subjekt- und Anredepronomen

Die Subjekt- und Anredepronomen im Portugiesischen lauten:

1. Person	Singular	eu	*ich*	Plural	nós	*wir*
2. Person		tu	*du*		vocês	*ihr/Sie*
3. Person		ele/ela | você	*er/sie/es | Sie/du*		eles/elas	*sie*

Anmerkung: Das ursprüngliche Pronomen der 2. Person Plural (*vós*) ist ebenso wie die zugehörigen Verbformen (z. B. *falais, falastes, faláveis* etc.) veraltet.

Gebrauch

1. Die Subjekt- und Anredepronomen werden meist weggelassen, wenn der personale Bezug durch die Verb-Endung oder den Kontext eindeutig bezeichnet ist:

Moro em Lisboa há dois anos.	Ich wohne seit zwei Jahren in Lissabon.
Estudaste Medicina.	Du hast Medizin studiert.

2. Die Pronomen werden gesetzt:

— wenn weder aus der Verb-Endung noch aus dem Kontext der Bezug klar hervorgeht:

A Cláudia e o Pedro estão em Lisboa com vocês. Vocês visitam o Museu dos Coches e eles querem ir ao teatro.	Claudia und Pedro sind mit euch in Lissabon. Ihr besucht das Kutschenmuseum, und sie wollen ins Theater gehen.

— wenn eine Hervorhebung erfolgen soll (z. B. Kontrastierung):

Tu és estudante de Medicina, mas eu sou estudante de Física.	Du bist Medizinstudent, aber ich bin Physikstudent.

Spezifische Regeln für die Anrede

1. Neben den eigentlichen Anredepronomen tu, você, vocês existieren die substantivischen Anredeformen o(s) senhor(es) / a(s) senhora(s). Anredepronomen und -formen werden wie folgt verwendet:

tu	*du*	**Nähe** (familiär)	im Umgang mit Freunden, nahen Kollegen und Familie sowie mit und zwischen Jugendlichen und Kindern
vocês	*ihr*		
o/a senhor/a	*Sie (Sg.)*	**Distanz** (formal)	im höflichen Umgang mit Unbekannten oder vom Alter / Beruf höhergestellten Personen
os senhores as senhoras	*Sie (Pl.)*		

2. Parallel dazu werden você und vocês in Portugal wie folgt benutzt:

você vocês	*Sie/du* *Sie/ihr*	geringe Distanz	(1) im beiderseitigen Umgang zwischen vom Alter/ Beruf her gleichgestellten Kollegen und Bekannten; (2) in der einseitigen Anrede an niedriger gestellte Personen, wie z. B. Erwachsener → Jugendlicher, Chef → Angestellter, Lehrer → älterer Schüler

Achtung: Aufgrund der Bedeutung von você/vocês (2) kann ein Gebrauch durch Nicht-Muttersprachler in Portugal mitunter situativ unangepasst wirken und (v. a. ältere und/oder beruflich höher stehende) Gesprächspartner ungewollt herabsetzen.

3. tu wird mit der 2. Person des Verbs verbunden. Die restlichen Anredepronomen und -formen werden mit der 3. Person Singular bzw. Plural des Verbs verbunden:

Tu estás em casa hoje?	Bist du heute zu Hause?
O senhor está em casa hoje?	Sind Sie heute zu Hause? (an einen Mann)
Os senhores estão em casa hoje?	Sind Sie heute zu Hause? (an mehrere Männer oder eine Gruppe von Männern und Frauen)

4. Wenn die angesprochene(n) Person(en) durch die Situation eindeutig bestimmt sind, so werden die Anredeformen bzw. -pronomen weggelassen:

Está em casa hoje?	Sind Sie heute zu Hause?
Estão em casa hoje?	Sind Sie / Seid ihr heute zu Hause?
Estás em casa hoje?	Bist du heute zu Hause?

Mit der alleinigen Verwendung des Verbs in der 3. Person umgeht der Sprecher in Portugal auch die mitunter schwierige Wahl der Anredeform.

5. Neben den genannten Anredevarianten werden in Portugal zahlreiche substantivische Anredeformen verwendet, die stark von der Sprechsituation abhängen, z. B.:

Anredesituation höflich	Beispiel	
an ein junges Mädchen	*A menina está em casa hoje?*	Sind Sie heute zu Hause?
an einen Kollegen/ Bekannten	*O Pedro está em casa hoje?*	
an eine Vorgesetzte	*A Doutora Paula está em casa hoje?*	
an einen Vorgesetzten	*O Doutor Santos está em casa hoje?*	
an eine Kollegin	*A colega está em casa hoje?*	
an eine (ältere) Bekannte	*A Dona Ana está em casa hoje?*	
an den Vater (respektvoll / zunehmend veraltet)	*O pai está em casa hoje?*	Bist du heute zu Hause?

Solche »substantivischen Anredeformen« stehen immer mit Artikel (dt. wörtlich: *Ist der Pedro zu Hause?*) und werden in der Regel nur mit *Sie* bzw. *du* übersetzt. Sie sind zu unterscheiden von einer »Anrufung« (+ Anrede) der Person ohne Artikel: *Pedro, (tu) estás em casa …? / Pedro, (você) está em casa …? / Dona Ana, (a senhora) está em casa …?*

Übungen

1. Entscheiden Sie, ob im folgenden Ausschnitt aus »Das hässliche Entlein« von H. C. Andersen ein Subjektpronomen gesetzt werden muss oder wegfallen kann.

[...] (*Beginn und Ende: siehe Kapitel 12*) Certo dia, o patinho feio reparou como um bando de gansos se lançava em voo. Depois, _____ bateu as asas e, pela primeira vez, o patinho voou. _____ subiu, subiu, subiu, em direção ao céu azul. Nesse momento _____ olhou para baixo e _____ viu os cisnes a nadar no lago de um lindo jardim. _____ resolveu pedir-lhes ajuda. _____ voou em direção ao lago, _____ pousou na água e _____ pediu aos cisnes: – Por favor matem-me. _____ sou tão feio e _____ sinto-me tão sozinho que não me interessa viver. – Feio? Tu?! – exclamaram os cisnes surpresos – _____ já te viste ao espelho no lago?

(Quelle: http://web.educom.pt/paulaperna/patinho_feio_1.htm)

2. Entscheiden Sie, wie viele Personen angesprochen werden und ob die Anrede familiär *(tu – vocês)* oder formal *(o/s senhor/es – a/s senhora/s)* erfolgt.

1. Compraste as bebidas para o jantar? Comprei, sim.
2. Esteve na universidade hoje? Não, não estive.
3. Trouxeram os vídeos para hoje à noite? Trouxemos, sim.
4. Viu a Sara ontem na festa? Não vi, não.
5. Têm filhos? Sim, temos duas filhas.
6. De onde vêm agora? Da casa da tia.

3. Welche der folgenden Äußerungen aus einem Interview mit José Saramago kann nicht vom Journalisten an Saramago, sondern nur umgekehrt gerichtet sein?

1. Se eu lhe dissesse, depois de ler a sua autobiografia, que foi um salazarista quando era adolescente, o que é que respondia?
2. Sondagens em Portugal e em Espanha, indicam que há gente disponível para avançar para uma união dos dois países. (...) se lhe fizessem a pergunta, o que respondia?
3. Eu talvez seja demasiado cético, mas você é demasiado otimista.
4. Nessa entrevista diz: não há democracia, mas um poder que está por cima dos governantes (...)

(Quelle: http://www.publico.pt/Cultura/entrevista-como-portugueses-estamos-cansados-de-viver-se-calhar-a-nossa-missao-historica-acabou_1442486?p=1 – 21.02.2012)

4. Herr Santos bespricht seine Pläne, ein Auto für seinen Sohn Pedro zu kaufen. Wer spricht mit wem? Ordnen Sie Fragen und Situationen einander zu.

1. Porque é que não compras antes um Twingo?
2. O senhor já conhece o novo modelo da Opel?
3. Vocês já viram o novo Polo da Volkswagen?

A. Dona Idália fragt Herrn Santos, ihren Ehemann.
B. Der Autoverkäufer fragt Herrn Santos.
C. Herr Santos fragt seine Kinder, Susana und Pedro.

25 Unbetonte Objekt- und Reflexivpronomen

Bildung

Als Objekt- und Reflexivpronomen treten im EP folgende Pronomen auf:

Subjektform wer?	direktes Objekt wen?		indirektes Objekt wem?		reflexiv	
eu	me	*mich*	me	*mir*	me	*mich*
tu	te	*dich*	te	*dir*	te	*dich*
ele/ela	o/a	*ihn/sie*	lhe	*ihm/ihr*	se	*sich*
nós	nos	*uns*	nos	*uns*	nos	*uns*
vocês	vos	*euch*	vos	*euch*	se	*euch*
eles/elas	os/as	*sie*	lhes	*ihnen*	se	*sich*

In der höflichen Anrede (vgl. Kapitel 24) werden im EP folgende Pronomen gebraucht:

o Sr. / a Sra.	o/a	*Sie*	lhe	*Ihnen*	se	*sich*
os Srs. / as Sras.	os/as		lhes			
você	o/a	*Sie ~ dich*	lhe	*Ihnen ~ dir*		

Mit Bezug auf die Anrede vocês (*Sie ~ ihr*) steht im EP in der Regel das Objektpronomen vos:

Vocês vão à reunião?	Geht ihr / Gehen Sie zur Versammlung?
A chefe disse-vos a hora e informou-vos sobre os temas?	Hat die Chefin euch/Ihnen die Uhrzeit gesagt und euch/Sie über die Themen informiert?

Dinge oder ganze Sachverhalte als direktes Objekt werden mit o pronominalisiert:

Faço-o.	Ich mache es.
O Paulo diz que vem. Mas eu não o creio.	Paulo sagt, dass er kommt. Aber ich glaube es nicht.

Gebrauch

Die unbetonten Objektpronomen stehen im EP meist direkt am gebeugten Verb und nie unmittelbar am Satzanfang. Es wird zwischen Nachstellung, Voranstellung und Mittelstellung des Pronomens unterschieden.

1. Nachstellung allgemein

Die Grundstellung im bejahten Hauptsatz im EP ist die Nachstellung mit Bindestrich:

O Pedro encontrou-me na rua.	Pedro traf mich auf der Straße.
Ele conhece-a há 2 anos.	Er kennt sie seit 2 Jahren.
Ele visita-os regularmente.	Er besucht sie regelmäßig.
Eu entreguei-lhe as cartas.	Ich habe ihm die Briefe übergeben.
Ele chama-se Paulo.	Er heißt (nennt sich) Paulo.

2. Nachstellung der Pronomen *o/a/os/as* (direktes Objekt)

o/a/os/as unterliegen folgenden lautlich-grafischen Anpassungen, wenn sie mit Bindestrich nachgestellt werden:

a) -r/-s/-z-Regel: Verbformen, die auf -r/-s/-z enden, verlieren das -r/-s/-z und ändern die Pronomen zu -lo/-la/-los/-las.

Bei Infinitiven auf -ar/-er und Verb-Endungen auf -az/-ez wird die Beibehaltung der Endbetonung durch einen Akzent markiert:

encontrar	+ o/a/os/as	→ encontrá-lo, -la, -los, -las
dizer	+ o/a/os/as	→ dizê-lo, -la, -los, -las
repetir	+ o/a/os/as	→ repeti-lo, -la, -los, -las
nós convidamos	+ o/a/os/as	→ nós convidamo-lo, -la, -los, -las
tu convidas	+ o/a/os/as	→ tu convida*-lo, -la, -los, -las
ele faz	+ o/a/os/as	→ ele fá-lo, -la, -los, -las

* Mit 2. Ps. in der modernen Umgangssprache selten.

Estás a organizar o festival.	*Estás a organizá-lo.*	Du organisierst es.
Nós vamos escrever a carta.	*Vamos escrevê-la.*	Wir werden ihn schreiben.
Posso abrir as prendas?	*Posso abri-las?*	Kann ich sie öffnen?
Damos os livros ao professor.	*Damo-los ao professor.*	Wir geben sie dem Lehrer.

b) Nasal-Regel: Verbformen, die auf gesprochenen Nasal enden, behalten ihre Endung, die Pronomen ändern sich aber zu -no/-na/-nos/-nas:

convidam	+ o/a/os/as	→ convidam-no, -na, -nos, -nas

Escrevem as cartas.	*Escrevem-nas.*	Sie schreiben sie.
Abriram a porta.	*Abriram-na.*	Sie haben sie geöffnet.
Ele põe o livro em cima da mesa.	*Ele põe-no em cima da mesa.*	Er legt es auf den Tisch.

3. Nachstellung bei Infinitiv, Gerundium und Partizip

a) Infinitiv: Das nachgestellte Pronomen steht am gebeugten Verb (umgangssprachlich) oder am Infinitiv (neutral- und schriftsprachlich):

Eu vou-te encontrar. / Eu vou encontrar-te.	Ich werde dich treffen.

b) Gerundium: Das nachgestellte Pronomen steht am gebeugten Verb oder – falls kein Verb vorhanden ist – am Gerundium:

Vou-lho explicando.	Ich erkläre es ihr/ihm nach und nach.
Conhecendo-te como te conheço …	So wie ich dich kenne …

c) Partizip: Das Partizip selbst erlaubt keine Nachstellung mit Bindestrich. Das nachgestellte Pronomen steht immer am gebeugten Verb:

Tinha-me perguntado.	Er hatte mich gefragt.

4. Voranstellung

Häufig steht das Pronomen direkt vor dem gebeugten Verb (bzw. dem Infinitiv oder dem Gerundium). Es wird in diesem Fall durch ein »Ziehwort«, das ebenfalls vor dem Verb stehen muss, »nach vorn gezogen«. Dann entfallen der Bindestrich und die unter Punkt 2 genannten lautlich-grafischen Anpassungen.

Die Voranstellung ist üblich:

a) immer nach Fragewörtern:

Perguntou-me.	*Porque me perguntou?*	Warum hat er mich gefragt?
Chama-se Mário.	*Como se chama?*	Wie heißt er?

b) immer nach Verneinungen, z. B. *não*, *nem*, *nunca*, *jamais*, *ninguém*, *nada*, *nenhum*:

Ele vê-me.	*Ninguém me vê.*	Niemand sieht mich.
Explicámos-lhes isso.	*Não lhes explicámos isso.*	Wir haben ihnen das nicht erklärt.

Anmerkung: Muss das Pronomen einen »langen Weg« aus der Nach- in die Voranstellung zurücklegen (z. B. bei mehrgliedrigen Prädikaten), so kann es – in der Schriftsprache – auch in der Nachstellung bleiben: *Nenhum de nós pode abri-lo. / Ele não devia fazê-lo.*

c) immer nach Konjunktionen, die einen Nebensatz einleiten, z. B. *que* (und alle Kombinationen mit *que*), *se*, *quando*, *como se*, *caso*, *porque*, *como*, *conforme*, *embora*:

O Paulo sabe tudo, porque nos viu.	Paulo weiß alles, weil er uns gesehen hat.
Ela continua, embora se sinta mal.	Sie macht weiter, obwohl sie sich schlecht fühlt.

d) nach bestimmten Satzadverbien, z. B. *ainda, apenas, até, já, mal, oxalá, quase, sempre, só, somente, talvez, também*:

Escrevo-lhes.	*Também lhes escrevo.*	Ich schreibe ihnen auch.
Eles escreveram-me.	*Já me escreveram.*	Sie haben mir schon geschrieben.

e) nach bestimmten Indefinitpronomen, z. B. *algo, alguém, ambos, cada, pouco, qualquer, tanto, tudo, todo/a/s*:

O Pedro lembra-se.	*Alguém se lembra?*	Erinnert sich jemand?

f) nach Präpositionen (außer *a*), die einen (persönlichen) Infinitiv einleiten, z. B. *com, contra, de, desde, em, para, perante, por, sob, sem, sobre*:

Estou aqui para me despedir.	Ich bin hier, um mich zu verabschieden.
Estamos aqui por te conhecermos.	Wir sind hier, weil wir dich kennen.
aber: *Estou a perguntar-te.*	Ich frage dich gerade.

5. Mittelstellung / Pronomeneinschub

Im Futur I/II und im Konditional I/II wird das Pronomen mit Doppelbindestrich zwischen Infinitivstamm und Verb-Endung geschoben, sofern keine Voranstellung (siehe Punkt 4) verlangt wird:

Eu emprestar-te-ei o carro.	Ich werde dir das Auto leihen.
Ele emprestar-me-ia o carro.	Er würde mir das Auto leihen.

Zur Vermeidung des Pronomeneinschubs in der Umgangssprache wird das Futur durch das periphrastische Futur (vgl. Kap. 15) und der Konditional durch das Imperfekt (vgl. Kap. 9) ersetzt: *Eu vou-te emprestar o carro. / Vou emprestar-te o carro. / Ele emprestava-me o carro.*

6. Zusammenziehung von Objektpronomen

Treten die Pronomen o/a/os/as (direktes Objekt) in einem Satz gemeinsam mit den Pronomen des indirekten Objekts auf, so kommt es zu Zusammenziehungen (egal ob in Voranstellung, Nachstellung oder Mittelstellung):

me	+ o, a, os, as	→ -mo, -ma, -mos, -mas	häufig
te	+ o, a, os, as	→ -to, -ta, -tos, -tas	
lhe	+ o, a, os, as	→ -lho, -lha, -lhos, -lhas	
nos	+ o, a, os, as	→ -no-lo, -no-la, -no-los, -no-las	veraltet
vos	+ o, a, os, as	→ -vo-lo, -vo-la, -vo-los, -vo-las	
lhes	+ o, a, os, as	→ -lho, -lha, -lhos, -lhas	häufig

O Pedro empresta os livros à Ana.	Pedro borgt Ana die Bücher.
O Pedro empresta-os à Ana.	Pedro borgt sie Ana.
O Pedro empresta-lhe os livros.	Pedro borgt ihr die Bücher.
O Pedro empresta-lhos.	Pedro borgt sie ihr.
O Pedro não lhos empresta.	Pedro borgt sie ihr nicht.
O Pedro emprestar-lhos-ia.	Pedro würde sie ihr borgen.

Tu dás-me o livro. → *Tu dás-mo.*	Du gibst es mir.
Tu dás-me as cartas. → *Tu dás-mas.*	Du gibst sie mir.

Übungen

1. Ergänzen Sie mit einem direkten Objektpronomen.

1. Eu queria ver o novo filme de Luís Filipe Rocha. Vi-___________ ontem à noite.
2. Nós também vamos à festa. O Pedro convidou-__________.
3. Estou a traduzir o texto, mas acho-__________ difícil. Ajudas-_________ a fazer a tradução?
4. Queria uma cerveja, mas queria- __________ bem fresca.

2. Setzen Sie anstelle des hervorgehobenen Substantivs jeweils ein Pronomen ein.

-r/-s/-z-Regel

1. Eles querem uma resposta e vão (exigir) ______________________.
2. Eu preparo um bolo e vou (trazer) ______________________.
3. Compramos vinho e [nós] (provar) ______________________.
4. Nós recebemos uma prenda e [nós] (abrir) ______________________.
5. Pedes um café e ele (trazer) ______________________.
6. Pedem-lhe a tradução da carta e ele (fazer) ________________.

Nasal-Regel

1. A D. Idália e o Sr. Santos compram prendas e [eles] (dar) ______________ aos filhos.
2. Elas sonham com uma excursão e [elas] (fazer) ______________________.
3. Eles pintam a parede do seu quarto e [eles] (pintar) __________ de amarelo.

3. Ergänzen Sie mit einem indirekten Objektpronomen.

1. Eu queria vestir uma camisola. Podes emprestar-__________ a tua camisola azul?
2. Tu precisas de uma bicicleta. Os teus pais vão oferecer-__________ uma bicicleta?
3. Vocês querem explicações. Vou dar-__________ as devidas explicações.
4. Eles querem fazer uma salada. Podia vender-__________ um quilo de tomates?

4. Übersetzen Sie die direkten Objekte und ersetzen Sie sie durch ein Pronomen. Achten Sie auf die lautlich-grafischen Veränderungen. Verneinen Sie die Sätze anschließend.

Beispiel: O meu irmão chamou (*einen Arzt*). → O meu irmão chamou um médico.
→ O meu irmão chamou-o. → O meu irmão não o chamou.

1. Visitamos (unsere Freundinnen).
2. O João e a Rita visitaram (ihren Freund in Porto).
3. Os amigos estudam (den Stadtplan).
4. Ela verificou (die Übersetzung).
5. Vamos escrever (eine E-Mail).
6. A Susana costuma imitar (den Lehrer).
7. Estão a abrir (die Weinflaschen).

5. Bilden Sie Sätze im Einfachen Perfekt. Verkürzen Sie mit einem Pronomen und stellen Sie anschließend eine Frage.

Beispiel: ele – estudar – os efeitos da globalização (porque) → Ele estudou os efeitos da globalização. → Ele estudou-os. → Porque [é que] os estudou?

1. nós – ler – o último livro de José Saramago (porque)
2. eu – visitar – os meus avós (quando)
3. eles – comer – pão branco (porque)
4. tu – beber – o vinho tinto todo (quando)
5. o Sr. – resolver – os problemas com a eletricidade (como)

6. Übersetzen Sie und verneinen Sie anschließend.

1. Du kennst mich gut.
2. Er hat uns gestern getroffen.
3. Ich verstehe euch.
4. Ich sehe dich jeden Tag.
5. Ich erinnere mich. Erinnerst Du dich?
6. Wir treffen uns morgen. Trefft ihr euch?

7. »ihn/sie/Sie« – »o/a/os/as«. Übersetzen Sie in den angegebenen Varianten.

1. Du hast ihn gesehen. (den Direktor, den Schrank, den Tisch)
2. Ich habe sie verstanden. (die Lehrerin, die Aufgaben, die Probleme, die Männer)
3. Wir haben sie bewundert. (die Tänzerin, die Politiker, die Kinder, die Sonne)
4. Ich habe Sie gestern in der Stadt getroffen. (Herrn Silva, Frau Silva, Hr. u. Fr. Silva)

Vokabelhilfe: bewundern *admirar* | Tänzerin *a bailarina*

8. Übersetzen Sie die Sätze aus Übung 7 jetzt mit den Einschüben *também, ainda não, só, todos* <u>*vor*</u> dem Verb.

Beispiel: Du hast sie <u>schon</u> gekauft. (die Blumen – as flores) → Já as compraste.

1. Du hast ihn <u>*auch*</u> gesehen. (den Direktor)
2. Ich habe sie <u>*noch nicht*</u> verstanden. (die Lehrerin)
3. <u>*Alle*</u> haben sie bewundert. (die Tänzerin)
4. Ich habe Sie gestern <u>*nur*</u> in der Stadt getroffen. (Herrn Silva)

9. Ersetzen Sie a) das direkte Objekt (wen?), b) das indirekte Objekt (wem?) und c) beide Objekte durch ein Pronomen.

Beispiel: Mando uma carta ao diretor.
→ a) Mando-a ao diretor. b) Mando-lhe uma carta. c) Mando-lha.

1. O Sr. Santos apresenta o seu amigo à sua mulher.
2. Enviamos a encomenda à nossa empresa.
3. Eu dou o dinheiro ao pai.
4. Tu deste os jornais ao vizinho?
5. Eles contam a história ao João.
6. Mostramos o apartamento à Ana.

10. Es gibt viele Wege, ein höfliches Angebot zu machen oder eine Bitte zu äußern.

Beispiel: Posso-te ajudar? → Posso ajudar-te? → Não te posso ajudar?

1. Podemos-lhes oferecer um café?
2. Posso-vos convencer a ficar mais um dia?
3. Podia-me trazer um chá, por favor?
4. Podem-me dizer as horas?

11. Übersetzen Sie.

1. Pedro sieht den Film heute, ich sehe ihn morgen.
2. Wir treffen Susana heute Abend. Wir treffen sie heute Abend.
3. Wir sehen den Lehrer auch im Café. Wir sehen ihn auch im Café.
4. Ich kenne ihn, aber er kennt mich nicht.
5. Sie erzählen João die Geschichte. Sie erzählen sie ihm.
6. Er hat Claudia eine E-Mail geschickt. Er hat ihr eine E-Mail geschickt.
7. Sie wissen die Antwort. Sie wissen sie.
8. Wir haben die Mädchen im Restaurant kennengelernt. Wir haben sie gestern Abend kennengelernt. Ihr kennt sie noch nicht.
9. Er macht die Übersetzung morgen. Er macht sie morgen.
10. Ich habe dieses Buch schon gelesen. Ich habe es schon gelesen.

12. Sagen Sie, was Sie tun würden, und formen Sie aus dem Konditional in das umgangssprachliche Imperfekt um. Übersetzen Sie (*lho* = es ihm).

Beispiel: Eu dar-lho-ia. → Dava-lho. *Ich würde es ihm geben.*

1. Eu mostrar-lho-ia. ____.
2. Eu escrever-lho-ia. ____.
3. Eu dir-lho-ia. ____.
4. Eu pagar-lho-ia. ____.

26 Betonte Objektpronomen

Bildung

Als betonte Objektpronomen treten im EP folgende Pronomen auf:

Betonte Objektpronomen *(mit allen Präpositionen verwendet)*				Sonderformen mit *com*	Unbetonte Pronomen
para de em …	mim	für *von* *in/an* …	*mich/mir*	comigo *mit mir*	me
	ti		*dich/dir*	contigo	te
	ele/ela si		*ihn/ihm/sie/ihr* *sich*	com ele/ela consigo	o/a, lhe se
	nós		*uns*	connosco	nos
	vocês		*euch*	convosco	vos, se
	eles/elas si		*sie/ihnen* *sich*	com eles/elas consigo	os/as, lhes se

In der höflichen Anrede (vgl. Kapitel 24) werden folgende betonte Objektpronomen / Nominalformen gebraucht:

para de em com …	o Sr. / a Sra. os Srs. / as Sras.	*für* *von* *in/an* *mit …*	*Sie/Ihnen*
	você		*Sie/dich / Ihnen/dir*
	vocês		*Sie/euch / Ihnen/euch*

Die Sonderform mit *com* in der höflichen Anrede lautet consigo »mit Ihnen« (Sg. oder Pl.).

Für Sachverhalte wird das Pronomen isso gesetzt: para isso – *dafür*, com isso – *damit*, disso – *davon*.

Die Präpositionen de und em verschmelzen häufig mit den vokalisch anlautenden Pronomen:

de + ele/s	dele/s (de ele/s)	em + ele/s	nele/s
de + ela/s	dela/s (de ela/s)	em + ela/s	nela/s

Gebrauch

Die betonten Objektpronomen stehen immer dann, wenn vor dem Objekt eine Präposition (*a, de, em, para, por, sem, sobre* usw.) oder eine präpositionale Fügung (*com respeito a, apesar de* usw.) steht. Im Einzelnen werden die betonten Pronomen in folgenden Fällen gebraucht:

1. nach festen präpositionalen Verbanschlüssen, wie z. B. *gostar de* (mögen), *pensar em* (denken an), *sonhar com* (träumen von) usw.:

O Alberto gosta muito da sua irmã. *Gosta muito dela.*	Alberto mag seine Schwester sehr. Er mag sie sehr.
Eu gosto de ti. Também gostas de mim?	Ich mag dich. Magst du mich auch?

A D. Idália pensa no seu irmão. Pensa nele.	D. Idália denkt an ihren Bruder. Sie denkt an ihn.
Pensamos em si e na sua esposa.	Wir denken an Sie und an Ihre Gattin.
Eles só pensam em si.	Sie denken nur an sich selbst / an Sie.
Esta noite sonhei contigo.	Heute Nacht habe ich von dir geträumt.

2. bei präpositionaler Verwendung, auch unabhängig von konkreten Verbanschlüssen:

(responder …) por ele	für ihn, an seiner Stelle (antworten …)
(sofrer, estar contente …) por ti	wegen dir, deinetwegen (leiden, froh sein …)
(trazer/comprar prendas …) para ti	für dich (Geschenke mitbringen/ kaufen …)
(pensar, falar, ler …) sobre nós	über uns (nachdenken, sprechen, lesen …)
(partir, viajar, trabalhar …) sem mim	ohne mich (losgehen, reisen, arbeiten …)

3. zur Hervorhebung der unbetonten Objektpronomen (emphatischer Gebrauch):

Mittels der Struktur »Präposition a + betontes Objektpronomen« werden unbetonte Pronomen hervorgehoben, z.B. um eine Aussage eindeutig zu machen oder zu unterstreichen (Emphase). Diese Hervorhebung erfolgt meist pleonastisch, d.h. das unbetonte und das betonte Pronomen stehen »gedoppelt« im Satz:

— Hervorhebung direkter Objektpronomen:

A Paula e o António estiveram ontem no concerto. Viste-os?	Paula und António waren gestern im Konzert. Hast Du sie gesehen?
Vi-o a ele, mas não o vi a ela. / A ele, vi-o, mas a ela, não o vi.	Ihn habe ich gesehen, aber sie nicht.
A mim, ele não me convence.	Mich überzeugt er nicht.

— Hervorhebung indirekter Objektpronomen:

O que ofereceste aos Costas?	Was hast Du den Costas geschenkt?
A ele, dei-lhe uma garrafa de vinho do Porto e a ela, (ofereci-lhe) um ramo de flores.	Ihm habe ich eine Flasche Portwein geschenkt und ihr einen Blumenstrauß.
A nós, não nos podes dar a culpa!	Uns kannst du nicht die Schuld geben!

Die Verwendung von *a ele, a ela, a mim* etc. als indirektes Objekt ist im EP – im Gegensatz zum BP – nur emphatisch und nicht neutral/unbetont möglich.

4. zur Wiedergabe von zwei Objektpronomen:

Stehen zwei unbetonte Pronomen (direktes <u>und</u> indirektes Objekt) in einem Satz, so sind zwei Fälle zu unterscheiden:

a) das <u>direkte</u> Pronomen ist ein Pronomen der 3. Person (o/a – *ihn/sie/es,* os/as – *sie*):

In diesem Fall erfolgt eine Zusammenziehung der beiden unbetonten Pronomen in der Reihenfolge indirektes + direktes Objekt (vgl. Kapitel 25):

Ele apresenta a mulher ao seu colega. *Apresenta-lha.*	Er stellt die Frau seinem Kollegen vor. Er stellt sie ihm vor.

b) das <u>direkte</u> Pronomen ist ein Pronomen der 1./2. Person (me/te – *mich/dich,* nos/vos –*uns/euch*):

In diesem Fall bleiben die Pronomen getrennt. Zuerst steht das direkte unbetonte Objektpronomen, danach das indirekte in der betonten Form (Präposition a + betontes Objektpronomen):

Ele apresenta-me ao seu colega. *Ele apresenta-me <u>a ele</u>.*	Er stellt mich seinem Kollegen vor. Er stellt mich ihm vor.
Ele apresenta-nos ao seu colega. *Ele apresenta-nos <u>a ele</u>.*	Er stellt uns seinem Kollegen vor. Er stellt uns ihm vor.

Übungen

1. Ersetzen Sie jeweils die farblich hervorgehobene Sache durch die in Klammern angegebene Person.

Beispiel: Ele gosta do seu carro. (tu) → <u>Ele gosta de ti</u>.

1. Ele aborrece-se com tudo. (ela)
2. Lembras-te da velha casa em Lisboa? (eu)
3. Ele parece esperar por um milagre. (nós)
4. Tenho plena confiança nas decisões dele. (o Senhor)
5. Nunca falaram sobre aquilo que se passou. (vocês)

2. Übersetzen Sie die folgenden Ausdrücke und verwenden Sie mit den Präpositionen die betonten Objektpronomen.

für mich | wegen dir | mit ihm | für sie | durch uns | über euch | gegen sie | von ihm

3. Übersetzen Sie die E-Mail von Susana.

Hallo Catarina,

ich denke oft an dich, weil wir hier zusammen wandern könnten wie in Sintra und Umgebung. Du musst hierher kommen und mit mir im Parque da Peneda-Gerês wandern! Ich könnte mit dir in einem kleinen Hotel übernachten, wir könnten über alles schwatzen (auch über »ihn«) bis in die Nacht ... Was denkst du darüber?

Liebe Grüße, Susana

Vokabelhilfe: wandern *caminhar* | Umgebung *os arredores* | übernachten *pernoitar* | schwatzen *cavaquear*

4. Heben Sie die Pronomen hervor.

Beispiel: Ele não me dá uma resposta. → A mim, ele não me dá uma resposta.

1. Ele não te leva à discoteca.
2. Ele nunca lhe traz flores (à sua mulher).
3. Ele não nos mostra a fotografia.
4. Ele explica-vos a tarefa.
5. Ele não lhes (aos funcionários) entregou os documentos.

5. Zé und Susanas Bruder Pedro reden darüber, wem Susana in der neuen Schule am meisten vertraut. Übersetzen Sie den Dialog und verleihen Sie den hervorgehobenen Pronomen besonderen Nachdruck.

Zé: Die Physiklehrerin ist nett. Ihr kann Susana alles sagen.

Pedro: Ich glaube nicht, dass Susana mit ihr spricht. Sie hat mehr Vertrauen zur Kunstlehrerin, ihr hat sie schon gesagt, dass sie Probleme in Mathematik hat.

Zé: Den Mitschülern in ihrer neuen Klasse vertraut sie noch nicht, ihnen/denen würde sie nichts sagen! Und dir? Du bist ihr Bruder.

Pedro: Mir erzählt sie auch wenig. Ihre beste Freundin wohnt in Lissabon, ihr verrät sie alle Geheimnisse.

Vokabelhilfe: vertrauen / Vertrauen haben zu *confiar em/ter confiança em* | Mitschüler *os colegas* | Geheimnisse verraten *confiar segredos a alguém*

6. Übersetzen Sie. Ist das direkte Objektpronomen ein Pronomen der 1. bzw. 2. oder der 3. Person? Entscheiden Sie, ob Sie die Pronomen verschmelzen können oder ob Sie das betonte Objektpronomen verwenden müssen.

1. Zeigst du mir das Foto deiner Schwester? Zeigst du es mir?
2. Hat er dich seinen Kollegen schon vorgestellt? Hat er dich ihnen schon vorgestellt?
3. Er hat ihr die Rosen geschenkt. Er hat sie ihr geschenkt.
4. Er hat dich mir gezeigt.
5. Sie bringt ihrem Bruder die Eintrittskarten mit. Sie bringt sie ihm mit.
6. Er wollte uns ihr vorstellen.

27 Indefinitpronomen

Indefinitpronomen bezeichnen inhaltlich sowie mengenmäßig nicht genau bestimmte Dinge, Sachverhalte, Personen und Eigenschaften. Die folgende Tabelle enthält die wichtigsten Indefinitpronomen des Portugiesischen und ihre deutschen Entsprechungen:

unveränderlich		veränderlich	
meist substantivisch		meist adjektivisch	
Person	Sache		
alguém *jemand*	algo *etwas*	algum/alguma *(irgend)ein/e*	alguns/algumas *irgendwelche/einige*
ninguém *niemand*	nada *nichts*	nenhum/nenhuma, nenhuns/nenhumas *(gar) kein/e*	
	tudo *alles*	todo o / toda a *der/die/das ganze*	todos os / todas as *alle / die ganzen*
	muito *viel(es)*	muito/muita, muitos/muitas *viel/e*	
	pouco *wenig*	pouco/pouca, poucos/poucas *wenig/e*	

Unveränderliche Indefinitpronomen

1. Die unveränderlichen Pronomen verhalten sich im Satz meist wie Substantive:

— *alguém* und *ninguém* beziehen sich auf Personen:

Alguém bateu à porta.	Jemand klopfte an die Tür.
Eu não chamei por ninguém.	Ich habe nach niemandem gerufen.

— *algo, nada, tudo* und *muito/pouco* beziehen sich auf Dinge und Sachverhalte:

Ela pensa em algo bonito.	Sie denkt an etwas Schönes.
Ele não comprou nada.	Er hat nichts gekauft.
Tudo era mentira.	Alles war Lüge.
Não me lembro de muito.	Ich erinnere mich nicht an viel.
Eu entendi pouco.	Ich verstand wenig.

— *algo, muito* und *pouco* werden umgangssprachlich oft ersetzt:

Algo / Alguma coisa estava errada.	Irgendetwas stimmte nicht.
Muito / Muita coisa já foi feita.	Es wurde schon viel gemacht.
Pouco / Pouca coisa mudou.	Es hat sich wenig verändert.

2. Die unveränderlichen Pronomen können auch adverbial interpretiert werden:

— als Modalbestimmung beim Verb:

Eu já pratiquei algo.	Ich habe schon etwas / ein bisschen geübt.
Ele não pensa nada.	Er denkt überhaupt nicht nach.

— vor Adjektiven (zur Graduierung):

Ela é uma mulher muito complicada.	Sie ist eine sehr komplizierte Frau.
Não estamos nada cansados.	Wir sind gar nicht müde.
Essa teoria é pouco provável.	Diese Theorie ist wenig wahrscheinlich.

Veränderliche Indefinitpronomen

1. Die veränderlichen Pronomen werden zusammen mit einem Bezugssubstantiv attributiv verwendet. Sie passen sich in Genus und Numerus dem Substantiv an und stehen meist vor diesem:

Tenho algumas dúvidas.	Ich habe einige Zweifel.
Todos os livros foram vendidos.	Alle Bücher wurden verkauft.
Comeu todo o gelado / o gelado todo. (bei *todo* Vor- und Nachstellung möglich)	Er hat das ganze Eis gegessen.
Junto pouco sal e muita água.	Ich füge wenig Salz und viel Wasser hinzu.

2. Die veränderlichen Pronomen können auch alleinstehend wie Substantive verwendet werden. Sie beziehen sich dann auf (zuvor erwähnte oder bekannte) Substantive:

Contou-lhes a história. Alguns (deles) acreditaram, outros não.	Er hat ihnen die Geschichte erzählt. Einige (von ihnen) haben sie geglaubt, andere nicht.
Viste as páginas? Algumas (delas) têm interesse?	Hast du die Seiten gesehen? Sind einige/ irgendwelche (davon) von Interesse?
Foi alguma de nós. Todas sabem isso.	Es war (irgend)eine von uns. Alle wissen das.

3. Weitere veränderliche Indefinitpronomen sind:

adjektivisch		substantivisch	
ambos os / ambas as	*beide*	ambos/ambas	*(die) beide(n)*
cada *(m./f.)*	*jede/r/s einzelne*	cada um (de)/ cada uma (de)	*jede/r/s einzelne (von)*

qualquer *(m./f.)*	*jede/r/s beliebige*	qualquer um (de) / qualquer uma (de)	*jede/r/s beliebige (von)*
quaisquer *(Pl.)*	*irgendwelche*		
(um) certo/ (uma) certa	*ein/e gewisse/r/s*		
certos/certas	*gewisse*		

O Mário e a Joana estiveram na festa ontem. Ambos tinham trazido bebidas, cada um (deles) uma garrafa de vinho tinto. Ambas as garrafas estavam em cima do armário da cozinha. Qualquer um tinha acesso à cozinha. Algum malandro bebeu o vinho todo e encheu as garrafas de coca-cola.

Mario und Joana waren gestern auf der Feier. Beide hatten Getränke mitgebracht, jeder (von ihnen) eine Flasche Rotwein. Beide Flaschen standen auf dem Küchenschrank. Jeder (beliebige) hatte Zugang zur Küche. Irgendein Spaßvogel hat den ganzen Wein getrunken und die Flaschen mit Coca-Cola gefüllt.

4. outro tritt wie im Deutschen mit bestimmtem und unbestimmtem Artikel auf:

o outro / a outra os outros / as outras	*der/die/das andere* *die anderen*
(um) outro / (uma) outra outros / outras	*ein/e andere/r/s* *andere*

Verneinung und Intensivierung negativer Pronomen

Treten die Pronomen *nada, ninguém, nenhum/-a/-ns/-as* nach dem Verb auf, werden sie zusätzlich mit não vor dem Verb verneint. Stehen sie vor dem Verb, entfällt die doppelte Verneinung:

Nada aconteceu. / Não aconteceu nada.	Nichts ist passiert.
Ninguém entrou. / Não entrou ninguém.	Niemand kam herein.
Não preferimos nenhum candidato.	Wir bevorzugen keinen Kandidaten.

Adjektivisches *nenhum/-a/-ns/-as* kann mittels Nachstellung und Austausch durch ein normalerweise positives algum/-a/-ns/-as intensiviert werden:

neutral:	*Não tem nenhum dinheiro.*	Er hat (gar) kein Geld.
intensivierend:	*Não tem dinheiro nenhum.*	Er hat überhaupt kein Geld.
stark intensivierend:	*Não tem dinheiro algum.*	Er hat absolut kein Geld.

Indefinitpronomen werden in vielen Ausdrücken gebraucht, die wie Wortschatz erlernt werden müssen (siehe auch Übung 8).

Übungen

1. *alguém* oder *ninguém*?

1. Agora já somos 20 pessoas. Ainda vem mais __________________?
2. Só somos 3 participantes. Não participa mais ______________?
3. Vocês viram __________________ lá fora? Não, não vimos __________________.
4. __________________ me pode dizer que horas são?
5. Não há __________________ que me possa dar uma ajuda?

2. Ordnen Sie die Substantive den veränderlichen Indefinitpronomen in der folgenden Tabelle sinnvoll zu (Mehrfachnennungen möglich).

alegria | interesse | fruta | raparigas | dinheiro | dia | notícias | carros | país | resposta | irmãs | resultados | ano | estudante

alguma	todas as	muita	nenhum	algum
poucas	alguns	outra	ambas as	quaisquer
todo o	nenhuns	qualquer	pouco	todo este

3. Übersetzen Sie.

1. Hat er dir alles erzählt? Mir sagt er nie die ganze Wahrheit.
2. Das ganze Land erwartet die Teilnehmer der Fußballweltmeisterschaft. Alles ist vorbereitet.
3. Claudia war die ganze Woche krank, und Pedro hat jeden Tag angerufen.
4. Ich habe alle meine Freundinnen eingeladen, und alle sind gekommen.
5. Sie ist sehr interessiert und hat viele Fragen.
6. In unserer Gruppe gibt es nur wenige Männer, und sie sind wenig integriert.
7. Es ist schon sehr spät. Heute haben wir viel gemacht.

Vokabelhilfe: Teilnehmer *o participante* | Weltmeisterschaft *o Campeonato Mundial* | integriert *integrado*

4. Setzen Sie ein.

A. algo, algo, muito, nada, pouco, tudo, tudo

1. Tu viste ________________? Não, não vejo _________________.
2. Tu tens _________________ contra a dor de cabeça?
3. O tacho está vazio. Ele comeu _______________, realmente _____________!
4. Os políticos prometeram ________________, mas cumpriram _______________.

B. algum, algum, muitas, nenhum, poucas, toda, toda

1. Tu viste ______________ erro? Não, não vejo ________________.
2. Tu tens ________________ medicamento contra a dor de cabeça?
3. O tacho está vazio. Ele comeu a sopa _____________. Realmente _____________!
4. Os políticos prometeram ______________ coisas, mas cumpriram _______________.

5. Verwenden Sie in den folgenden Sätzen das gegenteilige Indefinitpronomen. Beachten Sie – wo nötig – die doppelte Verneinung.

1. Não tem nenhum interesse num curso de espanhol.
2. Alguém viu o Pedro?
3. Recebeste alguma má notícia?
4. Sabes tudo?
5. Nenhuma das alternativas pode substituir um voo direto.

6. Übersetzen Sie ins Deutsche.

1. acima de tudo – apesar de tudo – antes de tudo
2. está tudo certo – é tudo por hoje – quem tudo quer tudo perde
3. em todo o caso – todas as vezes

7. Übersetzen Sie.

1. Auf dem Tisch liegt das gelbe Wörterbuch. Und wo ist das andere?
2. Das ist eine Möglichkeit, aber es gibt noch andere.
3. Wo sind die anderen? Die Jungs sind alle im Bus, die Hälfte der Mädchen auch. Die anderen sind noch auf der Toilette.

Vokabelhilfe: Hälfte *a metade* | Toilette *a casa de banho*

8. Ordnen Sie den deutschen Entsprechungen die portugiesischen Ausdrücke mit Indefinitpronomen zu.

Nada disso! | alguma coisa | nenhum outro | nada mais, nada menos | outra vez | de modo nenhum | há algum tempo | antes de mais nada | De nada! | Não é nada mau. | não prestar para nada | Não estou nada contente. | cada vez | nalgum sítio

auf (gar) keinen Fall	
noch einmal	
jedes (einzelne) Mal	
Nichts zu danken! / Gern geschehen!	
etwas	
zuerst/zunächst einmal	
Nichts dergleichen! / Stimmt nicht!	
an irgendeinem Ort	
nicht mehr und nicht weniger	
Das ist gar nicht (mal so) schlecht.	
Ich bin gar nicht zufrieden.	
kein anderer	
es ist einige Zeit her / vor einiger Zeit	
zu nichts taugen	

28 Relativpronomen

Formen und Gebrauch

Relativpronomen, Relativadjektive und Relativadverbien leiten Relativsätze ein und nehmen auf ein vorangehendes Substantiv im Hauptsatz Bezug.

Im Portugiesischen gibt es unveränderliche und veränderliche Relativpronomen, deren Verwendung davon abhängt, ob es sich beim Bezugswort um eine Person oder einen Gegenstand (dazu zählen unbelebte, konkrete und abstrakte Bezugswörter sowie Tiere und Pflanzen) handelt und welche Satzgliedfunktion das Relativpronomen im Relativsatz übernimmt.

<table>
<tr><th rowspan="3">Bezugswort</th><th colspan="3">Satzgliedfunktion des Relativpronomens im Relativsatz</th></tr>
<tr><th>Subjekt / direktes Objekt</th><th colspan="2">präpositional eingeleitetes Objekt</th></tr>
<tr><th>ohne Präposition</th><th>v. a. mit einsilbigen Präpositionen</th><th>v. a. mit mehrsilbigen Präpositionen (und Ersatzfunktion*)</th></tr>
<tr><td>Personen und Gegenstände</td><td colspan="2">que
der/die/das</td><td rowspan="2">[Präp.+] o qual / a qual / os quais / as quais
der/die/das welcher/welche/welches</td></tr>
<tr><td>Personen</td><td></td><td>[Präp.+] quem
der/die</td></tr>
<tr><td>ganze Sachverhalte</td><td colspan="3">o que
was</td></tr>
<tr><td>Orte</td><td colspan="3">onde
wo</td></tr>
<tr><td>Personen und Gegenstände</td><td colspan="3">cujo / cuja / cujos / cujas
Besitztumsangabe: dessen/deren</td></tr>
<tr><td>tudo (alles)</td><td colspan="3">quanto / o que
was</td></tr>
</table>

* Zur Ersatzfunktion siehe Punkt 4.

Während Relativsätze im Deutschen durch Kommata abgetrennt werden, stehen im Portugiesischen nur in explikativen Relativsätzen, deren Informationen für das Textverständnis nicht obligatorisch sind, Kommata. Restriktive Relativsätze, deren Inhalt für die nähere Bestimmung des Bezugswortes unerlässlich ist, stehen ohne Komma.

1. Verwendung ohne Präposition (que)

que	der, die, das / welcher, welche, welches	unveränderlich	Bezug auf Gegenstände und Personen

que wird als Relativpronomen verwendet, wenn das Bezugswort ein Gegenstand oder eine Person ist und keine Präposition vor dem Pronomen nötig ist. Es kann dabei im Relativsatz die Funktion des Subjekts oder des direkten Objekts annehmen.

— Subjekt-Funktion:

O carro que está na garagem pertence ao meu pai.	Das Auto, das in der Garage steht, gehört meinem Vater.
As pessoas que visitam a catedral estão muito interessadas.	Die Leute, die die Kathedrale besichtigen, sind sehr interessiert.

— Funktion des direkten Objekts:

A visita guiada que a Paula fez durou cerca de uma hora.	Der Stadtrundgang, den Paula gemacht hat, dauerte ungefähr eine Stunde.
A estudante que te apresentei ontem faz parte da minha turma.	Die Studentin, die ich dir gestern vorgestellt habe, gehört zu meiner Gruppe.

2. Verwendung mit einsilbigen Präpositionen (*que* und *quem*)

que	der, die, das / welcher, welche, welches	unveränderlich	Bezug auf Gegenstände

que steht in der Funktion des präpositionalen Objekts auch nach Präpositionen. Diese sind in der Regel einsilbig, das Bezugswort ist ein Gegenstand:

O livro a que me refiro é de Saramago.	Das Buch, auf das ich mich beziehe, ist von Saramago.
A pintura de que mais gosto é a da Maria Helena Vieira da Silva.	Die Malerei, die ich am liebsten mag, ist die von Maria Helena Vieira da Silva.

quem	der, die, das / welcher, welche, welches	unveränderlich	Bezug auf Personen

quem steht nur nach Präpositionen und nur, wenn das Bezugswort eine Person ist. Die Präpositionen sind in der Regel einsilbig, das Bezugswort steht meist im Singular:

O empregado a quem o senhor se dirigiu é muito simpático.	Der Angestellte, an den Sie sich gewandt haben, ist sehr sympathisch.
A menina com quem falei mora no mesmo hotel que eu.	Das Mädchen, mit dem ich gesprochen habe, wohnt in demselben Hotel wie ich.

In der Umgangssprache wird bei Personenbezug und einsilbigen Präpositionen auch häufig que statt quem eingesetzt: *a menina com quem falei / com que falei …*

3. Verwendung mit mehrsilbigen Präpositionen (*o/a qual, os/as quais*)

o qual, a qual, os quais, as quais	der, die, das / welcher, welche, welches	veränderlich	Bezug auf Gegenstände und Personen

Die Relativpronomen o qual, a qual, os quais, as quais stimmen in Genus und Numerus mit dem Bezugssubstantiv überein, das sowohl eine Person als auch ein Gegenstand sein kann. Im EP stehen diese Relativpronomen immer mit dem bestimmten Artikel. Sie werden vorzugsweise mit mehrsilbigen Präpositionen* verwendet:

O exame para o qual estudei tanto correu bem.	Die Prüfung, für die ich so viel gelernt habe, ist gut gelaufen.
As meninas pelas quais espero são sempre pontuais.	Die Mädchen, auf die ich warte, sind immer pünktlich.

* Auch die einsilbigen Präpositionen por, sem, sob stehen mit *o/a qual* bzw. *os/as quais*. Por verschmilzt mit dem bestimmten Artikel zu [pelo] qual / [pela] qual / [pelos] quais / [pelas] quais.

4. Ersatz von *que* und *quem*

Da o qual, a qual, os quais, as quais im Gegensatz zu *que* und *quem* Genus und Numerus anzeigen, werden sie – anstelle von que oder quem – auch öfter ohne Präposition oder mit einsilbigen Präpositionen verwendet, wenn das Genus oder der Plural des Bezugswortes im Relativsatz eindeutig dargestellt werden sollen.

— Ersatz von *que* bei Verwendung ohne Präposition:

No domingo passado visitámos a irmã do João, a qual vive em Coimbra.	Am vergangenen Sonntag haben wir *die Schwester* von João besucht, die in Coimbra lebt.
No domingo passado visitámos a irmã do João, o qual vive em Coimbra.	Am vergangenen Sonntag haben wir die Schwester von *João* besucht, der in Coimbra lebt.
Vgl. aber: *No domingo passado visitámos a irmã do João que vive em Coimbra.*	Am vergangenen Sonntag haben wir die Schwester von João besucht, die/der in Coimbra lebt.

— Ersatz von *que* und *quem* nach einsilbigen Präpositionen:

Os assuntos a que / aos quais se referiu são de grande interesse político.	Die Angelegenheiten, auf die er sich bezogen hat, sind von großem politischen Interesse.
As meninas de quem / das quais te falei vão assistir à nossa festa.	Die Mädchen, von denen ich dir erzählt habe, werden bei unserer Feier dabei sein.

5. Relativpronomen mit speziellem Bezug

Neben den genannten Pronomen existieren folgende Relativpronomen, Relativadjektive und Relativadverbien, die für spezifische Bezüge eingesetzt werden:

o que	was	Bezug auf den ganzen Sachverhalt

o que wird als Relativpronomen verwendet, wenn Bezug auf einen ganzen Sachverhalt (vorherigen Satz) genommen wird; als deutsche Entsprechung steht *was*:

Ela é uma pessoa simpática, o que eu não sabia.	Sie ist eine sympathische Person, was ich nicht wusste.

onde, aonde, de onde	wo, wohin, woher	Bezug auf Orte

Die Relativadverbien onde und aonde beziehen sich auf zuvor erwähnte Orte und haben im Relativsatz die Funktion einer Adverbialbestimmung des Ortes. Sie können auch ersetzt werden durch *em que* bzw. *no/na qual* oder durch *a que* bzw. *ao/à qual*:

A rua onde (em que / na qual) fica a discoteca é aqui perto.	Die Straße, wo (in der) sich die Diskothek befindet, ist hier in der Nähe.
o lugar aonde (a que) vou	der Ort, wohin ich gehe

cujo, cuja, cujos, cujas (+ Besitztum)	dessen, deren	Bezug auf Personen und Gegenstände (= »Besitzer«)

Die possessiven Relativadjektive cujo, cuja, cujos, cujas beziehen sich auf Personen oder Gegenstände, denen ein Besitztum zugeordnet wird, und werden diesem vorangestellt. Im Gegensatz zum Deutschen (*deren, dessen*) stimmen sie in Genus und Numerus mit dem nachfolgend genannten »Besitztum« überein und nicht mit dem »Besitzer«:

Comemos num restaurante cujo dono é um amigo nosso.	Wir haben in einem Restaurant gegessen, dessen Besitzer ein Freund von uns ist.
A jornalista cujas reportagens foram premiadas, é uma amiga da D. Idália.	Die Journalistin, deren Reportagen prämiert worden sind, ist eine Freundin von D. Idália.

(tudo) quanto (todos) quantos, (todas) quantas	(alles,) was (alle,) die	Bezug auf tudo / todos / todas

Das Relativpronomen quanto wird unveränderlich mit *tudo* gebraucht und in der Gegenwartssprache zunehmend durch das gleichbedeutende tudo o que ersetzt:

Li tudo quanto / tudo o que ele me tinha escrito.	Ich habe alles gelesen, was er mir geschrieben hatte.

todos quantos bzw. todas quantas wird im Plural in Abhängigkeit vom Genus des Bezugssubstantivs verwendet:

todos (os homens) quantos vierem	alle (Männer), die kommen (werden)
todas (as mulheres) quantas vierem	alle (Frauen), die kommen (werden)

Übungen

1. *que* oder *quem*? Wählen Sie zwischen diesen beiden Relativpronomen aus.

1. O curso de português em _______________ me inscrevi é interessante.
2. Este é o autor de _______________ te falei ontem.
3. O telemóvel com _______________ ele sonha tem acesso à net.
4. O monumento, a _______________ te referes, não pode ser a Torre dos Clérigos no Porto, é a Torre de Belém em Lisboa.
5. Aquele é o rapaz por _______________ a Ana se apaixonou.
6. O professor, com __________ falámos ontem, ensina literatura e cultura portuguesas.

2. *que* oder *o qual*, *a qual* etc.? Achten Sie auf die Präposition!

1. Na altura em _______________ ele fazia natação não tinha muito tempo livre.
2. A ponte sob _________________ passámos é a ponte ferroviária D. Maria Pia.
3. Foi este o tema sobre _______________ ele falou durante três horas.
4. Estou numa situação para _______________ não vejo saída.
5. A situação a _______________ me refiro é preocupante.
6. A fruta de _______________ mais gosto é o pêssego.

3. Setzen Sie die richtige Form des possessiven Relativpronomens *cujo*, *cuja* etc. ein.

1. Fernando Pessoa, _______________ poesia é muito conhecida, nasceu em Lisboa a 13 de Junho de 1888.
2. Vivemos ali naquela casa _______________ telhado é de tijolo vermelho.
3. O novo governo, _______________ programa será anunciado amanhã, vai tomar posse na segunda-feira.
4. Esta é a senhora, _______________ filhas estudam alemão na Faculdade de Letras.

4. Vervollständigen Sie mit dem entsprechenden Relativpronomen.

1. A canção portuguesa, _______________ o guitarrista tocou, já tinha caído no esquecimento.
2. A situação em _______________ ela se encontra é complicada.
3. A banda de música, a _______________ o Pedro pertence, é uma banda de jazz.
4. Não conhecemos os alunos _______________entraram na biblioteca.
5. Ela já lhe contou tudo _______________ sabia.
6. O exame _______________ resultados foram divulgados ontem foi uma prova final.
7. A atriz de _______________ te falei recebeu um óscar.
8. A nossa equipa ganhou _______________ nos alegrou muito.
9. A cantora _______________ concerto foi tão elogiado é de origem africana.
10. O restaurante tradicional___________ costumamos jantar chama-se »Dom Tonho«.
11. Esta é a guia turística ______________ conhecemos durante a nossa visita ao Porto.
12. As amigas para _____________ preparei a visita guiada gostaram muito da cidade.

5. Übersetzen Sie die folgenden Sätze.

1. Vielen Dank für die Karte, die du mir geschickt hast.
2. Pedro hat die Arbeit noch nicht geschrieben, was ich nicht verstehe.
3. Das ist der Schriftsteller, dessen neuen Roman ich gerade lese.
4. Das sind die Freunde, für die ich die Karten gekauft habe.
5. Ich habe nicht alles gekauft, was ich wollte.
6. Das ist das Kleid, von dem ich gesprochen habe.

6. Finden Sie das passende Relativpronomen.

É esta a amiga …

1. _______________ mora em Lisboa?
2. a _______________ mandaste o SMS?
3. de ______________ gostas mais?
4. para ______________ compraste o bilhete para o concerto na Casa da Música?
5. _______________ irmão estuda engenharia?

7. Verbinden Sie die Satzteile mit unterschiedlichen Relativpronomen.

Beispiel: O meu primo Paulo – [ele] visita-me no fim de semana – estuda em Lisboa.
O meu primo Paulo que me visita no fim de semana estuda em Lisboa.

1. O meu primo Paulo visita-me no fim de semana –
isso [eu] ainda não contei aos pais.
2. O meu primo Paulo – [eu] faço uma visita guiada com ele –
gosta da cidade do Porto.
3. O meu primo Paulo – as férias dele acabam na semana que vem –
só pode ficar três dias.

8. Schon gewusst?

Calorias são pequenos animais _______________ vivem nos guarda-roupas e, durante a noite, apertam as roupas das pessoas.

9. Relativpronomen in Sprichwörtern. Setzen Sie die Relativpronomen *quem (4)*, *que (2)*, *o que (1)* und *onde (1)* ein und finden Sie eine deutsche Entsprechung.

1. Cão _______________ ladra não morde.
2. _______________ vai tarde colhe a rama, quem vai cedo colhe a flor.
3. _______________ semeia ventos, colhe tempestades.
4. Há males _______________ vêm por bem.
5. _______________ tem boca, vai a Roma.
6. Não deixes para amanhã _______________ podes fazer hoje.
7. Choupana _______________ se ri vale mais do que palácio onde se chora.
8. _______________ tudo quer, tudo perde.

29 Adjektive

Bildung

Man unterscheidet Adjektive, die für die maskuline und feminine Form zwei verschiedene Endungen haben, und Adjektive, die für beide Genera nur eine Endung haben.

1. Adjektive mit zwei Endungen sind Adjektive, deren maskuline Formen auf -o, -u, -or, -ês, -ol, -ão enden. Zur Bildung der femininen Form wird die Endung -o durch -a ersetzt oder an die maskuline Form ein -a angehängt (außer bei -ão). Die Bildung der Pluralformen erfolgt ausgehend von der maskulinen oder femininen Singularform nach denselben Regeln wie beim Substantiv (vgl. Kapitel 1):

Singular		Plural		Deutsche Übersetzung
maskulin	feminin	maskulin	feminin	
frio	fria	frios	frias	*kalt*
bondoso	bondosa	bondosos	bondosas	*gütig*
caseiro	caseira	caseiros	caseiras	*häuslich*
casado	casada	casados	casadas	*verheiratet*
nu	nua	nus	nuas	*nackt*
encantador	encantadora	encantadores	encantadoras	*bezaubernd*
português	portuguesa	portugueses	portuguesas	*portugiesisch*
espanhol	espanhola	espanhóis	espanholas	*spanisch*
alemão	alemã	alemães	alemãs	*deutsch*

Typische Endungen der Adjektive mit zwei Endungen sind -ário (z. B. *bancário, solidário*), -eiro (z. B. *estrangeiro, hoteleiro*), -ês (z. B. *chinês, inglês, irlandês*), -oso (z. B. *bondoso, precioso*) und -ado/-ido (z. B. *interessado, colorido*).

Sonderformen

Singular		Plural		Deutsche Übersetzung
maskulin	feminin	maskulin	feminin	
bom	boa	bons	boas	*gut*
mau	má	maus	más	*schlecht*
europeu	europeia	europeus	europeias	*europäisch*

2. Adjektive mit nur einer Endung sind Adjektive, die auf -e, -l (außer -ol), -z, -m, -a sowie -s (bei Betonung des Wortes auf der vorletzten Silbe) enden. Auch hier erfolgt die Bildung der Pluralform nach denselben Regeln wie beim Substantiv (vgl. Kapitel 1):

Singular	Plural	Deutsche Übersetzung
maskulin / feminin	maskulin / feminin	
livre	livres	*frei*
real	reais	*wirklich*
fiel (-el betont)	fiéis	*treu*
infantil (-il betont)	infantis	*kindlich*
azul	azuis	*blau*
amável (-el unbetont)	amáveis	*freundlich*
fácil (-il unbetont)	fáceis	*leicht*
feliz	felizes	*glücklich*
comum	comuns	*gemeinsam*
democrata	democratas	*demokratisch*
simples	simples	*einfach*

Typische Endungen der Adjektive mit einer Endung sind -(cion)al (z. B. *adicional, condicional*), -ável (z. B. *agradável, favorável*) und -ista (z.B. *capitalista, humanista*).

Gebrauch

Portugiesische Adjektive stimmen mit dem Substantiv, auf das sie sich beziehen, in Numerus und Genus überein. Sie können direkt beim Substantiv stehen (attributiver Gebrauch) oder mit ser, estar oder ficar angeschlossen werden (prädikativer Gebrauch). Im Gegensatz zum Deutschen (vgl. *Der Mann ist schön. / Das ist ein schöner Mann.*) passt sich das portugiesische Adjektiv auch bei prädikativem Gebrauch an:

attributiv	prädikativ
(A casa do Pedro é) uma casa bonita. (A cidade tem) prédios modernos. (Elas são) crianças felizes.	A casa do Pedro é bonita. Os prédios da cidade são modernos. Essas crianças são felizes.

1. Attributiver Gebrauch

Adjektiv mit zwei Endungen	um prédio moderno uma cidade moderna	prédios modernos cidades modernas
Adjektiv mit einer Endung	um homem pontual uma mulher pontual	amigos pontuais amigas pontuais

a) Bezieht sich ein Adjektiv auf mehrere Substantive mit gleichem Genus (im Singular oder Plural), erhält es die entsprechende Endung maskulin oder feminin Plural: *a língua e literatura portuguesas* | *as revistas e a televisão francesas*

b) Bezieht sich ein Adjektiv auf mehrere Substantive mit verschiedenem Genus (im Singular oder Plural), so gilt:

— das nachgestellte Adjektiv erhält die Endung maskulin Plural:

as revistas e os jornais italianos	die italienischen Zeitschriften und Zeitungen

— ein vorangestelltes Adjektiv passt sich an das erste Substantiv an:

um homem de ricas experiências e conhecimentos

um homem de ricos conhecimentos e experiências

c) Ist ein Adjektiv voran- und ein weiteres nachgestellt, passt sich das vorangestellte an das erste Bezugssubstantiv an und das nachgestellte an das letzte:

muitas enfermeiras e médicos afetados	viele betroffene Ärzte und Schwestern

d) Bei Adjektivfügungen, wie z.B. *luso-brasileiro*, stimmt gewöhnlich nur das letzte Adjektiv mit dem Bezugssubstantiv überein: *as relações luso-brasileiras*

2. Prädikativer Gebrauch

Beim Anschluss mit ser, estar oder ficar gelten dieselben Regeln wie im attributiven Gebrauch, es entfällt jedoch die Möglichkeit der Voranstellung:

Adjektiv mit zwei Endungen	O prédio é moderno. A cidade é moderna.	Os prédios são modernos. As cidades são modernas.
Adjektiv mit einer Endung	O João é pontual. A Isabel é pontual.	Os amigos são pontuais. As amigas são pontuais.

Bezieht sich ein Adjektiv auf mehrere Substantive mit verschiedenem Genus (im Singular oder Plural), erhält es die entsprechende Endung maskulin Plural: *O prédio de habitação ao fundo e a torre alta ao lado são novos.*

Stellung der Adjektive

1. Nachstellung

a) Portugiesische Adjektive stehen in der Regel nach dem Bezugssubstantiv. Dies gilt vor allem für:

— (relationale) Adjektive, die eine klassifizierende (nicht wertende) Funktion haben: *a crise económica, a classe média, um país comunista, uma empresa nacional, um estudante venezuelano, a igreja católica, a cantina universitária, os avós paternos*

— Adjektive, die von der Silbenzahl her länger sind als ihr Bezugssubstantiv: *um homem interessante, um prato saboroso, uma paisagem fabulosa*

— mit Adverb gesteigerte oder näher bestimmte Adjektive: *a irmã mais velha, o irmão mais novo, um caso tão interessante*

b) Stehen mehrere unterscheidende/klassifizierende Adjektive beim Substantiv, so kann für die Anordnung – ausgehend vom Deutschen – oft das „Spiegel-Prinzip« angewendet werden: Das letztgenannte deutsche Adjektiv steht im Portugiesischen zuerst und umgekehrt:

die freie (1) demokratische (2) Partei	*o partido democrático (2) livre (1)*
sympatische (1) französische (2) Mädchen	*meninas francesas (2) simpáticas (1)*

2. Voranstellung

a) Die Voranstellung ist selten obligatorisch, sondern meist ein Stilmittel. In folgenden Fällen kann das Adjektiv vorangestellt werden:

— (Qualitäts)Adjektive in nicht-klassifizierender, sondern stärker wertender Verwendung, wobei die Voranstellung emotional betonter wirkt:

uma ideia excelente — emotionaler: *uma excelente ideia*

um conselho péssimo — emotionaler: *um péssimo conselho*

uma casa linda — emotionaler: *uma linda casa*

— kurze, in der Regel ein- oder zweisilbige Adjektive, die weniger Silben aufweisen als das Bezugssubstantiv:

um exemplo bom — oder: *um bom exemplo*

um dia mau — oder: *um mau dia*

a variante melhor — oder: *a melhor variante*

b) Bei Voranstellung kann es – abhängig vom Kontext – zu Bedeutungsnuancen desselben Adjektivs kommen. In solchen Fällen ist die Stellung stärker festgelegt, z. B.:

Nachstellung		Voranstellung	
homem bom	*geeigneter Mann*	bom homem	*gut(mütig)er Mann*
mulher pobre	*mittellose Frau*	pobre mulher	*bedauernswerte Frau*
parque grande	*großer Park*	grande poeta	*bedeutender Dichter*
marido novo carro novo	*junger/anderer (Ehe-)Mann* *neues/anderes Auto*	novo marido novo carro	*anderer (Ehe-)Mann* *anderes Auto*
amigo velho	*betagter Freund*	velho amigo	*langjähriger Freund*

c) Einige adjektivnahe Wortarten haben ihre Grundposition immer vor dem Substantiv:

Indefinitpronomen (vgl. Kapitel 27): *todo o, outro, muito …*

Ordinalzahlen: *o primeiro dia, o segundo andar*

Demonstrativpronomen (vgl. Kapitel 22): *este dia, aquele prédio*

Possessivpronomen (vgl. Kapitel 23): *o meu pai, a tua amiga*

Übungen

1. Bilden Sie von den Nationalitätsadjektiven die feminine Form.

espanhol | italiano | francês | alemão | japonês | brasileiro | suíço | angolano | chinês

2. Formen Sie die Aussagen, wo immer dies sinnvoll ist, in den Plural um.

1. Esta é uma questão simples de resolver.
2. O plural dos adjetivos é relativamente fácil.
3. O meu tio é muito amável, mas a história que ele conta é um pouco infantil.
4. Eu não sou capaz de estudar esta matéria difícil.
5. Este convénio bilateral luso-alemão foi assinado há 3 anos.

3. Ordnen Sie den folgenden Personen eine Nationalität und einen Beruf zu.

médicas, arquiteto, engenheiros, tradutora, mecânico, músicos, juiz

Paulo / Brasil	O Paulo é brasileiro e é juiz.
Giuseppe e Giovanni / Itália	
Martha e Maria / Áustria	
Hendrik / Holanda	
Robert e Susan / Inglaterra	
Laurindo / Moçambique	
Sophie / Alemanha	

4. Setzen Sie die richtige Form der angegebenen Adjektive ein.

1. secundário/espanhol: Na escola _______________ da Dona Idália vão receber um grupo de professores _______________.
2. grego/difícil: A atitude e a política _______________ são _______________ de compreender.
3. português/setentrional: Em muitas freguesias e concelhos _______________ das províncias _______________ nascem cada vez menos bebés.
4. belga/bom: Os chocolates e bombons ____________ são muito ____________.

5. In der Tabelle finden Sie einige Präfixe/Vorsilben zur Bildung negierter Adjektive. Ordnen Sie die folgenden Adjektive zu.

possível | necessário | real | humano | previsto | perdoável | regular | feliz | igual | eficaz | protegido | reversível

des-	in-	ir-	im-

6. Von folgenden Substantiven können Adjektive mittels unterschiedlicher Suffixe/Endungen abgeleitet werden. Finden Sie das passende Wortbildungselement.

amabilidade | inteligência | necessidade | sabor | urgência | fim | tradição | montanha | início | universidade | ausência | sensibilidade | orgulho | admiração | banco

-ário	-oso	-ente	-[ion]al	-vel

7. Ordnen Sie den Adjektiven ein passendes Substantiv zu und passen Sie die Form des Adjektivs entsprechend an. Finden Sie danach jeweils das Adjektiv mit der gegensätzlichen Bedeutung (Antonym).

mulher | bebida | carro | filme | país | cão | comboio | exame | cor

Adjektiv	Substantiv + Adjektiv	Antonym des Adjektivs
doce		
divertido		
rápido		
escuro		
barato		
fiel		
difícil		
pobre		
feliz		

8. Alltag in der Familie Santos: Entscheiden Sie bei folgenden nachgestellten Adjektiven, ob eine Voranstellung in Frage käme oder nicht.

Senhor Santos: O Alberto tem conhecimentos aprofundados em bases de dados?
Pedro: Creio que sim, ele é um informático bom.

Dona Idália: Onde está o meu dicionário amarelo?
Susana: Não é aquele livro grande que está ali em cima da cómoda velha?

Avó Antónia: O Rodolfo é o gato mais malandro que eu alguma vez vi! Ele roubou-me uma perna de frango assado diretamente da mesa da cozinha.
Susana: Mas também é um gato simpático.

30 Steigerung der Adjektive

Der Komparativ

Der Komparativ von Adjektiven (und Adverbien) wird regelmäßig wie folgt gebildet: mais/menos + Adjektiv/Adverb.

regelmäßiger Komparativ			
mais bonito	*schöner*	menos bonito	*weniger schön*
mais velho	*älter*	menos velho	*weniger alt*
mais interessante	*interessanter*	menos interessante	*weniger interessant*
mais abertamente	*offener*	menos abertamente	*weniger offen*

Das Vergleichsglied wird mit que oder do que angeschlossen. Wenn das zweite Vergleichsglied ein Satz ist, wird do que verwendet:

A Luísa é mais inteligente (do) que eu.	Luisa ist klüger als ich.
Ela corre mais rapidamente (do) que ele.	Sie läuft schneller als er.
Ela era mais velha do que eu julgava.	Sie war älter, als ich dachte.

Der menos-Komparativ wird immer regelmäßig gebildet. Der mais-Komparativ hingegen wird von einigen wichtigen Adjektiven (und den zugehörigen Adverbien) unregelmäßig gebildet bzw. es existieren zum Teil zwei Formen:

Adjektiv	*mais*-Komparativ		Grundbedeutung
	unregelmäßig	regelmäßig	
muito	mais	–	*mehr*
pouco	menos	–	*weniger*
bom/boa | bem (Adv.)	melhor	–	*besser*
mau/má | mal (Adv.)	pior	–	*schlechter*
grande	maior	–	*größer*
pequeno	(menor)[1]	mais pequeno	*kleiner*
alto	(superior)[2]	mais alto	*höher*
baixo	(inferior)[2]	mais baixo	*niedriger*

A Maria fala bem alemão.	Maria spricht gut Deutsch.
A Maria fala melhor alemão do que eu.	Maria spricht besser Deutsch als ich.
Este restaurante é mau.	Dieses Restaurant ist schlecht.
Este restaurante é pior do que aquele.	Dieses Restaurant ist schlechter als jenes.
O meu quarto é grande.	Mein Zimmer ist groß.
O meu quarto é maior do que o teu.	Mein Zimmer ist größer als deins.

Einige Besonderheiten des Komparativs

[1] pequeno: Im EP wird bei räumlicher Bedeutung (*klein*) immer der regelmäßige Komparativ gebraucht. Nur in übertragener Bedeutung (*gering*) wird menor verwendet:

O meu quarto é mais pequeno (do) que o teu.	Mein Zimmer ist kleiner als deins.
Nesta rua o perigo é menor.	In dieser Straße ist die Gefahr geringer.

[2] alto/baixo: Bei räumlicher Bedeutung (*hoch/niedrig*) wird der regelmäßige Komparativ gebraucht. In übertragener Bedeutung (*überlegen/unterlegen*) und oft auch in Bezug auf Quantitäten werden superior und inferior verwendet:

O Pico Ruivo é mais alto (do) que o Pico do Arieiro.	Der Pico Ruivo ist höher als der Pico do Arieiro.
As taxas do ano passado são inferiores às taxas deste ano.	Die Gebühren des letzten Jahres sind niedriger als die Gebühren dieses Jahres.

Nach mais/menos werden quantitative Vergleichsausdrücke mit de angeschlossen:

Não compro mais de meio quilo.	Ich kaufe nicht mehr als ein Pfund.

Nach folgenden älteren Komparativformen muss die Präposition a stehen:

superior – *überlegen* inferior – *unterlegen*	anterior – *früher* posterior – *später*	exterior – *Außen-, äußerlich* interior – *Innen-, innerlich*

Der relative Superlativ

Der relative Superlativ wird genauso gebildet wie der Komparativ, steht im Gegensatz zu diesem aber immer mit dem bestimmten Artikel: Artikel (+ Substantiv) + mais/menos + Adjektiv.

relativer Superlativ			
o/a (…) mais bonito/a	*am schönsten der/die schönste*	o/a (…) menos bonito/a	*am wenigsten schön*
o/a (…) mais velho/a	*am ältesten der/die älteste*	o/a (…) menos velho/a	*am wenigsten alt*
o/a (…) melhor	*der/die beste*	o/a (…) menos bom/boa	*am wenigsten gut*

Da der bestimmte Artikel im Portugiesischen nie zweimal beim Substantiv auftritt, kommt es zu Mehrdeutigkeiten, die nur durch den Kontext aufgehoben werden können. Auch die Stellung des Adjektivs im Satz spielt eine Rolle:

Attributive Stellung

No meio vês o gato mais inteligente.	In der Mitte siehst du die klügste [oder: die klügere] Katze.
No meio vês o gato mais inteligente de todos.	In der Mitte siehst du die klügste Katze von allen.

Prädikative Stellung

O gato no meio é o mais inteligente.	Die Katze in der Mitte ist am klügsten / die klügste.
A namorada do João era a mais linda.	Die Freundin von João war am hübschesten / die hübscheste.

Von einem Adverb kann ein Superlativ gebildet werden, welcher die Grenzen des Möglichen aufzeigt: o + mais + Adverb + possível (oder eine Form von poder):

Viemos o mais cedo possível.	Wir kamen so früh wie möglich.
Veio o mais rapidamente que pôde.	Er kam so schnell wie er konnte.

Der absolute Superlativ

Der absolute Superlativ wird durch Anhängen des Suffixes -íssimo/-a gebildet:

Adjektiv	absoluter Superlativ	Deutsch
belo	belíssimo	*wunderschön*
muito / pouco	muitíssimo / pouquíssimo	*extrem viel / extrem wenig*
triste / feliz	tristíssimo / felicíssimo	*todtraurig / überglücklich*

Häufig gebrauchte Sonderformen des absoluten Superlativs sind:

Adjektiv	absoluter Superlativ	Deutsch
bom / mau	ótimo / péssimo	*äußerst gut / extrem schlecht*
grande / pequeno	máximo / mínimo	*größt / kleinst* *Maximal- / Minimal-*
alto / baixo	supremo / ínfimo	*höchst / niedrigst*
fácil / difícil	facílimo / dificílimo	*kinderleicht / extrem schwer*

Estás lindíssima!	Du bist wunderhübsch!
Foi uma ótima escolha.	Es war eine äußerst gute / tolle Wahl.

Zur Stellung der Komparativ- und Superlativformen

Die analytischen, d.h. die mit *mais* und *menos* gebildeten Formen werden dem Substantiv meist nachgestellt:

um dia mais / menos quente	ein wärmerer / weniger warmer Tag
o dia mais feliz da minha vida	der glücklichste Tag meines Lebens

Die synthetischen, d.h. die aus einem einzelnen Wort bestehenden Formen können sowohl voran- als auch nachgestellt sein, es wird gern eine Voranstellung gewählt:

Ele é um péssimo amigo. / *Ele é um amigo péssimo.*	Er ist ein furchtbar schlechter Freund.
O senhor tem uma belíssima pronúncia!	Sie haben eine tolle Aussprache!

Gleiches Maß

Das gleiche Maß einer Eigenschaft oder Handlung wird durch tão + Adjektiv/Adverb + como ausgedrückt:

Eles estão tão desiludidos como nós.	Sie sind (eben)so enttäuscht wie wir.
Apanhas o sotaque tão facilmente como ela.	Du nimmst den Akzent genauso leicht an wie sie.
Ele fala tão pouco como tu.	Er spricht (genau/eben)so wenig wie du.

Die Form [tão + muito + como] existiert nicht. Um die Bedeutung *ebenso/genauso viel / ebenso sehr wie* auszudrücken, gibt es das Pronomen tanto:

Ela fala tanto como tu.	Sie spricht ebenso viel wie du.
Ele sofre tanto como ela.	Er leidet ebenso sehr wie sie.

Übungen

1. Bilden Sie den analytischen Komparativ mit mais.

velho | bom | grande | alto | pequeno | mau | quente

2. Antworten Sie mit Adjektiv/Adverb im Komparativ (mit mais). Gehen Sie dabei vom ersten Vergleichsglied aus.

Beispiel: O meu irmão tem 26 e a minha irmã 23 anos.
Ah, então o teu irmão é mais velho (do) que a tua irmã.

1. Hoje estão 3 graus negativos e ontem estiveram 5. → Ah, então …
2. O concelho de Lisboa tem 83 km² e o do Porto 41 km². → Ah, então …
3. O Pedro corre os 100 metros em 12 segundos e o Ricardo em 13. → Ah, então …
4. Os meus óculos custaram 130 euros e os do meu pai 110. → Ah, então …
5. A Susana teve 14 valores e a colega dela 16 na prova de inglês. → Ah, então …

3. Übersetzen Sie.

1. Ich habe weniger Geld als du.
2. Das Buch ist weniger interessant, als sie versprochen haben.
3. Ich trinke dieses Wasser, es ist kühler als das andere.
4. Das Gebäude auf der linken Seite ist höher als das auf der rechten Seite.
5. Maria spricht besser Portugiesisch als ich.
6. Sie ist hübscher als ihre ältere Schwester, aber sie ist nicht so sympathisch.

4. Portugals Superlative: Was passt zusammen? Bilden Sie Fragen und beantworten Sie diese.

Beispiel: Qual é o rio mais comprido de Portugal? → É o rio Douro.

1. Qual é a cidade ___________ de Portugal?
2. Qual é a ponte ________________?
3. Quais são os pastéis __________ de Lisboa.
4. Qual é o vinho português _____________?
5. Qual é a fadista mais __________ do séc. XX?

alcoólico	a Ponte V. da Gama
grande	Lisboa
recente	o vinho do Porto
saboroso	os pastéis de nata
conhecida	Amália Rodrigues

5. Finden Sie zu den folgenden Superlativen das Adjektiv in der Grundform.

utilíssimo | felicíssimo | ótimo | amabilíssimo | péssimo | fidelíssimo | simplicíssimo

6. Verstärken Sie die Aussagen mit dem absoluten Superlativ.

Beispiel: O leite é muito quente. → O leite é quentíssimo.

1. Comprei um vestido muito moderno.
2. A situação está muito complicada.
3. A fruta é de uma qualidade muito boa.
4. Estes óculos são muito fracos.

7. Übersetzen Sie.

1. Französisch ist genauso schwierig wie Portugiesisch.
2. Ich verstehe genauso wenig von dem Problem wie du.
3. Man bezahlt genauso viel für ein Hotelzimmer wie für ein Appartement.
4. Der Film in Kino 1 fängt genauso spät an wie der Film in Kino 2.

8. Finden Sie die deutsche Entsprechung folgender Redewendungen. Unterstreichen Sie – wenn vorhanden – die Komparative.

ser esperto como uma raposa	ser mais papista que o papa
ser estúpido como uma porta	ser mais velho do que a Sé de Braga
ser mais chato do que a sarna	ser teimoso como um burro

31 Imperativ

Der Imperativ (*Imperativo*) drückt Aufforderungen, Befehle oder Wünsche aus, die direkt an den Adressaten gerichtet sind.

Die Bildung des Imperativs im Portugiesischen ist davon abhängig

- ob es sich um eine informelle Anrede im Singular (du) oder im Plural (ihr) oder ob es sich um eine formelle Anrede (= Siezen; Singular oder Plural) handelt und
- ob die Aufforderung bejaht oder verneint ist.

Mit Ausnahme des bejahten Imperativs in der du-Form (der mit dem Verb in der 3. Person Singular Indikativ Präsens gebildet wird) werden alle Imperativformen mit Verbformen des Konjunktiv Präsens gebildet:

Anrede		bejaht	verneint
du	tu	3. Person Singular Indikativ Präsens	2. Person Singular Konjunktiv Präsens
Sie (Sg.)	você / o Sr. / a Sra.	3. Person Singular Konjunktiv Präsens	
ihr	vocês	3. Person Plural Konjunktiv Präsens	
Sie (Pl.)	os Srs. / as Sras.		

Beispiel 1 (regelmäßiges Verb):

Anrede	bejaht		verneint	
tu	Escreve!	*Schreib!*	Não escrevas!	*Schreib nicht!*
você / o Sr. / a Sra.	Escreva!	*Schreiben Sie!*	Não escreva!	*Schreiben Sie nicht!*
vocês	Escrevam!	*Schreibt!*	Não escrevam!	*Schreibt nicht!*
os Srs. / as Sras.		*Schreiben Sie!*		*Schreiben Sie nicht!*

Beispiel 2 (unregelmäßiges Verb):

Anrede	bejaht		verneint	
tu	Traz!	*Bring!*	Não tragas!	*Bring nicht!*
você / o Sr. / a Sra.	Traga!	*Bringen Sie!*	Não traga!	*Bringen Sie nicht!*
vocês	Tragam!	*Bringt!*	Não tragam!	*Bringt nicht!*
os Srs. / as Sras.		*Bringen Sie!*		*Bringen Sie nicht!*

Ausnahme: Der Imperativ der 2. Person Singular (*tu*) zu ser lautet sê:

Sê feliz! Sei glücklich!

Um Aufforderungen an einen Personenkreis zu richten, zu dem man selbst gehört (wir), wird die 1. Person Plural Konjunktiv Präsens des Verbs verwendet.

Person	bejaht		verneint	
nós	Escrevamos!	*Schreiben wir!*	Não escrevamos!	*Schreiben wir nicht!*

Häufig wird bei der »wir-Aufforderung« auch das periphrastische Futur mit ir + Verb benutzt. Da Indikativ und Konjunktiv Präsens von *ir* in der 1. Person Plural (*vamos*) zusammenfallen, gibt es zwei Bedeutungen:

Vamos escrever-lhe a carta. 1. Wir werden ihr den Brief schreiben.
2. Schreiben wir ihr den Brief.

Übungen

1. Übersetzen Sie folgende Imperativformen.

1. Pergunta-lhe!
2. Não lhe perguntes!
3. Pergunte-lhe!
4. Perguntem-lhe!
5. Não lhe perguntem!
6. Perguntemos-lhe!

2. *Du, ihr* oder *Sie*? Kennzeichnen Sie die Lösung mit einem Kreuz in der Tabelle.

	tu	o Sr. / a Sra. / você	os Srs. / vocês
1. Abra a janela, por favor!			
2. Empresta-lhe o carro!			
3. Traduzam o texto até quarta-feira!			
4. Não faças isso!			
5. Para abrir, carregue aqui!			

3. Bilden Sie jeweils den Imperativ mit folgender Anrede und übersetzen Sie: a) du – bejaht; b) du – verneint; c) Sie, Sg. – bejaht

Beispiel: trazer o dicionário → a) Traz! – b) Não tragas! – c) Traga o dicionário!

1. continuar a ler o texto
2. ir à biblioteca
3. vestir a camisola
4. ler o romance de Saramago

4. Bilden Sie zu den nachfolgenden Imperativen die höfliche Form (Sie, Sg.).

Beispiel: Não te preocupes! → Não se preocupe!

1. Atravessa a rua!
2. Procura os bilhetes!
3. Não te constipes!
4. Faz uma proposta!
5. Imagina!
6. Dá-me um toque para o telemóvel!

5. Übersetzen Sie die folgenden Sätze.

1. Folgen Sie den Anweisungen!
2. Habt Geduld!
3. Unterbrich mich nicht!
4. Komm her!
5. Zeigen Sie ihm nicht alles!
6. Bleiben Sie noch einen Moment!

7. Bring es ihm jetzt nicht! Bring es ihm morgen!
   Bringt die Fotos mit! Bringen Sie mir bitte ein Glas Wasser!
8. Sag es ihm nicht! Sag es ihm später! Sagen wir es dem Lehrer!

Vokabelhilfe: Anweisung *a instrução* | unterbrechen *interromper* | Geduld *a paciência* | herkommen *vir cá*

6. Verwenden Sie in dem folgenden Rezept die höfliche Anrede (Sie, Sg.).

Bacalhau à Brás

Ingredientes (para 4 pessoas): 400 g de bacalhau, 3 colheres de sopa de azeite, 500 g batatas, 6 ovos, 3 cebolas, 1 dente de alho, salsa, sal, pimenta, óleo

Preparação

_____________ (demolhar) o bacalhau, _____________ (retirar) a pele e as espinhas e _______________ (desfiar) com as mãos. _______________ (cortar) as batatas em palha e as cebolas em rodelas finíssimas. _____________ (picar) o alho. ____________ (fritar) as batatas em óleo bem quente. Entretanto, _______________ (levar) ao lume um tacho com o azeite, a cebola e o alho e ______________________ (deixar) refogar lentamente. ____________ (juntar) o bacalhau desfiado e as batatas. _____________ (deitar) os ovos ligeiramente batidos. _______________ (mexer) com um garfo, e logo que os ovos estejam em creme, _______________ (retirar) imediatamente o tacho do lume. _______________ (servir) bem quente.

7. Finden Sie zu den folgenden Imperativformen in der Anleitung für ein Dampfbügeleisen die passenden Infinitive.

1. Leia atentamente o manual de instruções e guarde-o para futuras utilizações.
2. Antes de encher o reservatório, desligue o ferro de engomar a vapor.
3. Coloque o comando do vapor na posição SECO.
4. Puxe a gaveta de enchimento ao máximo, coloque o ferro sobre uma mesa e encha-o.

8. Ihr Sternzeichen ist »Widder« (*carneiro*). Wozu werden Sie in Ihrem Horoskop heute aufgefordert? Setzen Sie die Verbformen im Imperativ (Sie, Sg.) ein.

Carneiro

________________ (organizar) bem o seu dia; algumas tarefas não devem ficar para amanhã. ________________ (tratar) a sua família e amigos com o respeito que eles merecem. __________________________ (tomar) cuidado com a sua alimentação. ___________________ (ter) paciência.

32 Konjunktiv Präsens: Allgemeines und einfache Sätze

Bildung

Die Ausgangsform für die Bildung des Konjunktiv Präsens (*Presente do conjuntivo*) ist die 1. Person Singular des Indikativ Präsens.

Die Endung -o wird gestrichen und bei den Verben der ersten Konjugation (ar-Verben) durch den Endungsvokal -e ersetzt, bei Verben der zweiten Konjugation (er-Verben) und den Verben der dritten Konjugation (ir-Verben) durch den Endungsvokal -a.

Regelmäßige Konjunktivbildung bei regelmäßigen Verben

Person	estudar	escrever	discutir
eu	estude	escreva	discuta
tu	estudes	escrevas	discutas
ele/ela	estude	escreva	discuta
nós	estudemos	escrevamos	discutamos
vocês	estudem	escrevam	discutam
eles/elas	estudem	escrevam	discutam

Regelmäßige Konjunktivbildung bei unregelmäßigen Verben

Bei den meisten unregelmäßigen Verben wird der Konjunktiv Präsens ebenfalls regelmäßig in Ableitung von der 1. Person Singular Indikativ Präsens unter Berücksichtigung der jeweiligen Verbalendung gebildet:

Verb	1. Person Singular Indikativ Präsens	1. Person Singular Konjunktiv Präsens
ter (Verb auf -er)	(eu) tenho	(eu) tenha
perder (Verb auf -er)	(eu) perco	(eu) perca
servir (Verb auf -ir)	(eu) sirvo	(eu) sirva

Erhalten bleiben dementsprechend auch orthografische Besonderheiten der 1. Person Singular Indikativ Präsens:

Verb	1. Person Singular Indikativ Präsens	1. Person Singular Konjunktiv Präsens
oferecer (Verb auf -er)	(eu) ofereço	(eu) ofereça

	eu	tu	ele/ela	nós	vocês	eles/elas
fazer	faça	faças	faça	façamos	façam	façam
dizer	diga	digas	diga	digamos	digam	digam
trazer	traga	tragas	traga	tragamos	tragam	tragam
poder	possa	possas	possa	possamos	possam	possam
pôr	ponha	ponhas	ponha	ponhamos	ponham	ponham
ter	tenha	tenhas	tenha	tenhamos	tenham	tenham
vir	venha	venhas	venha	venhamos	venham	venham
ver	veja	vejas	veja	vejamos	vejam	vejam

Unregelmäßige Konjunktivbildung

Folgende Verben bilden den Konjunktiv Präsens unregelmäßig, ohne Bezug zur 1. Person Singular Indikativ Präsens:

Person	ser	estar	ir	dar	querer	saber
eu	seja	esteja	vá	dê	queira	saiba
tu	sejas	estejas	vás	dês	queiras	saibas
ele/ela	seja	esteja	vá	dê	queira	saiba
nós	sejamos	estejamos	vamos	dêmos	queiramos	saibamos
vocês	sejam	estejam	vão	deem	queiram	saibam
eles/elas	sejam	estejam	vão	deem	queiram	saibam

haver: haja (3. Person Singular)

Gebrauch (allgemein)

- Der Konjunktiv stellt eine Handlung oder einen Sachverhalt aus einer subjektiven Perspektive dar. Die Perspektive kann dabei die Merkmale Wille/ Wunsch (volitiv), Bewertung (valorativ) oder fehlende Faktizität (bezweifeln / nicht für wahr halten) beinhalten.
- Der Konjunktiv ist in erster Linie eine Verbform, die in Nebensätzen auftritt (vgl. Kapitel 33–37).
- Der Konjunktiv Präsens bezeichnet als Modus Handlungen und Sachverhalte in der Gegenwart und in der Zukunft. Wird im Nebensatz der Konjunktiv Präsens verwendet, so steht im Hauptsatz das Verb im Indikativ Präsens oder Futur:

É possível que chova.	Es ist möglich, dass es regnet / regnen wird.

Als deutsche Entsprechung wird in der Regel der Indikativ des Verbs verwendet.

In einigen Fällen tritt der Konjunktiv Präsens auch in Haupt- bzw. einfachen Sätzen auf:

Der Konjunktiv im einfachen Satz

1. Ausdruck von Aufforderungen, Befehlen oder Wünschen, die direkt an einen Adressaten gerichtet sind (vgl. Kapitel 31 zum Imperativ).

2. Ausdruck allgemeiner Anweisungen (3. Person mit dem Pronomen se):

Responda-se às perguntas seguintes.	Die folgenden Fragen sind zu beantworten.
Sirva-se bem frio.	Gut gekühlt servieren.

3. Wunsch-/Ausrufesätze, die sich an Dritte oder an Nichtpersonen richten:

Que apague a luz!	Er soll/möge das Licht ausmachen!
Viva a vida!	Es lebe das Leben!

4. Nach einigen Adverbien bzw. adverbialen Ausdrücken:

Talvez tenhas razão.	Vielleicht hast du Recht.
Oxalá ele possa vir amanhã.*	Hoffentlich kann er morgen kommen.

* Synonym auch: *Deus queira que / tomara que / quem me dera que*

Übungen

1. Bilden Sie von den folgenden Verben jeweils die 1. Person Singular Indikativ Präsens und konjugieren Sie anschließend für alle Personen im Konjunktiv Präsens.

duvidar | compreender | traduzir | explicar | pagar | agradecer | pedir | conseguir | trazer

2. Bilden Sie zu den folgenden Verbformen die jeweils entsprechenden Formen des Konjunktiv Präsens.

mandei | digo | podia | pude | fugimos | fazíamos | corrigem | trazes | senti | vim

3. Verwenden Sie den Konjunktiv Präsens.

1. Fazes a viagem de avião? Talvez [eu] ____________________ (fazer).
2. Compreendes a nossa reação? Talvez [eu] ____________________ (compreender).
3. Já conheces a minha amiga? Talvez [eu] ____________________ (conhecer).
4. Vou chegar atrasada. Oxalá [ele] ____________________ (ter) paciência!
5. Estou cheia de frio. Oxalá [eu] não ________________ (constipar-se)!
6. Esqueceste-te do livro. Oxalá não ______________________ (ser) grave!

4. Übersetzen Sie die folgenden Sätze ins Portugiesische.

1. Bringen Sie mir bitte die Rechnung!
2. Er soll hereinkommen!
3. Gut gekühlt servieren!
4. Pedro lebe hoch!
5. Hoffentlich regnet es heute nicht.
6. Vielleicht sagt er die Wahrheit.

33 Konjunktiv Präsens: Nebensätze I

Der Konjunktiv steht als Nebensatzmodus in Subjekt- und Objektsätzen, wenn im Hauptsatz eine subjektive Perspektive durch bestimmte Adjektive, Substantive, Verben und Verbalausdrücke wiedergegeben wird (s. Punkt 1 und 2). In Adverbialsätzen ist die Konjunktion für den Gebrauch des Konjunktivs ausschlaggebend (s. Punkt 3).

1. Subjektsätze

Subjektsätze werden durch unpersönliche Ausdrücke (Kopulaverb + Adjektiv/Substantiv) oder Verbalausdrücke (3. Ps. Sg.) eingeleitet. Aufgrund ihrer Semantik (Wille/Wunsch, subjektive Bewertung, bezweifeln / nicht für wahr halten) verlangen die meisten dieser Ausdrücke den Gebrauch des Konjunktivs im Nebensatz (Subjektsatz):

Hauptsatz Präsens/Futur	*que* + Nebensatz (Subjektsatz) Konjunktiv Präsens
É importante Es ist wichtig,	*que tragas o livro.* dass du das Buch mitbringst.
É uma sorte Es ist ein Glück,	*que estejas aqui.* dass du hier bist.
Basta Es reicht,	*que mandes um e-mail.* dass du eine E-Mail schickst.

Folgende Ausdrücke werden z. B. mit dem Konjunktiv gebraucht (Auswahl):

basta que	es genügt/reicht, dass
convém que / é conveniente que	es ist angebracht, dass
é bom que / é melhor que	es ist gut/besser, dass
é duvidoso que	es ist zweifelhaft, ob
é difícil que	es ist schwierig, dass
é estranho que	es ist eigenartig/seltsam/komisch, dass
é importante que / importa que	es ist wichtig, dass
é (im)possível que	es ist (un)möglich, dass
(não) pode ser que	es kann (nicht) sein, dass
é incrível que	es ist unglaublich, dass
é necessário que / é preciso que	es ist notwendig, dass
é (uma) pena que	es ist schade, dass
é provável que	es ist wahrscheinlich, dass
é uma sorte que	(es ist) ein Glück, dass

Beachten Sie aber, dass mit Ausdrücken der Gewissheit (*é certo que, é claro que, é evidente que, é óbvio que, é verdade que …*) der Indikativ des Verbs steht:

É certo que ele viaja muito. Es ist sicher, dass er viel reist.

2. Objektsätze

Objektsätze werden durch Verben eingeleitet, die aufgrund ihrer Semantik (Wille/ Wunsch, Bewertung, bezweifeln / nicht für wahr halten) den Gebrauch des Konjunktivs im Nebensatz (Objektsatz) verlangen:

Hauptsatz Präsens/Futur	*que* + Nebensatz (Objektsatz) Konjunktiv Präsens
Aconselho-lhe Ich rate ihm,	*que consulte um médico.* dass er einen Arzt konsultiert.
Ela receia Sie befürchtet,	*que ele não diga a verdade.* dass er nicht die Wahrheit sagt.
A Paula duvida Paula bezweifelt,	*que a irmã dela goste do vestido.* dass ihrer Schwester das Kleid gefällt.

Folgende Verben werden z. B. mit dem Konjunktiv verwendet (Auswahl):

Wille / Wunsch (*volitiv*)

— Bitte, Anordnung, Forderung: *pedir* (bitten); *dizer* (sagen); *ordenar* (anordnen, befehlen); *exigir* (verlangen, fordern)

— Wunsch, Hoffnung: *desejar* (wünschen); *querer* (wollen); *esperar* (hoffen)

— Vorschlag, Beschluss, Bevorzugung: *propor* (vorschlagen); *aconselhar* (raten), *recomendar* (empfehlen); *sugerir* (nahelegen); *resolver* (beschließen); *preferir* (bevorzugen)

— Erlaubnis, Zustimmung: *permitir* (erlauben, gestatten); *consentir* (erlauben; zustimmen; einwilligen); *admitir* (zulassen; eingestehen)

— Vermeidung, Verbot: *evitar*, *impedir* (vermeiden, verhindern); *proibir* (verbieten)

Bewertung (*valorativ*)

— Freude, Zufriedenheit: *alegrar-se* (sich freuen); *ficar contente/satisfeito* (zufrieden sein)

— Befürchtung, Angst, Bedauern, Trauer: *recear*, *temer* (fürchten); *ter medo* (Angst haben); *lamentar*, *sentir* (bedauern); *ter pena* (leid tun); *estar triste* (traurig sein)

— Klage: *queixar-se* (sich beklagen); *indignar-se* (sich entrüsten)

— Dankbarkeit: *agradecer* (danken); *ficar agradecido* (dankbar sein)

bezweifeln / nicht für wahr halten (*fehlende Faktizität*)

— Zweifel, Verwunderung, Überraschung: *duvidar* ((be)zweifeln); *admirar-se* (sich wundern); *ficar surpreendido* (überrascht sein)

— Verneinte Verben des Sagens und Denkens: *não acreditar; não crer* (nicht glauben); *não achar* (nicht finden); *não julgar* (nicht meinen); *não pensar* (nicht denken/glauben/meinen)

Beachten Sie aber, dass nach bejahten Verben des Sagens und Denkens der Indikativ des Verbs steht:

Creio que ela vem à festa. Ich glaube/denke, dass sie zu dem Fest kommt.

3. Adverbialsätze

In folgenden Adverbialsätzen bzw. nach folgenden Konjunktionen muss ebenfalls der Konjunktiv gebraucht werden:

— Finalsätze (vgl. Kapitel 40): para que / a fim de que (*damit*)

— Konzessivsätze (vgl. Kapitel 41): embora / se bem que / ainda que (*obwohl*); mesmo que / nem que (*selbst wenn*); por mais que/por muito que (*so sehr auch*); por menos que / por pouco que(*so wenig auch*)

— Temporalsätze (vgl. Kapitel 42): antes que (*bevor*); até que (*bis*); assim que / logo que (*sobald*)

— Konditionalsätze (vgl. Kapitel 43): caso (*falls*)

Übungen

1. Vervollständigen Sie die folgenden Sätze mit den entsprechenden Formen des Konjunktiv Präsens.

1. É possível que [ela] ____________________ (mudar) de casa.
2. É estranho que [ele] não me ____________________ (responder).
3. É preciso que [eles] ____________________ (prestar) atenção.
4. É bom que [tu] ____________________ (praticar) desporto.
5. Basta que ela ____________________ (informar) o chefe.
6. É importante que [você] ____________________ (ler) este artigo.

2. Übersetzen Sie die folgenden Sätze ins Portugiesische.

1. Es ist notwendig, dass du ihn fragst.
2. Es ist schade, dass du mich am Sonntag nicht besuchen kannst.
3. Es ist wahrscheinlich, dass er ihn im Büro trifft.
4. Es ist angebracht, dass du mehr lernst.
5. Es ist sicher, dass er heute kommt.

3. In welchem Teil der folgenden Sätze muss das Verb im Konjunktiv stehen? Beachten Sie die Satzeinleitung.

1. (poder) Nós não ____________________ jantar no jardim, mas é provável que eles ____________________.
2. (ler) Eu ____________________ as notícias todos os dias, é importante que os jovens também as ____________________ regularmente.
3. (fazer) Eu ____________________ a primeira parte das tarefas de casa, mas é necessário que eles ____________________ o resto.
4. (vir) Eles nunca ____________________ de comboio, mas é possível que a minha mãe ____________________.

4. Indikativ oder Konjunktiv? Verbinden Sie die richtigen Satzteile miteinander.

1. É claro que É estranho que	a. não queira mudar de casa. b. não quer mudar de casa.
2. É provável que É evidente que	a. não tenha grande experiência de condutor. b. tem grande experiência de condutor.
3. É óbvio que É incrível que	a. ela gosta mais de chocolate do que o irmão dela. b. ela goste mais de chocolate do que o irmão dela.

5. Übersetzen Sie die folgenden Sätze.

1. Es ist möglich, dass er Recht hat / dass er das Wörterbuch mitbringt.
2. Es ist angebracht, dass du mehr lernst / dass sie aufpasst.
3. Es ist notwendig, dass du ihm hilfst / dass wir diese Übungen wiederholen.

6. Übersetzen Sie die folgende SMS.

Hallo Paula,

es ist unglaublich, dass ich schon vier Wochen in Porto bin. Es ist dringend, dass du kommst! Vielleicht hast du am Wochenende Zeit?

Liebe Grüße, Susana

7. Beginnen Sie die folgenden Sätze mit »Espero que …«

Beispiel: Lembram-se do Senhor Borges. → Espero que se lembrem do Sr. Borges.

1. O Senhor Sebastiani fala português.
2. Conseguem fazer tudo numa semana.
3. Vês melhor com as novas lentes de contacto.
4. Ele diz a verdade à professora.

8. Vervollständigen Sie die folgenden Sätze.

1. O médico exige que [eu] _______________ (tomar) o remédio.
2. Lamento que ele não _______________ (poder) vir.
3. Aconselha-se que [os Srs.] _______________ (depositar) o dinheiro no cofre.
4. Prefiro que ela me _______________ (telefonar) primeiro.
5. O diretor quer que se _______________ (exigir) mais dos alunos.
6. O pai proíbe que [ela] _______________ (regressar) depois das 23 horas.
7. Surpreende-me que [ele] _______________ (frequentar) um curso de português.
8. Não me parece que [ele] _______________ (ser) muito amável.
9. Alegro-me que [ela] _______________ (vir) visitar-me.
10. Não penso que _______________ (ir) chover amanhã.

9. Verbinden Sie passende Satzteile (mehrere Möglichkeiten) und verneinen bzw. bejahen Sie die Aussagen.

Beispiel: Parece-me que … eles gostam de música clássica. →
Não me parece que eles gostem de música clássica.

1. Acho que	a) a imprensa não me influencie.
2. Não creio que	b) posso eleger qualquer partido.
3. Não acredito que	c) ela goste dele.
4. Não pensa que	d) ele desempenhe muito bem essa função.
5. Acredito que	e) o exame será fácil.
6. Julgo que	f) este novo romance vai encontrar muitos leitores.

10. Indikativ oder Konjunktiv? Verbinden Sie die richtigen Satzteile miteinander.

1. Acho que Não creio que	a. a Ana vai encontrar facilmente novos amigos no Porto. b. a amiga da Ana possa mudar para o Porto.
2. Tenho pena que Penso que	a. a minha filha não encontre novos amigos. b. a minha filha se sente sozinha na nova cidade.
3. Ela pede que Tenho a certeza que	a. a amiga dela gosta do nosso novo apartamento. b. convidemos a sua amiga de Lisboa.

11. Ergänzen Sie das entsprechende Verb bzw. den entsprechenden Ausdruck.

Beispiel: [Eu] Espero que (*Hoffnung*) ela mude de escola.

1. [Eu] ____________________ (Freude) que ela mude de escola.
2. [Ele] ____________________ (Anordnung) que ela mude de escola.
3. [Eles] ____________________ (Verhindern) que ela mude de escola.
4. [Tu] ____________________ (Angst haben) que ela mude de escola.

12. Was rät Ihr Horoskop Ihnen heute?

1. As previsões 2011 de *Peixes* recomendam que (você) ________________ (dar) mais atenção ao seu amor.
2. *Caranguejo*: Aconselha-se que (você) não ________________ (deixar) nada ao acaso.

13. Übersetzen Sie die folgenden Sätze ins Portugiesische.

1. Er schlägt vor, dass sie einen Arzt konsultiert.
2. Ich will nicht, dass du die Tür öffnest.
3. Ich hoffe, dass sie eine angenehme Reise haben.
4. Ich bezweifle, dass er Recht hat. Ich rate dir, dass du es ihm sagst.
5. Ich bedaure sehr, dass Sie mir diese Information nicht geben können.
6. Ich glaube nicht, dass Sie (Sg. mask.) interessiert sind.
7. Ich lasse nicht zu, dass er so über dich spricht!
8. Ich freue mich, dass er seine Schwester mitbringt.

34 Konjunktiv Präsens: Nebensätze II

Relativsätze

Im (restriktiven) Relativsatz wird der Konjunktiv gebraucht, wenn das Bezugswort unbestimmt ist (oft angezeigt durch unbestimmten Artikel, Plural des Substantivs ohne Artikel, Indefinitpronomen) und wenn der Relativsatz einen Wunsch, eine gewünschte/ mögliche Eigenschaft bezeichnet:

Procuramos uma casa que tenha vista para o mar. (gewünschte Eigenschaft = Konjunktiv) *Alugaram a casa que tem vista para o mar.* (bekannte Eigenschaft = Indikativ)	Wir suchen ein Haus, das Meerblick hat / haben soll. Sie haben das Haus gemietet, das Meerblick hat.
Conheces alguém que nos possa ajudar?	Kennst du jemanden, der uns helfen kann/ könnte?
Não, não conheço ninguém que nos possa ajudar.	Nein, ich kenne niemanden, der uns helfen kann/könnte.
Para a abertura da nossa conferência precisamos de estudantes que saibam cantar canções portuguesas.	Für die Eröffnung unserer Konferenz brauchen wir Studenten, die portugiesische Lieder singen können.

Übungen

1. Setzen Sie die entsprechenden Verbformen ein. Begründen Sie den Gebrauch des Konjunktiv Präsens im Relativsatz.

1. Há alguém que ________________ (conhecer) a lei?
2. Queremos contratar uma leitora que _________________ (saber) alemão.
3. Procuro algum restaurante que ainda ____________ (estar) aberto a esta hora.
4. Tens um lápis que me ________________ (poder) emprestar?

2. Wirklichkeit oder Wunsch: Indikativ Präsens oder Konjunktiv Präsens?

1. [Nós] só _________________ (ter) um gato, procuramos um cão que ______________ (poder) vigiar a nossa casa.
2. [Eu] já __________________ (ter) um vestido de seda, quero comprar um vestido que __________________ (ser) de lã.
3. Uso o dicionário da Porto Editora que __________________ (conter) 50.000 palavras, preciso de um dicionário que __________________ (conter) 100.000 palavras.
4. Em Lisboa moramos numa casa no centro que não __________________ (ter) jardim, no Porto procuramos uma casa que __________________ (ter) um jardim grande.

3. Entscheiden Sie in den folgenden Sätzen selbst, ob im Relativsatz der Konjunktiv stehen muss.

1. A Susana está à procura de um vestido que ________________ (ter) manga curta.
2. O Pedro não conhece nenhuma equipa que ____________________ (jogar) futebol melhor do que o Benfica.
3. A D. Idália conhece o novo medicamento que ____________________ (curar) dores de garganta com base em ervas naturais.
4. Herr Santos sucht ein Auto, das sparsam ist / sein soll.
5. Pedro verkauft sein Fahrrad, das nur 3 Gänge hat.
6. Pedro will ein Fahrrad kaufen, das 7 Gänge hat.

Vokabelhilfe: sparsam *económico* | Gänge *as mudanças*

4. *Procura-se!* Welche Anforderungen sollen die BewerberInnen auf folgende Stellenanzeigen erfüllen? Setzen Sie die Verbformen ein.

1. Procura-se engenheiro que ______________________ (ter) experiência profissional na área de eletricidade / telecomunicação.
2. Contrata-se assistente que _________________ (poder) apresentar conhecimentos de informática na ótica do utilizador.
3. Admitem-se vendedoras que _________________ (possuir) excelentes capacidades comunicacionais.

5. Erzählen Sie, was Sie von Ihren neuesten Anschaffungen erwarten.

1. Procuro um carro que ________________________________.
2. Quero comprar um dicionário que _________________________________.
3. Preciso de um portátil que _________________________________.
4. Encomendo uma bicicleta que _________________________________.

6. Übersetzen Sie den nachfolgenden Text.

Familie Santos zieht um

Die Familie braucht ein Haus, das über neun Zimmer und zwei Bäder verfügt / verfügen soll und hell ist / sein soll. Herr Santos sucht ein Haus, das einen großen Garten haben soll. Susana will ein Zimmer, das viele Fenster hat / haben soll. Gibt es jemanden, der ein Haus in Porto empfehlen kann / könnte?

Vokabelhilfe: umziehen *mudar de casa* | verfügen über *dispor de* | hell sein *ter muita luz* | empfehlen *recomendar*

35 Konjunktiv Perfekt

Bildung

Der Konjunktiv Perfekt (*Pretérito perfeito composto do conjuntivo*) wird aus dem Konjunktiv Präsens des Hilfsverbs ter und dem unveränderlichen Partizip Perfekt des Hauptverbs gebildet (zum Partizip siehe Kapitel 19).

Person	*ter*		Partizip
eu	tenha	+	estudado escrito discutido
tu	tenhas		
ele/ela	tenha		
nós	tenhamos		
vocês	tenham		
eles/elas	tenham		

Gebrauch

— Der Konjunktiv Perfekt wird unter den gleichen semantischen Bedingungen (Wille/ Wunsch, subjektive Bewertung, fehlende Faktizität) sowie in den gleichen Arten von (Neben)Sätzen gebraucht wie der Konjunktiv Präsens (vgl. Kapitel 32–34) und ist wie dieser in erster Linie ein Modus des Nebensatzes.

— Das Verb des Hauptsatzes steht (wie beim Konjunktiv Präsens) im Präsens oder Futur.

— Der Konjunktiv Perfekt bezeichnet im Unterschied zum Konjunktiv Präsens Handlungen, Vorgänge und Zustände, die vorzeitig (VZ) zur Hauptsatzhandlung in der Gegenwart abgelaufen sind (zur Zeitenfolge im Konjunktiv siehe Kapitel 38).

Hauptsatz	Nebensatz		
Präsens	Zeitenfolge des Konjunktivs		
Duvido Ich bezweifle,	VZ	*que tenha comprado legumes.* dass er *(zuvor)* Gemüse gekauft hat.	**Konjunktiv Perfekt**
	GZ/ NZ	*que compre legumes.* dass er *(zur gegenwärtigen Zeit)* Gemüse kauft. / dass er *(später)* Gemüse kaufen wird.	Konjunktiv Präsens

Übungen

1. Setzen Sie in den folgenden Sätzen die richtige Verbform ein, um eine vorzeitige Handlung auszudrücken.

1. Duvido que a conta já esteja paga. Duvido que eles já ___________ (pagar) a conta.
2. Receio que a Rita esteja fora. Receio que a Rita ___________ (ir) para o estrangeiro.
3. É incrível que ele entre sem nos cumprimentar. É incrível que ele _______________ (sair) sem se despedir.
4. Espero que os senhores _______________ (fazer) boa viagem.
5. Não acredito que ele _______________ (chegar) a horas.
6. Estou contente que o exame lhe _______________ (correr) bem.

2. Übersetzen Sie die folgenden Sätze jeweils mit Gegenwarts- und Vergangenheitsbezug.

Beispiel: Ich bezweifle, dass sie die Prüfung besteht / bestanden hat. →
Duvido que ela passe / tenha passado no exame.

1. Es ist möglich, dass er krank ist / gewesen ist.
2. Es ist wahrscheinlich, dass sie die Wahrheit sagt / gesagt hat.
3. Es ist wichtig, dass wir es nicht vergessen / vergessen haben.
4. Es ist gut, dass du ihm hilfst / geholfen hast.
5. Ich hoffe, dass du zufrieden bist / zufrieden gewesen bist.

3. Übersetzen Sie die folgenden Sätze.

1. Es ist möglich, dass sie es nicht gewusst hat.
2. Ich fürchte, dass sie den Brief nicht bekommen haben.
3. Vielleicht hat er es noch nicht gemacht.
4. Er hofft, dass ihr euch gut auf die Prüfung vorbereitet habt.

4. Übersetzen Sie die folgende E-Mail.

Liebe Paula,

ich freue mich, dass du mir geschrieben hast. Es ist klar, dass ich dich vermisse. Ich hoffe, dass du mich bald besuchen kommst. Ich denke nicht, dass du Zeit gehabt hast, um dir den Film über Porto anzusehen. Es tut mir leid, dass ich nicht früher mit dir über den Umzug gesprochen habe. Es ist unglaublich, dass wir schon vor fünf Wochen umgezogen sind! Es ist gut, dass wir in Kontakt bleiben.

Liebe Grüße, Susana

Vokabelhilfe: ich vermisse dich *sinto a tua falta* | besuchen (kommen) *(vir) visitar* | Umzug *a mudança (de casa)* | umziehen *mudar (de casa)*

36 Konjunktiv Imperfekt

Bildung

Die Ausgangsform für die Bildung des Konjunktiv Imperfekt (*Pretérito imperfeito do conjuntivo*) ist die 3. Person Plural des Einfachen Perfekts (vgl. Kapitel 8).

Die Endung -ram wird gestrichen und an den verbleibenden Stamm die Endung -sse + Personalendung angehängt. Der Vokal der jeweiligen Konjugationsklasse (a, e oder i) bleibt in der Regel erhalten und ist immer betont:

estudar → estuda~~ram~~ → estudasse (1. oder 3. Person Singular)

fazer → fize~~ram~~ → fizesse (1. oder 3. Person Singular)

Regelmäßige Verben

Person	estudar	escrever	discutir
eu	estudasse	escrevesse	discutisse
tu	estudasses	escrevesses	discutisses
ele/ela	estudasse	escrevesse	discutisse
nós	estudássemos	escrevêssemos	discutíssemos
vocês	estudassem	escrevessem	discutissem
eles/elas	estudassem	escrevessem	discutissem

Unregelmäßige Verben

estar	fazer	querer	saber	trazer
estivesse	fizesse	quisesse	soubesse	trouxesse
estivesses	fizesses	quisesses	soubesses	trouxesses
estivesse	fizesse	quisesse	soubesse	trouxesse
estivéssemos	fizéssemos	quiséssemos	soubéssemos	trouxéssemos
estivessem	fizessem	quisessem	soubessem	trouxessem

poder	pôr	ver	vir	dar	ser / ir
pudesse	pusesse	visse	viesse	desse	fosse
pudesses	pusesses	visses	viesses	desses	fosses
pudesse	pusesse	visse	viesse	desse	fosse
pudéssemos	puséssemos	víssemos	viéssemos	déssemos	fôssemos
pudessem	pusessem	vissem	viessem	dessem	fossem

haver: houvesse (3. Person Singular)

Gebrauch

- Der Konjunktiv Imperfekt wird unter vergleichbaren semantischen Bedingungen (Wille/ Wunsch, subjektive Bewertung, fehlende Faktizität) sowie in den gleichen Arten von (Neben) Sätzen gebraucht wie der Konjunktiv Präsens (vgl. Kapitel 32–34) und ist wie dieser in erster Linie ein Modus der Nebensatzhandlung.
- Das Verb des Hauptsatzes steht im Unterschied zum Konjunktiv Präsens in einer Vergangenheitsform oder im Konditional.
- Der Konjunktiv Imperfekt bezeichnet Handlungen, Vorgänge und Zustände, die gleichzeitig (GZ) oder nachzeitig (NZ) zur vergangenen Hauptsatzhandlung ablaufen (zur Zeitenfolge im Konjunktiv siehe Kapitel 38).

Hauptsatz	Nebensatz		
Vergangenheitsform**	Zeitenfolge des Konjunktivs		
Era *provável* Es war wahrscheinlich,	GZ/ NZ	*que chovesse.* dass es *(zur damaligen Zeit)* regnete. / dass es *(später)* regnen würde.	**Konjunktiv Imperfekt**
Präsens*			
É *provável* Es ist wahrscheinlich,	GZ/ NZ	*que chova.* dass es *(zur gegenwärtigen Zeit)* regnet. / dass es *(später)* regnen wird.	Konjunktiv Präsens

* Diese Zeitenfolge gilt auch bei Hauptsatz im Futur.

** Diese Zeitenfolge gilt auch bei Hauptsatz im Konditional.

Konjunktiv Imperfekt in Subjekt-, Objekt- und Relativsätzen

Subjektsatz:	*Era/Seria importante que trouxesses o livro.*	Es war/wäre wichtig, dass du das Buch mitbrachtest / mitbringen würdest.
Objektsatz:	*Receava que ele não dissesse a verdade.*	Ich befürchtete, dass er nicht die Wahrheit sagte / sagen würde.
Relativsatz:	*Queriam empregar alguém que estudasse inglês.*	Sie wollten/möchten gern jemanden einstellen, der Englisch studierte / studieren sollte.

Konjunktiv Imperfekt in Konditional- und Komparativsätzen

Im Unterschied zum Konjunktiv Präsens steht der Konjunktiv Imperfekt zusätzlich in Abhängigkeit von bestimmten anderen Konjunktionen, um hypothetische oder irreale Situationen oder Zustände zu bezeichnen.

Er steht in Konditionalsätzen mit der Konjunktion se (*wenn*) (zum Konditionalsatz Typ B2 vgl. Kapitel 43):

Iria/Ia para Portugal neste verão, se recebesse uma bolsa.	Ich würde in diesem Sommer nach Portugal fahren, wenn ich ein Stipendium bekommen würde / bekäme.

Er wird auch in Komparativsätzen mit der Konjunktion como se (*als ob*) verwendet:

Ele trata-me por tu como se me conhecesse.	Er duzt mich, als ob er mich kennen würde.

Übungen

1. Bilden Sie jeweils die folgenden Formen.

	3. Pers. Plural Einfaches Perfekt	3. Pers. Plural Konjunktiv Imperfekt
duvidar	______________	______________
oferecer	______________	______________
pedir	______________	______________

2. Setzen Sie die richtige Verbform ein und wandeln Sie die Sätze in die Vergangenheit (Imperfekt) um.

Beispiel: Tenho pena que não fiquem até ao fim. →
Tinha pena que não *ficassem* até ao fim.

1. É ótimo que os meus pais me ______________ (oferecer) uma bicicleta.
2. Prefiro que o Filipe ainda não ______________ (marcar) o voo para o Porto.
3. Os amigos desejam que eu ______________ (transmitir) a mensagem aos outros.
4. Agradeço que [tu] ______________ (comprar) os bilhetes para o concerto.
5. [Ele] Tem medo que [eu] ______________ (revelar) o segredo.
6. É preciso que [tu] ______________ (estudar) mais gramática.

3. Übersetzen Sie die folgenden Sätze.

1. a) Es ist gut, dass er mich begleitet.
   b) Es war gut, dass er mich begleitet hat / begleitete.
2. a) Es ist wichtig, dass du die Wahrheit kennst.
   b) Es war wichtig, dass du die Wahrheit kanntest.

3. a) Ich bin dankbar, dass jemand Joana anruft.
   b) Ich wäre dankbar, wenn jemand Joana anrufen würde.
4. a) Es ist mir lieber, dass João das Haus an der Costa da Caparica mietet. (*alugar*)
   b) Es wäre mir lieber, wenn João das Haus an der Costa da Caparica mieten würde.

4. Bilden Sie jeweils die Formen der 3. Person Plural des Einfachen Perfekts (Indikativ) und des Konjunktiv Imperfekt.

dizer | ir | estar | saber | trazer | pôr | poder | querer | ver | vir | fazer

5. Vervollständigen Sie ausgehend vom vorgegebenen Hauptsatz mit der passenden Verbform.

A Susana propôs à Paula que …

1. __________________ (vir) para o Porto durante as férias.
2. __________________ (reservar) um lugar num autocarro da »Rede expressos«.
3. __________________ (informar-se) sobre o programa cultural no Coliseu do Porto.

6. Setzen Sie die richtige Verbform ein.

1. Ela ignora-me como se [eu] não _______________ (existir).
2. Se tu _______________ (estudar) mais, passarias no exame.
3. Tinha medo que não nos _______________ (poder) encontrar regularmente.
4. Duvidámos muito que eles _______________ (aceitar) estas condições.
5. Queria comprar um portátil que _______________ (ser) potente.
6. Seria possível que [eu] _______________ (comprar) o bilhete com antecedência?
7. A festa foi fantástica. Tive pena que o Pedro não _______________ (estar) connosco.
8. Se tu ______ (ser) engenheiro, inventavas eletrodomésticos ainda mais inteligentes.

7. Übersetzen Sie die folgenden Sätze.

1. Es war gut, dass alle kommen konnten.
2. Sie spricht so gut Portugiesisch, als ob sie Portugiesin wäre.
3. Susana schlug vor, dass sie ein Abendessen bei ihr zu Hause machen sollten.
4. Ich wäre dankbar, wenn ihr das nächste Mal die Texte vorbereiten würdet.
5. Es wäre mir lieber, wenn sie nicht allein weggehen würde.
6. Ich habe sehr bedauert, dass sie mir diese Information nicht gegeben haben.
7. Wenn ich genügend Geld hätte, würde ich ein Notebook kaufen.
8. Wenn er bessere Argumente hätte, würde er mich überzeugen.

Vokabelhilfe: allein weggehen *sair sozinha* | Notebook *o portátil* | überzeugen *convencer*

8. Welche Verbform ist die richtige: Indikativ, Konjunktiv oder Infinitiv?

mudar de casa

1. No caso de [nós] _______________, avisamos-te.
2. Se [nós] _______________, convidar-te-íamos para nos visitar no Porto.
3. Há dois meses, o meu pai _______________ para trabalhar no Porto.

visitar

1. É uma cidade interessante para vocês _______________.
2. Era importante que vocês _______________ as caves do vinho do Porto.
3. Se fosse a vocês, _______________ o norte de Portugal de barco.

9. Lesen Sie den Witz und vervollständigen Sie den letzten Satz.

Vão 3 engenheiros num carro que avaria.

Engenheiro 1 (Mecânico): »Isto é um problema mecânico, provavelmente a válvula.«

Engenheiro 2 (Eletrotécnico): »Isto é definitivamente um problema elétrico, um curto-circuito em qualquer sítio.«

Engenheiro 3 (Informático): »E se [nós] _____________________ (sair) e _____________________ (voltar) a entrar?«

37 Konjunktiv Plusquamperfekt

Bildung

Der Konjunktiv Plusquamperfekt (*Pretérito mais-que-perfeito composto do conjuntivo*) wird aus dem Konjunktiv Imperfekt des Hilfsverbs ter und dem unveränderlichen Partizip Perfekt des Hauptverbs gebildet (zum Partizip siehe Kapitel 19).

Person	*ter*		Partizip
eu	tivesse		
tu	tivesses	+	estudado escrito discutido
ele/ela	tivesse		
nós	tivéssemos		
vocês // eles/elas	tivessem		

Gebrauch

— Der Konjunktiv Plusquamperfekt wird unter den gleichen semantischen Bedingungen (Wille/Wunsch, subjektive Bewertung, fehlende Faktizität) sowie in den gleichen Arten von (Neben)Sätzen gebraucht wie der Konjunktiv Imperfekt (vgl. Kapitel 36) und ist wie dieser in erster Linie ein Modus der Nebensatzes.

— Der Konjunktiv Plusquamperfekt bezeichnet im Unterschied zum Konjunktiv Imperfekt Handlungen, Vorgänge und Zustände, die vorzeitig (VZ) zu einer vergangenen Hauptsatzhandlung (Verb in einer Vergangenheitsform oder im Konditional) abgeschlossen wurden (zur Zeitenfolge im Konjunktiv siehe Kapitel 38).

Hauptsatz	Nebensatz		
Vergangenheitsform*	Zeitenfolge des Konjunktivs		
Duvidava Ich bezweifelte,	VZ	*que tivesse recebido uma bolsa.* dass er *(zuvor)* ein Stipendium erhalten hatte.	**Konjunktiv Plusquamperfekt**
	GZ/ NZ	*que recebesse uma bolsa.* dass er *(zur damaligen Zeit* ein Stipendium erhielt /. dass er *(später)* ein Stipendium erhalten würde.	Konjunktiv Imperfekt

* Diese Zeitenfolge gilt auch bei Hauptsatz im Konditional.

— Der Konjunktiv Plusquamperfekt steht in Konditionalsätzen mit der Konjunktion se (*wenn*), um vergangene irreale Situationen oder Zustände zu bezeichnen (zum Konditionalsatz Typ B3 siehe Kapitel 43):

Teria/Tinha ido para Portugal naquele verão, <u>se</u> tivesse recebido uma bolsa.	Ich wäre in jenem Sommer nach Portugal gefahren, wenn ich ein Stipendium bekomen hätte.

— Der Konjunktiv Plusquamperfekt wird in Komparativsätzen mit der Konjunktion como se (*als ob*) verwendet, um vergangene hypothetische bzw. irreale Situationen oder Zustände zu bezeichnen:

Ele olhou-me como se nunca me tivesse visto.	Er schaute mich an, als ob er mich nie gesehen hätte.

Übungen

1. Setzen Sie in den folgenden Sätzen die Verbform im Konjunktiv Plusquamperfekt ein, um eine vorzeitige Handlung auszudrücken.

1. Ela receava que não encontrássemos uma casa com jardim.
   Ela receava que [nós] não ____________________________ (encontrar) uma casa.
2. Era provável que ela já não estivesse em casa.
   Era provável que [ela] já____________________________ (sair).
3. Eu esperava que a Paula se alegrasse com o meu convite.
   Eu esperava que a Paula ______________________ (alegrar-se) com o meu convite.

2. Übersetzen Sie die folgenden Sätze jeweils im Sinne a) einer Gleichzeitigkeit und b) einer Vorzeitigkeit in der Vergangenheit.

1. Es war wahrscheinlich, dass sie die Wahrheit a) sagte / b) gesagt hatte.
2. Es war wichtig, dass wir es a) nicht vergaßen / b) nicht vergessen hatten.
3. Es war angebracht, dass du ihm a) geholfen hast / b) geholfen hattest.
4. Ich wollte, dass sie a) käme / b) gekommen wäre.

3. Setzen Sie die Verbform in den folgenden Konditional- und Komparativsätzen im Konjunktiv Plusquamperfekt ein.

1. Se eles __________________ (estar) interessados, tinham aceitado estas condições.
2. Se [tu] me ___________________ (pedir), tinha-te ajudado.
3. O estudante reagiu como se ___________________ (entender) tudo.
4. Tinhas recebido o meu SMS, se [tu] ____________________ (ligar) o telemóvel.
5. Se eu ___________________ (conhecer) a cantora, tinha assistido ao concerto dela.

4. Was hätten Sie gemacht, wenn ...?

1. Wenn ich mehr Geld gehabt hätte, ...
2. Wenn ich nicht studiert hätte, ...
3. Wenn ich den Wettkampf gewonnen hätte, ...
4. Wenn ich mein Portemonnaie verloren hätte, ...

Vokabelhilfe: gewinnen *ganhar* | Wettkampf *o concurso / desafio* | Portemonnaie *o porta-moedas*

38 Die Zeitenfolge im Konjunktiv

Der Gebrauch der Zeitformen des Konjunktivs im Nebensatz hängt ab

- von der zeitlichen Situierung der Hauptsatzhandlung (Zeitform des Verbs im Hauptsatz) und
- vom zeitlichen Bezug der Nebensatzhandlung zur Hauptsatzhandlung: Die Nebensatzhandlung kann vor der Hauptsatzhandlung liegen (VZ), gleichzeitig mit dieser ablaufen (GZ) oder danach stattfinden (NZ).

1. Zeitenfolge des Konjunktivs in der Gegenwart:

Hauptsatz Präsens/Futur	Nebensatz		
***É** possível* Es ist möglich, ***Será** possível* Es wird (wohl) möglich sein,	NZ	*que assista à reunião.* dass er *(später)* an der Versammlung teilnehmen wird.	Konjunktiv Präsens
	GZ	*que assista à reunião.* dass er *(zur gegenwärtigen Zeit)* an der Versammlung teilnimmt.	
	VZ	*que tenha assistido à reunião.* dass er *(zuvor)* an der Versammlung teilgenommen hat.	Konjunktiv Perfekt

2. Zeitenfolge des Konjunktivs in der Vergangenheit:

Hauptsatz Vergangenheitsform/ Konditional	Nebensatz		
***Era** possível* Es war möglich, ***Seria** possível* Es wäre möglich,	NZ	*que assistisse à reunião.* dass er *(später)* an der Versammlung teilnehmen würde.	Konjunktiv Imperfekt
	GZ	*que assistisse à reunião.* dass er *(zur damaligen Zeit)* an der Versammlung teilnahm.	
	VZ	*que tivesse assistido à reunião.* dass er *(zuvor)* an der Versammlung teilgenommen hatte.	Konjunktiv Plusquamperfekt

Übungen

1. Vervollständigen Sie die Sätze und vollziehen Sie die Zeitenfolge im Konjunktiv nach.

1. a) Espero que ele amanhã ____________________ (ter) mais tempo. (NZ)
   b) Espero que ele hoje ____________________ (ter) mais tempo. (GZ)
   c) Espero que ele ontem ____________________ (ter) mais tempo. (VZ)
2. a) Esperava que ele no dia anterior ____________________ (ter) mais tempo. (VZ)
   b) Esperava que ele naquele dia ____________________ (ter) mais tempo. (GZ)
   c) Esperava que ele no dia seguinte ____________________ (ter) mais tempo. (NZ)

2. Übersetzen Sie die Sätze und vollziehen Sie die Zeitenfolge im Konjunktiv nach.

1. a) Es ist möglich, dass er rechtzeitig ankommen wird. (NZ)
   b) Es ist möglich, dass er rechtzeitig ankommt. (GZ)
   c) Es ist möglich, dass er rechtzeitig angekommen ist. (VZ)
2. a) Es war möglich, dass er rechtzeitig angekommen war. (VZ)
   b) Es war möglich, dass er rechtzeitig ankam. (GZ)
   c) Es war/wäre möglich, dass er rechtzeitig ankäme / ankommen würde. (NZ)

3. Ergänzen Sie die richtige Verbform. Beachten Sie die Zeitform des Verbs im Hauptsatz und die angegebene zeitliche Situierung der Handlung im Nebensatz.

1. É impossível que eles ____________________ (chegar) pontualmente. (NZ)
2. É impossível que eles ____________________ (chegar) pontualmente. (VZ)
3. Receio que ela não ____________________ (estar) em casa. (GZ)
4. Receava que tu não ____________________ (estar) em casa. (VZ)
5. A sua mãe não permitia que ela ____________________ (ir) ao cinema de noite. (GZ)
6. A mãe ordenaria que alguém a ____________________ (acompanhar). (NZ)
7. Foi necessário que a professora ____________________ (intervir). (GZ)
8. Seria necessário que você ____________________ (intervir). (NZ)
9. O chefe exigiu que nós ____________________ (terminar) o trabalho. (NZ)
10. Não é provável que o João____________________ (escrever) a carta. (VZ)
11. O João negou que (ele) ____________________ (escrever) a carta. (VZ)
12. A mãe pensaria que o Manuel ____________________ (escrever) a carta. (VZ)

Vokabelhilfe: *intervir (< vir)* eingreifen, intervenieren | *negar* bestreiten; leugnen; negieren, verneinen

4. Ausdruck eines Wunsches: ganz direkt (Präsens) oder doch etwas höflicher (Imperfekt)? Vervollständigen Sie die Sätze und übersetzen Sie sie anschließend.

Beispiel: a) Quero que traduzam o texto. → *Ich will, dass Sie den Text übersetzen.*
b) Queria que traduzissem o texto. → *Ich möchte gern, dass Sie den Text übersetzen.*

1. a) Peço que vocês me ________________ (trazer) os resumos amanhã.
   b) Pedia que me ________________ (trazer) os resumos amanhã.
2. a) Agradeço que [eles] ________________ (não fumar).
   b) Agradecia que [eles] ________________ (não fumar).
3. a) Prefiro que [tu] ________________ (ficar) em casa hoje à tarde.
   b) Preferia que [tu] ________________ (ficar) em casa hoje à tarde.

5. Übersetzen Sie unter Beachtung der Zeitenfolge im Konjunktiv.

1. Es ist notwendig, dass Pedro sich auf die Prüfung vorbereitet.
2. Seine Eltern haben Angst, dass er die Prüfung nicht besteht.
3. Es wäre besser, wenn er schon gestern gelernt hätte.
4. Er hoffte, dass er ins Stadion gehen könnte, weil Benfica Lissabon in Porto spielte.
5. Seine Mutter möchte gern, dass er die Karten zurückgibt.
6. Es wäre unmöglich, dass Pedro ein Spiel seiner Lieblingsmannschaft verpassen würde.
7. Es war gut, dass er die Karten rechtzeitig gekauft hatte.
8. Sein Vater erlaubte schließlich, dass er zum Spiel ging, aber seine Eltern verlangten, dass er am Wochenende lernte / lernen sollte.
9. Pedro hoffte, dass seine Mannschaft gewinnen würde.
10. Es ist gut, dass Porto ein neues Stadion hat und andere Mannschaften einladen kann.
11. Es ist schade, dass Benfica verloren hat, aber Susana freut sich, dass ihr Bruder das Spiel gesehen hat.
12. Pedro glaubt nicht, dass der FC Porto die bessere Mannschaft ist.

Vokabelhilfe: die Prüfung bestehen *passar no exame, ficar aprovado no exame* | Stadion *o estádio* | zurückgeben *devolver* | Lieblingsmannschaft *a equipa favorita/preferida* | verpassen *perder* | rechtzeitig *a tempo* | verlangen *exigir, pedir*

39 Konjunktiv Futur

Bildung

Die Ausgangsform für die Bildung des Konjunktiv Futur (*Futuro do conjuntivo*) ist die 3. Person Plural des Einfachen Perfekts (vgl. Kapitel 8).

Die Endung -am wird gestrichen und der verbleibende Stamm durch die Endungen des persönlichen Infinitivs (vgl. Kapitel 17) ergänzt. Die 1. und 3. Person Singular sind endungslos. Die Personalisierung erfolgt in diesem Fall dadurch, dass das Subjektpronomen vor die Verbform gestellt wird. Bei den regelmäßigen Verben stimmen die Formen mit dem persönlichen Infinitiv überein:

Regelmäßige Verben

Person	estudar	escrever	discutir
eu	estudar	escrever	discutir
tu	estudares	escreveres	discutires
ele/ela	estudar	escrever	discutir
nós	estudarmos	escrevermos	discutirmos
vocês	estudarem	escreverem	discutirem
eles/elas	estudarem	escreverem	discutirem

Unregelmäßige Verben

estar	estiver	estiveres	estiver	estivermos	estiverem
fazer	fizer	fizeres	fizer	fizermos	fizerem
ter	tiver	tiveres	tiver	tivermos	tiverem
poder	puder	puderes	puder	pudermos	puderem
pôr	puser	puseres	puser	pusermos	puserem
ser / ir	for	fores	for	formos	forem
ver	vir	vires	vir	virmos	virem
vir	vier	vieres	vier	viermos	vierem
saber	souber	souberes	souber	soubermos	souberem
trazer	trouxer	trouxeres	trouxer	trouxermos	trouxerem
dizer	disser	disseres	disser	dissermos	disserem
querer	quiser	quiseres	quiser	quisermos	quiserem
dar	der	deres	der	dermos	derem

haver: houver (3. Person Singular)

Gebrauch

1. Der Konjunktiv Futur bezeichnet eine Eventualität in der Zukunft, d.h. einen Zustand oder eine Handlung, die in der Zukunft unter bestimmten Bedingungen eintreten kann, deren Realisierung aber (zeitlich) offen bzw. unsicher ist.
2. Der Konjunktiv Futur steht nur im Nebensatz und nur dann, wenn die Hauptsatzhandlung einen Zukunftsbezug hat, d.h. wenn das Verb des Hauptsatzes im Präsens oder Futur steht:

Hauptsatz	Nebensatz	
Präsens / Futur	Konjunktiv Futur	
Vou visitar-te / Visito-te / Visitar-te-ei, Ich werde dich besuchen,	*se tiver tempo.* wenn ich *(später)* Zeit habe / haben werde / haben sollte.	Futur I

3. Für die vollendete Zukunft verwendet man eine Form des Konjunktiv Futur II (*Futuro composto do conjuntivo*):

Vou vistitar-te / Visito-te / Visitar-te-ei, Ich werde dich besuchen,	*se tiver terminado o curso.* wenn ich *(später)* den Kurs beendet haben werde.	Futur II

4. Die deutsche Entsprechung des Konjunktiv Futur ist einfaches Präsens oder Futur. Die Eventualität kann durch die Modalverbform *sollte(n)* verstärkt werden.
5. Der Zukunftsbezug allein ist nicht ausschlaggebend für die Verwendung. Der Konjunktiv Futur hängt immer von bestimmten Konjunktionen/Nebensatztypen ab. Er steht nie in Subjekt- oder Objektsätzen (vgl. Kapitel 33), sondern nur in Adverbialsätzen (temporal, konditional, komparativ, konzessiv) und in Relativsätzen:

Konjunktiv Futur im Temporalsatz

Der Konjunktiv Futur steht in Temporalsätzen, wenn der Zeitpunkt der möglichen Handlung offen bzw. unbestimmt ist (vgl. Kapitel 42 zum Temporalsatz, Situation (B)). Folgende temporale Konjunktionen werden bei Zukunftsbezug mit Konjunktiv Futur verwendet:

quando	*Quando chegares a casa, fala com a tua mãe.*	Wenn du nach Hause kommst, sprich mit deiner Mutter.
enquanto	*Enquanto eu não tiver a certeza, não lhe digo nada.*	Solange ich nicht die Gewissheit habe, sage ich ihm nichts.
assim que / logo que	*Assim que / Logo que puder, vou visitar-te.*	Sobald ich kann, werde ich dich besuchen.
sempre que / todas as vezes que	*Sempre que / Todas as vezes que tiveres problemas na escola, pede-me ajuda.*	Immer wenn du Probleme in der Schule hast / haben solltest, bitte mich um Hilfe.

Konjunktiv Futur im Konditionalsatz

Der Konjunktiv Futur steht in Konditionalsätzen, wenn die Handlung potentiell/möglicherweise in der Zukunft eintreten kann, d.h. wenn die Bedingung eventuell erfüllt sein wird (vgl. Kapitel 43 zum Konditionalsatz, Typ B1):

se	*Se eles não vierem a horas, não esperamos por eles.*	Wenn sie nicht rechtzeitig kommen / kommen sollten, warten wir nicht auf sie.

Konjunktiv Futur im Komparativsatz

Der Konjunktiv Futur steht in Komparativsätzen, wenn eine Handlung bezeichnet werden soll, deren Umsetzung offen ist bzw. von einer anderen Handlung in der Zukunft abhängt:

como/conforme	*Faz como/conforme quiseres.*	Mach es, wie du willst.

Konjunktiv Futur im Konzessivsatz

Der Konjunktiv Futur steht in Konzessivsätzen, wenn die Einschränkung zeitlich und inhaltlich offen ist. Folgende Konzessivsatz-Struktur mit Verbwiederholung verlangt den Konjunktiv Futur (vgl. Kapitel 41 zum Konzessivsatz):

Verb im Konjunktiv Präsens	+ (Relativ-) Pronomen	+ Wiederholung des Verbs im Konjunktiv Futur	Übersetzung
seja	*quem*	*for*	sei es, wer es sei / wer es auch immer sein mag
seja	*como*	*for*	sei es, wie es sei / wie es auch immer sein mag
esteja [ele]	*onde*	*estiver*	sei er, wo er sei / wo auch immer er sein mag
diga [ela]	*o que*	*disser*	sage sie, was sie wolle / was auch immer sie sagen mag

Konjunktiv Futur im Relativsatz

Der Konjunktiv Futur steht in Relativsätzen (ohne Bezugswort), wenn die Handlung/ Bezugsgröße zeitlich und inhaltlich offen/ungewiss ist:

O que a Ana disser, está certo.	Was (auch immer) Ana sagt / sagen mag, es ist richtig.
Vou aonde tu fores.	Ich gehe dorthin, wo (auch immer) du hingehen wirst.
Salve-se quem puder!	Rette sich, wer kann!

Übungen

1. Bilden Sie jeweils die Formen der 3. Person Plural des Einfachen Perfekts und des Konjunktiv Futur.

duvidar | pedir | oferecer | fazer | ter | ser | propor | compreender | poder | vender | partir

2. Beginnen Sie die Sätze mit *quando*, setzen Sie die entsprechenden Verbformen im Konjunktiv Futur ein und führen Sie den Satz sinnvoll fort.

1. Visitamos as caves do Vinho do Porto. → Quando …
2. Compramos os bilhetes para o concerto no Coliseu.
3. Fazemos a excursão de barco.
4. Os meus pais comem o prato típico »tripas à moda do Porto«.

3. Vervollständigen Sie die Temporalsätze.

1. Eles vão ficar muito contentes, quando ______________ (receber) o teu convite.
2. Enquanto tu ______________ (estar) em minha casa, podes dormir no meu quarto.
3. Assim que ele ______________ (chegar), ele vai telefonar-me.
4. Logo que o Paulo ______________ (regressar), começamos a preparar o jantar.
5. Tenciono escrever-te sempre que [eu] ______________ (poder).

4. Übersetzen Sie die folgenden Temporalsätze.

1. Wenn sie deine Einladung erhalten, werden sie sich freuen.
2. Solange der Lehrer nicht da ist, können wir nicht anfangen.
3. Informiere ihn, sobald du ihn triffst.
4. Immer wenn ich die CD höre, werde ich an dich denken.

5. Konjunktiv Futur oder Indikativ? Verbinden Sie die passenden Satzteile.

1. Quando ele chegou,	a. podes sair.
2. Quando pensares mais,	b. telefonou logo à mãe.
3. Quando fizer bom tempo,	c. não poderás nadar.
4. Quando o telefone tocou,	d. vais encontrar a solução.
5. Quando o mar for perigoso,	e. estava a ler o jornal.

6. Formen Sie die Gerundialkonstruktionen in den Konjunktiv Futur um. Beginnen Sie die Sätze mit *se*.

1. Fazendo bom tempo, podemos ir de barco.
2. Aproveitando bem o tempo, ainda podemos visitar a Torre dos Clérigos.
3. Passando pelos bairros da Ribeira, poderemos ver os tradicionais barcos.

7. Unterstreichen Sie die Konjunktion bzw. das Relativpronomen, die hier mit Konjunktiv Futur stehen, und vervollständigen Sie den Satz mit der richtigen Verbform.

1. Quando vocês _______________ (ter) tempo, vamos visitar a cidade.
2. Trata do assunto como [tu] _______________ (querer).
3. Quem _______________ (estar) interessado em saber mais dos objetos expostos, deve contactar o pessoal do museu.
4. Custe o que _______________ (custar), temos de passar no exame.
5. Seja quem _______________ (ser), não abro a porta.
6. Podemos ir à praia ou ficar em casa, conforme [tu] _______________ (preferir).
7. Se vocês _____________________ (ter) dúvidas, podem fazer a respetiva pergunta à professora.
8. Traga o que _______________ (trazer), o meu irmãozinho vai ficar contente.

***8. se* (ob) vs. *se* (wenn) – Indikativ oder Konjunktiv?**

1. poder Não sei se [eu] ____________________ vir ao Porto no fim de semana.
2. poder Se [tu] ____________________ vir, daremos um passeio de barco no Tejo.
3. fazer A minha mãe quer saber se [nós] ___________________ uma excursão.
4. fazer Se [nós] __________________ a excursão, vou tirar muitas fotografias.

9. Konjunktiv Futur oder persönlicher Infinitiv? Erkennen Sie den Unterschied im Gebrauch?

1. a) É melhor falares com o teu pai logo à tarde.
   b) Se falares com o teu pai logo à tarde, vai perdoar-te.
2. a) Antes de partirem, têm de avisar os pais.
   b) Logo que partirem, poderemos começar a arrumar a casa.
3. a) No caso de receber a resposta ainda hoje, pode inscrever-se no curso.
   b) Se receber o resultado só amanhã, já não poderá inscrever-se.

10. Übersetzen Sie die folgenden Sätze ins Portugiesische.

1. Du kannst zu Hause bleiben, wenn du willst.
2. Solange ihr hier seid, könnt ihr unsere Fahrräder benutzen.
3. Was auch immer geschehen mag, ich werde dich regelmäßig besuchen.
4. Wenn sie nicht zu Hause sind / sein sollten, werde ich eine Nachricht hinterlassen.
5. Komm nach Porto, sobald du kannst.
6. Wer gute Referenzen hat, wird eingestellt werden.
7. Wenn Sie die Gelegenheit haben, lesen Sie den Bericht der Regierung.

Vokabelhilfe: geschehen *acontecer* | eine Nachricht hinterlassen *deixar um recado* | Referenzen *as referências* | einstellen *contratar* | Gelegenheit *a oportunidade* | Bericht *o relatório*

40 Der Finalsatz

Finale Nebensätze geben eine Absicht bzw. einen Zweck an und stehen im Portugiesischen mit dem Konjunktiv des Verbs. Die folgende Tabelle enthält die finalen Konjunktionen des Portugiesischen:

Portugiesisches Inventar	Deutsche Entsprechungen
para que a fim de que / afim de que (*formal*)	damit / dass / auf dass / um zu

Der Gebrauch der Zeitformen im Nebensatz hängt von der zeitlichen Situierung der Hauptsatzhandlung und vom zeitlichen Bezug der Nebensatz- zur Hauptsatzhandlung ab (zur Zeitenfolge im Konjunktiv siehe Kapitel 38).

1. Finalsatz mit Gegenwartsbezug:

Hauptsatz Präsens*	Finaler Nebensatz		
Compro *legumes,* Ich kaufe Gemüse,	NZ	*para que possamos fazer uma salada.* damit wir *(später)* einen Salat machen können.	Konjunktiv Präsens

* Diese Zeitenfolge gilt auch bei Hauptsatz im Futur.

2. Finalsatz mit Vergangenheitsbezug:

Hauptsatz Vergangenheitsform**	Finaler Nebensatz		
Comprei *legumes,* Ich habe Gemüse gekauft,	NZ	*para que pudéssemos fazer uma salada.* damit wir *(später)* einen Salat machen konnten.	Konjunktiv Imperfekt***

** Diese Zeitenfolge gilt auch bei Hauptsatz im Konditional.

*** Die Zeitenfolge wird bei Finalsätzen – je nach Bezug der Handlung zum Sprechmoment – nicht immer eingehalten, so ist auch der folgende Satz situationsadäquat: *Comprei legumes para que possamos fazer uma salada.*

Verkürzung von Finalsätzen

Der konjunktionale Nebensatz (Konjunktion + konjugiertes Verb) kann durch eine sogenannte »verkürzte« Form (Präposition + persönlicher Infinitiv) ersetzt werden (zum persönlichen Infinitiv siehe Kapitel 17):

Vou comprar legumes para / a fim de podermos fazer uma salada.	Ich werde Gemüse kaufen, damit wir einen Salat machen können.
Comprei legumes para / a fim de podermos fazer uma salada.	Ich habe Gemüse gekauft, damit wir einen Salat machen konnten.

Übungen

1. Setzen Sie das Verb ein. Achten Sie auf die Nebensatzeinleitung: Konjunktion (+ konjugiertes Verb) oder Präposition (+ persönlicher Infinitiv).

1. Para que a Paula __________ (poder) visitar-te, tem de pedir a autorização dos pais.
2. Vêm amigos de Lisboa para [eles] _________________ (visitar) a Susana.
3. Tenha cuidado para que não _________________ (correr) riscos desnecessários.
4. Discute-se um programa para eles _____________ (promover) a língua portuguesa.
5. A fim de [eles] __________ (receber) resultados confiáveis, vão repetir a sondagem.

2. Setzen Sie das Verb in der richtigen Form ein. Beachten Sie, dass das Verb im Hauptsatz jetzt in einer Vergangenheitszeitform steht.

1. Eles treinaram muito a fim de que _________________ (conseguir) a taça.
2. Enviaram-lhe formulários para [ela] _________________ (inscrever-se).
3. A família foi a Guimarães para que [eles] ____________________ (visitar) a Capital Europeia da Cultura 2012.
4. O senhor Santos tirou muitas fotografias a fim de [ele] _________________ (poder) documentar a origem medieval dos edifícios.

3. Unterstreichen Sie die finalen Konstruktionen in der folgenden Anleitung für einen Schnellkochtopf!

1. Ao utilizar pela primeira vez a panela de pressão, deverá ferver água juntamente com leite durante 5 minutos, a fim de evitar que o interior escureça.
2. Para tirar a tampa proceda de modo inverso às instruções dos números 2 e 3.

4. Vervollständigen Sie die Sätze und formen Sie anschließend die Konjunktionalsätze in Sätze mit persönlichem Infinitiv um.

1. Entregaram-lhe formulários para que ele ___________________ (solicitar) um novo passaporte.
2. A organização tenciona colocar on-line os textos relativos a cada curso, a fim de que os participantes _______________ (poder) consultá-los com antecedência.
3. Queriam fazer uma visita guiada para que [eles] _________________ (conhecer) o centro histórico da cidade classificado pela UNESCO como Património Mundial.

5. Übersetzen Sie die folgenden Sätze mit *para que* und *para*.

1. Ich will, dass du lernst, damit du die Prüfung bestehst.
2. Ich brauche das Rezept, damit ich keine Zutaten vergesse.
3. Kommen Sie rechtzeitig, damit wir pünktlich beginnen können.
4. Versteck dich, damit sie dich nicht sehen!
5. Ich werde bleiben, damit sie sich nicht allein fühlt.

Vokabelhilfe: Zutaten *os ingredientes* | allein *sozinho* | sich verstecken *esconder-se*

41 Der Konzessivsatz

Konzessive Nebensätze geben einen Grund an, dessen erwartete Folge nicht eintritt und stehen im Portugiesischen mit dem Konjunktiv des Verbs. Die folgende Tabelle enthält die wichtigsten konzessiven Konjunktionen des Portugiesischen:

Portugiesisches Inventar	Deutsche Entsprechungen
embora; se bem que; ainda que mesmo que nem que	obwohl, obgleich; auch/selbst wenn; wenn auch selbst wenn; obwohl auch wenn, selbst wenn; auch nicht wenn
por mais que / por muito que por menos que / por pouco que	so viel auch, so sehr auch so wenig auch

Die Nebensatzhandlung kann gleichzeitig mit der Hauptsatzhandlung ablaufen (GZ), danach stattfinden (NZ) oder davor liegen (VZ).

1. Konzessivsatz mit Gegenwartsbezug:

Hauptsatz Präsens*	Konzessiver Nebensatz		
Assistem *ao jogo de futebol,* Sie sind beim Fußballspiel dabei,	NZ	*mesmo que chova*. selbst wenn es *(später)* regnen wird.	Konjunktiv Präsens
	GZ	*mesmo que chova*. obwohl es *(zur gegenwärtigen Zeit)* regnet.	
	VZ	*mesmo que tenha chovido*. obwohl es *(zuvor)* geregnet hat.	Konjunktiv Perfekt

* Diese Zeitenfolge gilt auch bei Hauptsatz im Futur.

2. Konzessivsatz mit Vergangenheitsbezug:

Hauptsatz Vergangenheitsform **	Konzessiver Nebensatz		
Assistiram *ao jogo de futebol,* Sie waren beim Fußballspiel dabei,	NZ	*mesmo que chovesse*. selbst wenn es *(später)* regnen würde.	Konjunktiv Imperfekt
	GZ	*mesmo que chovesse*. obwohl es *(zur damaligen Zeit)* geregnet hat / regnete.	
	VZ	*mesmo que tivesse chovido*. obwohl es *(zuvor)* geregnet hatte.	Konjunktiv Plusquam-perfekt

** Diese Zeitenfolge gilt auch bei Hauptsatz im Konditional.

Verkürzung von Konzessivsätzen

Der konjunktionale Nebensatz (Konjunktion + konjugiertes Verb) kann durch eine sogenannte »verkürzte« Form (Präposition + persönlicher Infinitiv) ersetzt werden (zum persönlichen Infinitiv siehe Kapitel 17):

Apesar de chover vão assistir ao jogo de futebol.	Obwohl es regnet, werden sie bei dem Fußballspiel dabei sein.
Apesar de chover / ter chovido assistiram ao jogo.	Obwohl es geregnet hat, sind sie bei dem Spiel dabei gewesen.

Konzessivsätze sind auch mit Gerundium verkürzbar (Schriftsprache; zum Gerundium siehe Kapitel 18):

(Mesmo/Embora) Chovendo vão assistir ao jogo de futebol.	Obwohl es regnet, werden sie bei dem Fußballspiel dabei sein.

Weitere Ausdrucksmöglichkeiten für Konzessivität in Nebensätzen

Nebensatz			Hauptsatz
(Relativ-) Pronomen	*quer que*	Verb im Konjunktiv	
Quem	*quer que*	*venha/viesse,*	*estará/estava bem vindo.*
Wer auch immer kommt (kommen mag) / kam,			er wird willkommen sein / war …
Onde	*quer que*	*ela esteja,*	*é feliz.*
Wo auch immer sie ist / sein wird / sein mag,			sie ist glücklich.
Quando	*quer que*	*seja,*	*ela vai voltar.*
Wann auch immer es ist / sein mag,			sie wird zurückkommen.

Nebensatz		Hauptsatz
quer + Verb im Konjunktiv	*quer* + Verb im Konjunktiv	
Quer chova	*quer faça sol,*	*vão assistir ao jogo de futebol.*
Ob es regnet	oder ob die Sonne scheint,	sie werden bei dem Fußballspiel dabei sein.
Quer chovesse	*quer fizesse sol,*	*assistiam ao jogo de futebol.*
Ob es regnete	oder ob die Sonne schien,	sie waren bei dem Fußballspiel dabei.
quer + Verb im Konjunktiv	*quer não*	
Quer responda	*quer não,*	*eu vou tomar a decisão hoje.*
Ob er antwortet	oder nicht,	ich werde heute die Entscheidung treffen.

Übungen

1. Setzen Sie das Verb in der richtigen Form ein und unterstreichen Sie die unterschiedlichen Konjunktionen. Beachten Sie die Zeit des Verbs im Hauptsatz.

1. Embora [ele] ainda ____________________ (ser) muito jovem, acaba de terminar os seus estudos universitários.
2. Ainda que a Isabel ________________________ (aprender) muito, três semestres não chegam para automatizar as formas gramaticais.
3. Se bem que [ela] já __________________________ (ter estado) uma vez no Porto, não reconhece a Câmara Municipal.
4. Mesmo que [tu] ______________________ (querer), não consegues.

2. Setzen Sie das Verb in der richtigen Form ein. Beachten Sie, dass das Verb im Hauptsatz jetzt in einer Vergangenheitszeitform steht.

1. A Paula queria viajar de comboio, embora ________________ (poder) ir de avião.
2. Ainda que a minha mãe _______________ (ficar) surpreendida, manteve a calma.
3. Embora os meus pais me _____________________ (ter comprado) livros, não me interessava por literatura.
4. Mesmo que [ela] __________________ (falar) bem, não entendeu o texto.

3. Übersetzen Sie die folgenden Sätze mit *embora* oder *mesmo que*.

1. Obwohl heute schlechtes Wetter ist, werde ich zum Meer fahren.
2. Obwohl gestern schlechtes Wetter war, bin ich zum Meer gefahren.
3. Ich helfe ihm, obwohl ich keine Zeit habe.
4. Ich habe ihm geholfen, obwohl ich keine Zeit hatte.
5. Obgleich sein Vorschlag gut ist, weisen sie ihn zurück.
6. Obgleich sein Vorschlag gut war, wiesen sie ihn zurück.

Vokabelhilfe: Vorschlag *a proposta* | zurückweisen *rejeitar, não aceitar*

4. Formen Sie die »verkürzten« Sätze mit persönlichem Infinitiv in Konjunktionalsätze (*mesmo que* + konjugiertes Verb) und gerundiale Nebensätze um.

Beispiel: Apesar de não gostar de desporto, admira os nadadores.
/ Embora não goste de desporto, admira os nadadores.
→ (Mesmo) Não gostando de desporto, admira os nadadores.

1. Apesar de fazer frio, ele anda de manga curta.
2. Apesar de ela saber guiar, não tem carta de condução.
3. Apesar de serem muito idosos, estão muito interessados em política.

5. Verbinden Sie jeweils die Satzteile miteinander, indem Sie den Nebensatz mit *por mais que* einleiten, und übersetzen Sie anschließend.

Beispiel: Tu podes falar muito. Não convences ninguém. →
Por mais que tu fales, não convences ninguém.
So viel du auch sprichst, du überzeugst niemanden.

1. Vocês podem perguntar muito. Ninguém sabe a resposta.
2. Ele pode comer muito. Não engorda.
3. Tu pensas muito. Não resolves o problema.

6. Beginnen Sie jetzt den Nebensatz mit *por pouco que*.

Beispiel: Ela dorme pouco. Está cheia de energia. →
Por pouco que ela durma, está cheia de energia.
So wenig sie auch schläft, sie ist voller Energie.

1. Ele come pouco. Ele engorda.
2. A Carla estuda pouco. Ela tem bons resultados na escola.
3. Eles treinam pouco. Eles ganham todos os jogos.

7. Setzen Sie das Verb im konzessiven Nebensatz in der richtigen Form ein.

1. Quem quer que _______________ (querer) assistir à minha festa, será bem-vindo.
2. Quer _______________ (vir) 10 amigos, quer 12, não importa.
3. Quem quer que _______________ (ver) a Ana, transmita-lhe o convite.
4. Quer o meu irmão _______________ (trazer) vinho quer não, vamos já pôr na mesa algumas garrafas de água mineral.
5. O que quer que (você) ________________ (fazer), como quer que (você) _________ (agir), lembre-se sempre de seguir o meu conselho.
6. Quando quer que ele _______________ (chegar), ainda pode entrar.

8. Übersetzen Sie die folgenden Sätze ins Portugiesische.

1. Was auch immer sie sagt, ich verstehe ihr Problem nicht.
2. Wohin auch immer sie fährt, sie nimmt ihren Kater mit.
3. Ob du willst oder nicht, du musst mit ihm sprechen.
4. Was auch immer du suchst, du wirst die entsprechenden Informationen im Netz finden.
5. So wenig er auch verdient, er liebt seine Arbeit.
6. So viel sie auch diskutieren, sie kommen zu keinem Ergebnis.

Vokabelhilfe: Netz, Internet *a rede, a internet* | verdienen *ganhar* |
zu einem Ergebnis kommen *chegar a um resultado*

42 Der Temporalsatz

Temporale Nebensätze ordnen Handlungen und Zustände in ein bestimmtes Zeitverhältnis zu anderen (Hauptsatz-)Handlungen bzw. Zuständen ein. Die Verbform im temporalen Nebensatz hängt ab

- von der zeitlichen Situierung der Hauptsatzhandlung,
- von der zeitlichen Situierung und Realisierung der Nebensatzhandlung,
- von der temporalen nebensatzeinleitenden Konjunktion.

1. Wenn der **Hauptsatz** im **Präsens** oder **Futur** steht, so gelten im Nebensatz zumeist die folgenden Regeln:

Temporale Nebensatzhandlung				**Hauptsatz**
Zeitliche Situierung		Art der Realisierung	Verb	Verb
(A)	Gegenwart, gleichzeitig	Die Handlung läuft gerade ab bzw. ist üblich oder allgemein bekannt.	Indikativ Präsens	Indikativ Präsens

Beispiel: *Quando vou à praia, **levo** (sempre) um chapéu de sol.*
Wenn ich zum Strand gehe, nehme ich (immer) einen Sonnenschirm mit.

Temporale Nebensatzhandlung				**Hauptsatz**
Zeitliche Situierung		Art der Realisierung	Verb	Verb
(B)	Zukunft, Realisierung offen/unsicher, nachzeitig	Sprecher kann nicht mit Gewissheit abschätzen, dass oder (bis) zu welchem Zeitpunkt die Handlung / der Zustand eintritt bzw. (fort)besteht.	Konjunktiv Futur / Präsens	Indikativ Futur

Beispiel: *Quando for à praia, vou **levar** um chapéu de sol.*
Wenn ich zum Strand gehe / gehen sollte, werde ich einen Sonnenschirm mitnehmen.

2. Wenn der **Hauptsatz** in einer **Vergangenheitsform** steht, so gelten im Nebensatz zumeist die folgenden Regeln:

Temporale Nebensatzhandlung				**Hauptsatz**
Zeitliche Situierung		Art der Realisierung	Verb	Verb
(C)	Vergangenheit, realisiert, vor-/gleichzeitig	Die Handlung lief gerade ab bzw. war üblich/bekannt bzw. wurde bereits realisiert.	Indikativ Vergangenheitszeit	Indikativ Vergangenheitszeit

Beispiel: *Quando fui à praia, **levei** um chapéu de sol.*
Als ich zum Strand gegangen bin, habe ich einen Sonnenschirm mitgenommen.
*Quando ia à praia, **levava** (sempre) um chapéu de sol.*
Wenn ich zum Strand ging, nahm ich (immer) einen Sonnenschirm mit.

Als **Faustregel** für die Verwendung von Zeitform und Modus im Temporalsatz lässt sich daher zusammenfassen:

Zeitliche Situierung	Art der Realisierung	Verb
Gegenwart und Vergangenheit (A) / (C)	gerade ablaufende oder bereits realisierte Handlung/Zustand; Tatsache; Gewohnheit	**Indikativ**
Zukunft (B)	erwartete, zeitlich offene, unsichere Handlung/Zustand	**Konjunktiv**

Die folgenden Übersichten zeigen die wichtigsten temporalen Konjunktionen (und Präpositionen) des Portugiesischen in ihren häufigsten Verwendungen.

quando (*wenn/als*)		Temporaler Nebensatz
(A)	*Quando chego a casa, bebo sempre um copo de leite.* Wenn ich nach Hause komme, trinke ich immer ein Glas Milch.	Indikativ Präsens
(B)	*Quando chegares a casa, telefona-me logo.* Wenn du nach Hause kommst, ruf mich gleich an.	Konjunktiv Futur
(C)	*Quando chegou a casa, telefonou imediatamente.* Als er nach Hause kam, hat er gleich angerufen. *Quando ele chegou a casa, ela estava a telefonar à mãe .* Als er nach Hause kam, telefonierte sie gerade mit der Mutter. Quando (=Todas as vezes que) ele chegava a casa, ela estava a telefonar à mãe. (Immer) Wenn er nach Hause kam, telefonierte sie gerade mit der Mutter.	Indikativ Vergangenheitszeit

Verkürzung (*ao* + persönlicher Infinitiv):

Ao chegarem os convidados, a festa vai começar.	Wenn die Gäste (an)kommen, wird die Feier beginnen / beginnt die Feier.

enquanto (*während/solange*)		
(A)	*Enquanto estamos aqui à espera, ela já deve estar em casa.* Während wir hier warten, ist sie wohl schon zu Hause.	Indikativ Präsens
(B)	*Enquanto eles estiverem cá, não consigo estudar.* Solange sie hier sind / sein werden, kann ich nicht lernen.	Konjunktiv Futur
(C)	*Enquanto ela preparava o jantar, ele estava a ler.* Während sie das Abendessen vorbereitete, las er.	Indikativ Vergangenheitszeit

assim que / logo que (*kaum/sobald*)		
(A)	*Logo que tu entras, ela sente-se incomodada.* Kaum kommst du herein, fühlt sie sich gestört.	Indikativ Präsens
(B)	*Logo que tu entrares (entres*), ela vai sentir-se incomodada.* Sobald du hereinkommst, wird sie sich gestört fühlen.	Konjunktiv Futur/Präsens*
(C)	*Logo que tu entraste/entravas, ela sentiu-se/sentia-se incomodada.* Sobald du hereinkamst, fühlte sie sich gestört.	Indikativ Vergangenheitszeit

* assim que und logo que sind synonyme Konjunktionen, die bei zukünftigem Bezug sowohl mit Konjunktiv Futur als auch mit Konjunktiv Präsens verwendet werden können.

sempre que / todas as vezes que (*immer wenn / jedes Mal wenn*)		
(A)	*Sempre que passo por este café, entro e bebo uma bica.* Immer wenn ich an diesem Café vorbeikomme, gehe ich hinein und trinke einen Kaffee.	Indikativ Präsens
(B)	*Todas as vezes que passar por este café, vou pensar em ti.* Immer wenn ich an diesem Café vorbeikommen werde/sollte, werde ich an dich denken.	Konjunktiv Futur
(C)	*Sempre que passava por este café, entrava e bebia uma bica.* Immer wenn ich an diesem Café vorbeikam, ging ich hinein und trank einen Kaffee.	Indikativ Vergangenheitszeit

depois que / depois de (*nachdem*)		
(B)	*Depois que todos tiverem terminado o teste, podem entregar as folhas.* Nachdem alle den Test beendet haben (werden), können sie die Blätter abgeben.	Konjunktiv Futur (selten)
(C)	*Depois que todos terminaram o teste, entregaram as folhas.* Nachdem alle den Test beendet hatten, gaben sie die Blätter ab.	Indikativ Vergangenheitszeit (selten)

Verkürzung (*depois de* + persönlicher Infinitiv) als häufiger/üblicher Gebrauch für alle Zeitstufen: *Depois de todos terminarem o teste, podem entregar as folhas. / Depois de todos terem terminado o teste, podem entregar/entregaram as folhas.*

até que / até (*bis*)		
(B)	*Ela espera até que ele chegue.* Sie wartet, bis er kommt / kommen wird.	Konjunktiv Präsens
(C)	*Ela esperou até que ele chegou.* Sie wartete, bis er kam.	Indikativ Vergangenheitszeit

Verkürzung (*até* + persönlicher Infinitiv) als häufiger Gebrauch für alle Zeitstufen: *Ela espera até ele chegar. / Ela esperou até ele chegar / ter chegado.*

antes que / antes de (*bevor*)		
(B)	*Come um pouco do bolo antes que acabe.* Iss ein bisschen von dem Kuchen, bevor er alle ist / sein wird.	Konjunktiv Präsens
(C)	*Comi um pouco do bolo antes que acabasse.* Ich habe ein wenig von dem Kuchen gegessen, bevor er alle war.	Konjunktiv Imperfekt*

* antes que wird – entgegen der oben genannten Faustregel – auch bei bereits realisierten Handlungen (Typ C) mit Konjunktiv gebraucht.

Verkürzung (*antes de* + persönlicher Infinitiv) als häufiger/üblicher Gebrauch für alle Zeitstufen: *Come um pouco do bolo antes de acabar.*

desde que (*seit*)		
(A)	*Desde que o conhece, já não se encontra comigo.* Seit sie ihn kennt, trifft sie sich nicht mehr mit mir.	Indikativ Präsens
(C)	*Desde que o conheceu, nunca mais se encontrou comigo.* Seit sie ihn kennengelernt hat, hat sie sich nie mehr mit mir getroffen.	Indikativ Vergangenheitszeit

Verkürzung von Temporalsätzen

Der konjunktionale Nebensatz (Konjunktion + konjugiertes Verb) kann durch eine sogenannte »verkürzte« Form (Präposition + persönlicher Infinitiv) ersetzt werden. Häufig werden gebraucht: até (statt *até que*), depois de (statt *depois que*) und antes de (statt *antes que*). Beispiele finden sich jeweils unter der tabellarischen Übersicht oben.

Temporalsätze sind auch mit Gerundium und Partizip verkürzbar (Schriftsprache):

Chegando os convidados, a festa vai começar.	Wenn die Gäste ankommen, beginnt die Feier.
(Depois de) Chegados os convidados, a festa começa/começou.	Nachdem die Gäste angekommen sind / waren, beginnt / begann die Feier.

(Persönlicher Infinitiv, Gerundium und Partizip siehe Kapitel 17, 18 und 19.)

Übungen

1. Vervollständigen Sie die Sätze mit der richtigen Verbform. Beachten Sie die Konjunktion/ Präposition und die zeitliche Situierung (A–C).

1. quando

(A) Quando [eu] lhe __________ (escrever) um SMS, mando sempre cumprimentos teus.

(B) Quando [eu] lhe ____________ (escrever) um SMS, vou convidá-la.

(C) Quando [eu] lhe ______________ (escrever) o SMS, esqueci-me de a convidar.

2. enquanto

(A) Enquanto [eu] me ________________ (arranjar), nunca atendo o telefone.

(B) Enquanto [eu] me ________________ (arranjar), não poderei atender o telefone.

(C) Enquanto ela se ________________ (arranjar), ele telefonava.

3. assim que

(A) Assim que [ele] ____________ (descobrir) um rato, o Rodolfo fica logo atento.

(B) Assim que [eu] _______________ (poder), vou visitá-lo.

(C) Assim que [eu] ________________ (poder), fui visitá-lo.

4. sempre que

(A) Sempre que [eu] ____________ (ter) dificuldades, costumo consultar o Zé.

(B) Sempre que [eu] ______________ (ter) dificuldades, vou consultar o Zé.

(C) Todas as vezes que [eu] ____________ (ter) dificuldades, consultava o Zé.

5. depois que / depois de

(C) A Susana foi passear muitas vezes no Parque Nacional da Peneda-Gerês, depois que ________________ (vir) para o Porto.

(verkürzt) Depois de [ela] _______________ (vir) para o Porto, foi passear muitas vezes no Parque Nacional da Peneda-Gerês.

6. até que / até

(B) Até que [ela] ___________________ (chegar), ainda posso trabalhar.

(C) Até que [ela] ___________________ (chegar), ainda pude trabalhar.

(verkürzt) Até [ela] ________________ (chegar), ainda posso trabalhar.

7. antes que / antes de

(B) Vou voltar para casa antes que ________________(começar) a chover.

(C) Voltei para casa antes que ________________(começar) a chover.

(verkürzt) Voltei para casa antes de ________________ (começar) a chover.

8. desde que

(A) Ainda não nos vimos desde que [tu] _______________ (estar) no Porto.

(C) Desde que [ela] ________________ (morar) no Porto, raramente encontrou as suas amigas de Lisboa.

2. Vervollständigen Sie die Sätze und formen Sie die Konjunktionalsätze in verkürzte Nebensätze (Präposition + persönlicher Infinitiv) um.

1. Continue a aplicar este creme, até que a sua pele ____________ (ficar) mais firme.
2. Depois que [ele] ______________ (mudar) de emprego, foi viver para Lisboa.
3. Vou visitar a Ana antes que [ela] ______________ (partir) para o Porto.

3. Übersetzen Sie die folgenden Sätze.

1. Wenn du erwachsen bist (sein wirst), kannst du machen, was du willst. (quando)
2. Susana war im Kino, als Pedro ihr eine SMS schickte. (quando)
3. Sie werden die Ware nicht liefern, solange wir die Rechnung nicht bezahlen (werden). (enquanto)
4. Während sie telefonierte, reparierte ihr Bruder den Computer. (enquanto)
5. Warten Sie zu Hause, bis ich Sie anrufe. (até que / até)
6. Der kleine Junge sprang herum, bis er hinfiel. (até)
7. Nachdem das Konzert zu Ende sein wird, gehen wir noch in eine Bar. (depois de)
8. Überlege gut, bevor du antwortest. (antes que / antes de)

Vokabelhilfe: erwachsen *adulto* | reparieren *consertar* | die Ware *a mercadoria* | (herum)springen *dar saltos* liefern *fornecer* | (hin)fallen *cair* | Rechnung *a fatura* | überlegen *pensar, refletir*

43 Der Konditionalsatz

Konditionale Nebensätze drücken eine Bedingung aus und werden häufig mit se (*wenn*) oder caso (*falls*) eingeleitet. Es gibt jedoch noch weitere konditionale Konjunktionen:

se	wenn	»*se*-Gruppe« Konjunktiv Futur bei Konditionalsätzen vom Typ B1
exceto se, salvo se	außer wenn	
caso / (caso que)	falls	»*caso/que*-Gruppe« Konjunktiv Präsens bei Konditionalsätzen vom Typ B1
dado que, desde que	sofern	
na/sob a condição (de) que	unter der Bedingung, dass	
suposto que	vorausgesetzt, dass	
a menos que / a não ser que	es sei denn, dass	

1. Hypothetische Bedingung

1. In den meisten Fällen wird eine hypothetische Bedingung ausgedrückt, d. h. die Erfüllung der Bedingung ist (noch) nicht bekannt oder im Augenblick nicht (mehr) möglich. Im Konditionalsatz steht in diesen Fällen immer eine Form des Konjunktivs. Es werden hinsichtlich der Zeitenverwendung folgende Satztypen unterschieden:

— potentieller Konditionalsatz der Zukunft (B1)

— irrealer Konditionalsatz der Gegenwart (B2)

— irrealer Konditionalsatz der Vergangenheit (B3)

Typ		Konditionalsatz (Bedingung)	Hauptsatz (Folge)
B1	Die Bedingung wird (eventuell) existieren / erfüllt sein.	Konjunktiv Futur	Futur / Präsens
		Se ele tiver dinheiro, Wenn er Geld hat/haben sollte,	*comprará*/compra um carro.* wird er ein Auto kaufen / kauft er ein Auto.
B2	Die Bedingung existiert zur Zeit nicht (ist aber noch erfüllbar).	Konjunktiv Imperfekt	Konditional / Imperfekt
		Se ele tivesse dinheiro, Wenn er Geld hätte,	*compraria**/comprava um carro.* würde er ein Auto kaufen.
B3	Die Bedingung hat nicht existiert (ist nicht mehr erfüllbar).	Konjunktiv Plusquamperfekt	Konditional II / Plusquamperfekt
		Se ele tivesse tido dinheiro, Wenn er Geld gehabt hätte,	*teria comprado/tinha comprado um carro.* hätte er ein Auto gekauft.

* Oder Ersatz durch vai comprar / ** oder Ersatz durch ia comprar / iria comprar

2. Sätze vom Typ B2 und B3 werden mit allen konditionalen Konjunktionen nach dem in der Tabelle genannten Zeitenschema gebildet.
3. Wenn Sätze vom Typ B1 nicht mit *se*, sondern mit Konjunktionen der *caso/que*-Gruppe eingeleitet werden, steht nicht Konjunktiv Futur, sondern Konjunktiv Präsens:

Typ		Konditionalsatz (Bedingung)	Hauptsatz (Folge)
		Konjunktiv Präsens	Futur / Präsens
B1	Die Bedingung wird (eventuell) existieren / erfüllt sein.	*Caso ele tenha dinheiro,* Wenn er Geld hat/haben sollte,	*comprará / compra um carro.* wird er ein Auto kaufen / kauft er ein Auto.

2. Reale Bedingung

Wird eine reale Bedingung (A) ausgedrückt, d. h. wenn die Erfüllung der Bedingung bekannt ist, steht im Konditionalsatz der Indikativ des Verbs:

— A1: universell erfüllte Bedingung (z. B. Regeln, Gesetze):

Se alguém rouba deve ser castigado.	Wenn jemand stiehlt, muss er bestraft werden.

— A2: aktuell erfüllt:

Então, se tu o dizes, deve ser verdade.	Na, wenn Du es sagst, ist es wohl wahr.
Então, se tu o viste, deve ser verdade.	Na, wenn Du es gesehen hast, ist es wohl wahr.

— A3: üblicherweise erfüllt (bekannte Tatsachen):

Se têm problemas, falam sobre eles.	Wenn sie Probleme haben, sprechen sie darüber.
Se tinham problemas, falavam sobre eles.	Wenn sie Probleme hatten, sprachen sie darüber.

Verkürzung von Konditionalsätzen

Der konjunktionale Nebensatz (Konjunktion + konjugiertes Verb) kann durch eine sogenannte »verkürzte« Form (präpositionale Fügung + persönlicher Infinitiv) ersetzt werden (zum persönlichen Infinitiv siehe Kapitel 17):

No caso de ele ter dinheiro, vai comprar / compra um carro.	Wenn er Geld hat / haben sollte, wird er ein Auto kaufen / kauft er ein Auto.

Beispiel: Auch die Verkürzung mit Gerundium ist möglich (zum Gerundium siehe Kapitel 18):
***Tendo** dinheiro, vai comprar / compra um carro.*
Wenn er Geld hat / haben sollte, wird er ein Auto kaufen / kauft er ein Auto.

Übungen

1. Bilden Sie jeweils drei Konditionalsätze des Typs B1–B3 und übersetzen Sie die drei Varianten des ersten Satzes.

Beispiel: [eu] ver o Zé – [eu] convidar(-o) para a nossa festa
B1: Se eu vir o Zé, convidá-lo-ei / vou convidá-lo / convido-o para a nossa festa.
B2: Se eu visse o Zé, convidá-lo-ia / ia convidá-lo / convidava-o para a nossa festa.
B3: Se eu tivesse visto o Zé, tê-lo-ia convidado/ tinha-o convidado para a festa.

1. [eu] comprar uma bicicleta – [eu] dar grandes passeios
2. [nós] ter oportunidade – [nós] comprar a casa
3. [a Maria] gostar do filme – [eu] oferecer(-lhe) o DVD

2. Übersetzen Sie.

1. B1: Wenn sie morgen kommen (sollten), werden wir mit ihnen sprechen.
   B2: Wenn sie heute kommen würden / kämen, würden wir mit ihnen sprechen.
   B3: Wenn sie gestern gekommen wären, hätten wir mit ihnen gesprochen.
2. B1: Wenn Sie einverstanden sind / sein sollten, unterzeichnen wir den Vertrag.
   B2: Wenn Sie einverstanden wären, würden wir den Vertrag unterzeichnen.
   B3: Wenn Sie einverstanden gewesen wären, hätten wir den Vertrag unterzeichnet.

Vokabelhilfe: einverstanden sein *estar de acordo* | den Vertrag unterzeichnen *assinar o contrato*

3. Ein Ausflug wird geplant. Übersetzen Sie. (B1 mit *se*)

Pedro: Wenn mein Vater uns das Auto gibt, können wir bis Faro fahren.
Ricardo: Wenn es noch Zimmer in der kleinen Pension am Strand gibt, bleiben wir dort.
Andreia: Wenn schönes Wetter ist, gehen wir baden!
Ricardo: Andreia, kannst du die Pension in Faro anrufen, wenn du Zeit hast?

4. Zu dem Ausflug soll auch Claudia eingeladen werden. Pedro ist besorgt. Was soll er tun, falls Claudia absagt? (B1 mit *caso*)

Pedro: O que eu faço, caso … ela _______________ (dar-me) uma resposta negativa?
ela já _______________ (ter) outros planos?
ela não _______________ (querer) vir sozinha?

5. Ricardos Freundin Andreia ist verärgert. Pedro versucht seinem Freund Ricardo zu raten: *»Und wenn Du ihre eine E-Mail schreiben würdest?«* (B2)

Beispiel: escrever um e-mail → Pedro: »E se tu lhe escrevesses um e-mail?«

1. convidar (-a) para ver o novo filme no sábado
2. cozinhar para ela no fim de semana
3. pedir desculpa e tentar explicar tudo

6. Andreia schweigt immer noch. Ricardo macht sich Vorwürfe: *»Wenn ich persönlich mit ihr gesprochen hätte, hätte sie …«* (B3). Verbinden Sie die Aussagen miteinander.

Beispiel: Ricardo: »Se eu tivesse falado com ela pessoalmente, ela teria/tinha compreendido melhor a minha situação.«

Ricardo: Se eu …	ela …
não reagir daquela maneira impaciente	não dar aquela resposta irritada
dizer logo tudo e não esperar tanto tempo	compreender a minha atitude
escrever um SMS ontem à noite	não ficar tão aborrecida

7. Antworten Sie auf folgende Fragen.

1. Se tivesse 100.000 euros, o que compraria?
2. Se tivesse a oportunidade de viajar a 7 países, aonde iria?
3. Se pudesse escolher uma (outra) profissão para si, qual escolheria?

8. Ergänzen Sie die Sätze.

1. Se tivesses estudado mais, …
2. Se eu tivesse comido menos, …
3. Se ele tivesse visto a cena, …

9. Unterstreichen und übersetzen Sie die Konjunktionen und ergänzen Sie mit der richtigen Verbform. (B1)

1. Vai comprar o computador exceto se o vendedor ________ (aumentar) o preço.
2. Vamos fazê-lo assim salvo se o Mário ________ (mudar) de opinião.
3. A partida será no sábado desde que não ________ (haver) dificuldades.
4. Estamos de acordo sob a condição que os senhores ________ (alterar) o texto.
5. Suposto que o dinheiro ________ (chegar) a tempo, poderei pagar a renda da casa.
6. Vão partir amanhã a não ser que eles ________ (encontrar) um outro quarto.

10. Wer aus der Familie Santos wäre froh, wenn …? Bilden Sie Sätze.

Beispiel: A Susana estaria contente, se as amigas de Lisboa a viessem visitar.

O Pedro		a) a editora (responder) e ela (poder) publicar o seu livro de poesia.
O Rodolfo Tigrado		b) o amigo dela (aceitar) o convite e (ir) à festa com ela.
A Susana	estaria contente, se	c) o pai não (precisar) do BMW e lhe (emprestar) o carro.
O Senhor Santos		d) a gata do vizinho (estar) bem disposta e (dar) um passeio com ele.
A Dona Idália		e) o cunhado (ter) tempo e (beber) um copo de cerveja com ele.

44 Der Kausalsatz

Kausale Nebensätze geben einen Grund an und stehen im Portugiesischen (meist) mit dem Indikativ des Verbs. Die folgende Tabelle enthält die wichtigsten kausalen Konjunktionen des Portugiesischen:

Portugiesisches Inventar	Deutsche Entsprechung
porque | que (verkürzt / umgangssprachlich)	weil, da | weil, da, denn
como (bei Voranstellung des kausalen Nebensatzes v.a. in der Schriftsprache)	da, weil
visto que, dado/posto que	da, weil, da ja
já que | uma vez que	da schon, | da ja, da nun einmal

Não puderam vir, porque estavam doentes.	Sie konnten nicht kommen, weil sie krank waren.
Como estavam doentes, não puderam vir.	Da/Weil sie krank waren, konnten sie nicht kommen.

Der Gebrauch der Zeitformen im Nebensatz hängt von der zeitlichen Situierung der Hauptsatzhandlung und vom zeitlichen Bezug der Nebensatz- zur Hauptsatzhandlung ab (zur Zeitenfolge im Indikativ siehe Kapitel 16).

1. Kausalsatz mit Gegenwartsbezug:

Hauptsatz	Kausaler Nebensatz		
Präsens*	Indikativ		
*Não **participam** na festa,* Sie nehmen nicht an der Feier teil,	VZ	*porque não receberam o convite.* weil sie *(zuvor)* die Einladung nicht erhalten haben.	Indikativ Vergangenheitszeit
	GZ	*porque não recebem o convite.* weil sie *(zur gegenwärtigen Zeit)* die Einladung nicht erhalten.	Indikativ Präsens

* Diese Zeitenfolge gilt auch bei Hauptsatz im Futur.

2. Kausalsatz mit Vergangenheitsbezug:

Hauptsatz	Kausaler Nebensatz		
Vergangenheitszeit**	Zeitenfolge des Indikativs in der Vergangenheit		
*Não **participaram** na festa,* Sie haben nicht an der Feier teilgenommen,	VZ	*porque não tinham recebido o convite.* weil sie *(zuvor)* die Einladung nicht erhalten hatten.	Indikativ Plusquam-perfekt**
	GZ	*porque estavam doentes.* weil sie *(zur damaligen Zeit)* krank waren.	Indikativ Imperfekt

* Diese Zeitenfolge gilt auch bei Hauptsatz im Konditional.

** Die Zeitenfolge wird bei Kausalsätzen – je nach Bezug der Handlung zum Sprechmoment – nicht immer eingehalten, so ist auch der folgende Satz situationsadäquat: *Não participaram na festa, porque não receberam o convite.*

Verkürzung von Kausalsätzen

Der konjunktionale Nebensatz (Konjunktion + konjugiertes Verb) kann durch eine sogenannte »verkürzte« Form (Präposition + persönlicher Infinitiv) ersetzt werden:

Por estarem doentes, não podem vir.	Da sie krank sind, können sie nicht kommen.

Kausalsätze sind auch mit Gerundium verkürzbar (Schriftsprache):

Estando doentes, não podem vir.	Da sie krank sind, können sie nicht kommen.

(Persönlicher Infinitiv und Gerundium siehe Kapitel 17 und 18)

Übungen

1. Setzen Sie in den folgenden Sätzen die richtige Verbform ein und verkürzen Sie die Sätze anschließend mittels der Präposition *por* + persönlichem Infinitiv.

Beispiel: O jogo não terá lugar porque ______________ (estar) a chover.
→ O jogo não terá lugar porque está a chover. / … por estar a chover.

1. Não poderei vir hoje à noite porque [nós] ______________ (fazer) um teste de inglês amanhã e [eu] ______________ (ter) de aprender ainda os vocábulos.
2. Como as novas palavras e expressões ______________ (ser) difíceis, vou precisar de muito tempo.
3. Visto que ninguém __________ (interessar-se) pelo curso de alemão, vão oferecer um curso de inglês.

2. Setzen Sie in den folgenden Sätzen die richtige Verbform ein. Beachten Sie, dass das Verb im Hauptsatz jetzt in einer Vergangenheitszeitform steht.

1. Como a tradução ________________ (ser) muito complicada, precisava de vários dias para a terminar.
2. Dado que tu ________________ (estar) tão preocupada, resolvi não sair à noite.
3. Não quis ir ao cinema porque já ________________ (ver) o filme.

3. Warum hat sich Pedro in Claudia verliebt? Übersetzen Sie mit porque.

Pedro liebt Claudia,

1. … weil sie hübsch und intelligent ist.
2. … weil sie so verschieden sind: Gegensätze ziehen sich an.
3. … weil sie ihn immer verteidigt.

4. Übersetzen Sie mit den angegebenen kausalen Konjunktionen.

1. Heute sind alle Läden geschlossen, weil Feiertag ist. (porque)
2. Gestern waren alle Banken geschlossen, weil Sonntag war. (dado que)
3. Ich werde ihr helfen, weil sie meine Freundin ist. (que)
4. Da sie nun einmal Probleme haben, brauchen sie meine Hilfe. (uma vez que)
5. Da er sein Handy vergessen hatte, konnte er uns nicht anrufen. (como)

45 Indirekte Rede

1. Indirekte Rede der Vergangenheit

Bei der indirekten Wiedergabe von (eigener oder fremder) wörtlicher Rede in der Vergangenheit (indirekte Rede im engeren Sinne) unterliegen die Verbformen der direkten Rede bestimmten Umformungsregeln (zur Zeitenfolge im Indikativ siehe Kapitel 16). Da der wiedergegebene Sprechmoment in der Vergangenheit liegt, wird die indirekte Rede mit einem »Verb des Sagens« in einer beliebigen Vergangenheitsform oder im Konditional (z. B. disse que, dizia que, diria que) eingeleitet.

Umformungsregeln im Indikativ

Direkte Rede		Indirekte Rede	Bezug zum Sprechmoment	
Imperfekt	→	Imperfekt	vorzeitig	VZ
Einfaches Perfekt	→	Plusquamperfekt		
Zusammengesetztes Perfekt	→			
Plusquamperfekt	→			
Präsens	→	Imperfekt	gleichzeitig	GZ
Futur	→	Konditional	nachzeitig	NZ
Konditional	→			

Umformung am Beispiel:

Direkte Rede		Indirekte Rede		
Ela diz:		Ela disse	*Sie hat gesagt,*	
»Eu estudava.«	→	que ela estudava …	*dass sie studiert habe/hätte/hat.*	VZ
»Eu estudei.« »Eu tenho estudado.« »Eu tinha estudado.«	→	que ela tinha estudado …		
»Eu estudo.«	→	que ela estudava …	*dass sie studiere/ studiert.*	GZ
»Eu estudarei (vou estudar).« »Eu estudaria (iria/ia estudar).«	→	que ela estudaria* …	*dass sie studieren würde.*	NZ

* oder Ersatz durch ia estudar/iria estudar

Wie die Übersetzung zeigt, ist die indirekte Rede im Portugiesischen nicht mit der im Deutschen vergleichbar. Im Deutschen bestehen – neben der Verwendung des Konjunktivs (*studiere / studiert habe/hätte*) – größere Freiheiten der Zeitenwahl (*studiert, studiert hat / studierte*). Es folgen einige Beispielsätze:

Direkte Rede	Indirekte Rede
Imperfekt	Imperfekt
A Ana diz: *»O Pedro chegava sempre às 9 h.«* Ana sagt: »Pedro kam immer um 9 Uhr an.«	*A Ana disse* *que o P. chegava sempre às 9 h.* Ana sagte, dass P. immer um 9 Uhr angekommen sei/wäre.
Einfaches Perfekt	Plusquamperfekt
A Ana diz: *»O P. chegou ontem às 9 h.«* Ana sagt: »P. ist gestern um 9 Uhr angekommen.«	*A Ana disse* *que o P. tinha chegado ontem às 9 h.* Ana sagte, dass P. gestern um 9 Uhr angekommen sei/wäre.
Präsens	Imperfekt
A Ana diz: *»O P. chega sempre às 9 h.«* Ana sagt: »Pedro kommt immer um 9 Uhr an.«	*A Ana disse* *que o P. chegava sempre às 9 h.* Ana sagte, dass P. immer um 9 Uhr ankomme/ankäme / ankommen würde.
Futur	Konditional
A Ana diz: *»O Pedro chegará / vai chegar às 9 h.«* Ana sagt: »P. wird um 9 Uhr ankommen.«	*A Ana disse* *que o P. chegaria / ia/iria chegar às 9 h.* Ana sagte, dass P. um 9 Uhr ankommen werde/würde.

Umformungsregeln im Konjunktiv

Werden in der direkten Rede Konjunktivformen verwendet, werden sie nach den folgenden Regeln umgeformt:

Direkte Rede		Indirekte Rede	
Konjunktiv Plusquamp. (*tivesse estudado*)	→	Konjunktiv Plusquamperfekt (*tivesse estudado*)	VZ
Konjunktiv Perfekt (*tenha estudado*)			
Konjunktiv Präsens (*estude*)	→	Konjunktiv Imperfekt (*estudasse*)	GZ/ NZ
Konjunktiv Imperfekt (*estudasse*)			
Konjunktiv Futur (*estudar*)			

Es folgen einige Beispielsätze mit dem Konjunktiv im Nebensatz:

Direkte Rede		Indirekte Rede	
Hauptsatz	Nebensatz	Nebensatz 1	Nebensatz 2
Präsens Indikativ	Präsens Konjunktiv	Imperfekt Indikativ	Imperfekt Konjunktiv
A Ana diz: *»É importante que o Pedro chegue* *às 9 horas.«* Ana sagt: »Es ist wichtig, dass Pedro um 9 Uhr ankommt.«		*A Ana disse* *que era importante que o P. chegasse* *às 9 horas.* Ana sagte, dass es wichtig sei/wäre, dass P. um 9 Uhr ankäme / ankommen würde.	
Imperfekt Indikativ	Plusquamperfekt Konjunktiv	Imperfekt Indikativ	Plusquamperfekt Konjunktiv
A Ana diz: *»Era importante que o Pedro tivesse chegado* *às 9 horas.«* Ana sagt: »Es war wichtig, dass Pedro um 9 Uhr angekommen war.«		*A Ana disse* *que era importante que o P. tivesse chegado* *às 9 horas.* Ana sagte, dass es wichtig war/wäre, dass P. um 9 Uhr angekommen wäre.	
Konditional/ Imperfekt Indikativ	Imperfekt Konjunktiv	Konditional/ Imperfekt Indikativ	Imperfekt Konjunktiv
A Ana diz: *»Seria/Era importante que o Pedro chegasse* *às 9 horas.«* Ana sagt: »Es wäre wichtig, dass Pedro um 9 Uhr ankäme / ankommen würde.«		*A Ana disse* *que seria/era importante que o P. chegasse* *às 9 horas.* Ana sagte, dass es wichtig wäre, dass P. um 9 Uhr ankäme / ankommen würde.	

Abschließend noch einige Beispielsätze mit dem Konjunktiv zum Ausdruck des Imperativs:

2. Person Singular / informell (Duzen)	
Indikativ Präsens	Konjunktiv Imperfekt
A Ana diz: *»Pedro, vem às 9 horas!«*	*A Ana disse* *que o Pedro viesse às 9.*
Ana sagt: »Pedro, komm um 9 Uhr!«	Ana sagte, dass Pedro um 9 kommen soll(e)/ sollte.
3. Person Singular/Plural formell (Siezen)	
Konjunktiv Präsens	Konjunktiv Imperfekt
A Ana diz: *»Venha às 9 horas!«*	*A Ana disse* *que viesse às 9.*
Ana sagt: »Kommen Sie um 9 Uhr!«	Ana sagte, dass er/sie um 9 kommen sollte.

2. Indirekte Rede der Gegenwart

Bei der indirekten Wiedergabe von (eigener oder fremder) wörtlicher Rede in der Gegenwart bleiben die Zeit- und Modusformen so erhalten, wie sie in der direkten Rede geäußert wurden.

Direkte Rede	Indirekte Rede
A Ana diz: *»O P. chegou/chegava às 9 h.«*	*A Ana diz* *que o P. chegou/chegava às 9 h.*
Ana sagt: »Pedro, kam um 9 Uhr!«	Ana sagt, dass Pedro um 9 Uhr kam.
A Ana diz: *»O P. chega / vai chegar às 9 h.«*	*A Ana diz* *que o P. chega / vai chegar às 9 h.*
Ana sagt: »Pedro kommt um 9 Uhr.«	Ana sagt, dass Pedro um 9 Uhr kommt.

Die einzige Ausnahme in der Gegenwart, bei der sich die Verbform ändert, ist der Imperativ in der du-Anrede:

A Ana diz: »Pedro, vem às 9 horas!«	*A Ana diz que o Pedro venha às 9 h.*
Ana sagt: »Pedro, komm um 9 Uhr!«	Ana sagt, dass Pedro um 9 Uhr kommen soll/solle.

3. Pronominal- und Adverbialverschiebung

Durch den Perspektivwechsel in der indirekten Rede ändern sich auch einige Personen- und Situationsbezüge:

Direkte Rede	Indirekte Rede
Demonstrativpronomina	
este, esta, esse, essa isto, isso	aquele, aquela aquilo
Possessivpronomina	
A Ana diz: *»A minha mãe está doente.«* Ana sagt: »Meine Mutter ist krank.«	*A Ana disse* *que a mãe dela estava doente.* Ana sagte, dass ihre Mutter krank wäre/war.
Personen / Personalpronomina	
A Ana diz: *»[Nós] Podemos dar um passeio.«* Ana sagt: »Wir können einen Spaziergang machen.«	*A Ana disse* *que [eles] podiam dar um passeio.* Ana sagte, dass sie einen Spaziergang machen könnten.
Ortsadverbien*	
aqui; cá	ali; lá

* Zeitadverbien siehe nächste Seite.

Zeitadverbien	
hoje	então; naquele dia
ontem	no dia anterior
amanhã	no dia seguinte
no próximo mês / no mês que vem	no mês seguinte
no próximo ano / no ano que vem	no ano seguinte

Übungen

1. Geben Sie die wörtliche Rede indirekt wieder (indirekte Rede der Vergangenheit).

Beispiel: Professora: Explico as regras do uso do conjuntivo.
Aluna: A professora disse que explicava as regras do uso do conjuntivo.

1. Professora: Trago um dicionário.

   ____.

2. Professora: Corrigi os testes ontem à noite.

   ____.

3. Professora: Quando era nova, tinha mais paciência com os alunos.

   ____.

4. Professora: Gostaria de saber os resultados do exercício.

   ____.

2. Formen Sie die folgenden Sätze im Indikativ in die indirekte Rede der Vergangenheit um.

Beispiel: Susana: Esta semana tenho de ir a casa da Ana. →
A Susana disse que naquela semana tinha de ir a casa da Ana.

1. Susana: Passamos pela Ribeira. Esse bairro portuense é muito impressionante.
2. Senhor Santos: Todo o mês que vem, vou estar em Lisboa.
3. D. Idália: Parece-me que a Paula vai gostar da sua estadia no Porto.
4. Catarina: Estive no Algarve, não recebi a notícia.
5. Avó Antónia: Na minha infância passava o verão sempre no Alentejo.
6. Amália: No próximo ano farei uma viagem para o Brasil.

3. Formen Sie die folgenden Sätze mit Konjunktiv im Nebensatz in die indirekte Rede der Vergangenheit um.

Beispiel: Sr. Santos: Espero que eles cheguem cedo. →
O Sr. Santos disse que esperava que chegassem cedo.

1. Pedro: Espero que a minha amiga esteja melhor.

   ____.

2. Rita: Fico contente que ele me tenha escrito.

   ____.

3. Ana: Queria que me informassem com antecedência.

____.

4. D. Idália: Se não forem dentro de pouco tempo, vão perder o barco.

____.

4. Und wie funktioniert die Umformung in die indirekte Rede der Vergangenheit im Imperativ?

Beispiel: Avó Antónia: Fecha a porta, Pedro! →
A avó Antónia disse que o Pedro fechasse a porta.

1. Paula: Procura a palavra no dicionário, Isabel!

____.

2. Rosa: Estejam cá por volta das 8 horas para jantarmos.

____.

3. Susana: Tenha paciência comigo.

____.

4. Rita: Dá-me o endereço eletrónico do Paulo, por favor.

____.

5. Wenn Susanas Bruder etwas sagt, ist seine Schwester oft anderer Meinung. Beginnen Sie die folgenden Sätze mit *Não penso que …* (+ Konjunktiv) und formen Sie in die indirekte Rede der Vergangenheit um.

Beispiel: Pedro: O meu amigo sabe cantar bem.
Susana: Não penso que o teu amigo saiba cantar bem.
→ A Susana disse que não pensava que o amigo dele soubesse cantar bem.

1. O filme é bom.
2. A Ana gosta de mim.
3. O FC Porto ganha o jogo.

6. Lernen Sie weitere Verben, um sich in der indirekten Rede auszudrücken. Formen Sie den folgenden Text in die indirekte Rede der Vergangenheit um.

Nas caves da Real Companhia Velha

– O vinho do Porto é muito famoso também no estrangeiro, disse a Susana, e acrescentou:

– O vinho do Porto é exportado a partir das caves que se situam na margem esquerda do rio Douro, em Vila Nova de Gaia, para todo o mundo.

– Esta viagem era feita, outrora, nos históricos ›Barcos Rabelos‹, explicou a mãe.

A Paula quis saber: – Posso comprar uma garrafa para levar a casa? Os meus pais vão gostar sobretudo do *Ruby*.

A Susana afirmou: – Também gosto muito do vinho mais doce, já estou com um grão na asa. É melhor que não bebamos mais …

Vamos – disse a mãe. – O barco vai partir na margem oposta pelas 14 horas.

Vokabelhilfe: *acrescentar* hinzufügen | *explicar* erklären | *afirmar* sagen/bekräftigen/ bestätigen | *estar com um grão na asa* beschwipst sein / einen in der Krone habe

7. Übersetzen Sie jetzt die folgenden Sätze. Sie können die Sätze zuerst in der direkten Rede aufschreiben und danach umformen.

1. Paula sagte, dass das neue Zimmer von Susana wirklich sehr schön wäre.
2. Susana sagte, dass sie eine Party machen wollte und auch ihre neuen Freunde aus Porto einladen würde.
3. Paula fügte hinzu, dass sie einen Kuchen backen würde, der eine Lissaboner Spezialität wäre.
4. Susana fragte ihren Bruder, ob er jemanden für das Wochenende eingeladen hätte oder ob sie sein Zimmer nutzen könnte.

8. Formen Sie die folgenden Sätze in die direkte Rede um.

Beispiel: A Ana disse que no dia anterior tinha chovido muito.
→ Ana: »Ontem choveu muito.«

1. A Susana disse que iria à praia com o seu irmão.
2. A vizinha afirmou que naquele dia estava muito calor.
3. O Pedro acrescentou que tinha recebido uma notícia da irmã dele.
4. O pai contou que na véspera se tinha sentido mal.
5. A professora pediu que os alunos lessem o texto em voz alta.
6. A D. Idália propôs que a sua filha perguntasse à avó.

9. Formen Sie das Interview in einen fortlaufenden Text in der indirekten Rede der Vergangenheit um.

Conversa com Mariza (*Cristina Krippahl*)

Mariza: »[...] Eu penso sempre nas minhas raízes, donde vim, como tudo aconteceu.«

PP: »Como é que foi?«

Mariza: »Eu nasci em Moçambique, fui viver para a Mouraria, tinha uma infância difícil. [...] Aos seis anos já trabalhava, aos cinco já cantava. Fiz um disco para oferecer à família e a amigos e de repente comecei a fazer espetáculos sem dar conta e são sete anos de tournée consecutiva. Portanto, manter os pés assentes no chão é fácil, é só pensar de onde é que eu vim. Agora quando começo a olhar para onde é que eu vou, aí já fica muito difícil [...]«

PP: »Qual é o seu balanço pessoal ao cabo de sete anos?«

Mariza: »Acho que eu sou uma privilegiada. Muito sinceramente, eu não escolhi ser cantora. As coisas aconteceram de uma forma natural. Mas sinto que é um privilégio enorme poder cantar para um público que já me acompanha não só pela curiosidade pela cultura que eu represento mas também porque me conhece como cantora e intérprete.«

(Quelle: Portugal Post – 17.07.2008 – Text gekürzt und adaptiert)

Lösungsschlüssel

Mögliche Lösungen für »freie Übungen« werden in diesem Schlüssel nicht gegeben.

1 Substantive — S. 7–10

1. Maskulina: ano, calor, sol, coração, problema, nariz, doutor, lápis, peixe, porco | Feminina: terra, medicina, flor, carta, semana, idade, paz, doutora, carne, laranja
2. 1. a foto da amiga | 2. a foto dum/de um homem | 3. os carros das mães | 4. o cão da senhora | 5. Escrevemos um postal aos alunos. | 6. Mando/Envio uma carta a um amigo. | 7. Oferecem uma viagem aos pais. | 8. O ladrão rouba o dinheiro à senhora velha.
3. o braço, o pé, a perna, o joelho, o calcanhar, a unha, a mão, o nariz, o coração, a costela, o tórax, o rim
4. a cidade, o/a estudante, o/a presidente, o/a doente, a torre, o convite, o nome, a neve, a chave, o volume, a arte, o bebé, o/a cliente, o/a intérprete, a noite, a pele, o dente | a bicicleta, o mapa, o chá, a empresa, o/a especialista, a médica, o cinema, o/a desportista, a equipa, a irmã, o tema, o/a dentista, a gramática, o/a artista, a dúvida
5. cidadão, questão, pão, maçã, chapéu, freguês, luz, barril, lençol, lápis
6. maçãs, figos, pêras, melões, amendoins, nozes, pêssegos, ananases, laranjas, limões
7. os motores, os polícias, os homens, os sais, as profissões, as comidas, os pães, os hotéis, as mulheres, os almoços, os portugueses, os faróis, as mãos, as irmãs, os irmãos, os casais, os papéis, os rapazes, os túneis
8. a brasileira, a portuguesa, a alemã, a guineense, a angolana, a vietnamita, a leoa, a cadela, a guia, a atriz, a jornalista, a enfermeira, a música, a vendedora

2 Präsens: regelmäßige Verben — S. 11–12

1. 1. O senhor Santos adora marisco. | 2. O Alfredo sabe muito de computadores. | 3. Os amigos dela desaconselham uma dieta. | 4. O sogro dela viaja hoje para o estrangeiro. | 5. Nós abrimos a porta e eles entram.
2. 1. perguntam (ao treinador) | 2. partes | 3. grita – compreende | 4. envio | 5. cozinha
3. 1. fumo | 2. bebes | 3. estudamos | 4. joga | 5. gostam – tocam | 6. parte – chega
4. 1. penteio – Ich kämme mir die Haare. | 2. nomeio – Ich ernenne Carlos zum Teamleiter. | 3. odeio – Ich hasse diese Situation. | 4. passeio – Ich spaziere durch die Straßen der Stadt. | 5. receio – Ich fürchte die negativen Konsequenzen. | 6. premeio – Ich zeichne den besten Text aus.
5. 1. Ele semeia sempre milho, mas este ano nós (é que) semeamos trigo. | 2. Odeio isso! | 3. Eles passeiam pelo parque. | 4. Todos os anos o júri premeia o melhor romance.

3 Präsens: unregelmäßige Verben (1) — S. 13–16

1. 1. vão – Susana und Pedro gehen dieses Wochenende zum Spiel von Benfica. | 2. fica – vê – Ihr Vater bleibt zu Hause und sieht das Spiel im Fernsehen. | 3. vão – visitam – tem – mora – Die Mutter und Susana fahren mit dem Auto in die Stadt und besuchen Oma Antónia.

Sie (Diese) ist 78 Jahre alt und wohnt in einer kleinen Wohnung. | 4. treinam – Die Spieler der Nationalmannschaft trainieren fünfmal pro Woche. | 5. vêm – estão – Alberto und seine (die) Ehefrau kommen heute nicht zur Feier, sie sind im Ausland.

2. 1. venho – Ich komme zum ersten Mal zu diesem Treffen. | 2. vejo – sei – devo – Ich sehe nichts. Ich weiß nicht, wohin ich gehen soll. | 3. sei – sou – Ich kenne die Wahrheit und bin glücklich. | 4. caibo – Ich passe nicht in dieses kleine Auto!

3. Infelizmente não nos podemos encontrar amanhã. Vou para o Algarve com a minha turma / o meu grupo e só voltamos de Faro domingo à noite. Tens tempo às 20.00 horas? Vemo-nos? Beijinhos, Claudia

4. 1. Eu dou a mão ao amigo. | 2. Ele faz progressos nos estudos. | 3. O empregado traz as bebidas. | 4. As galinhas da minha tia põem muitos ovos. | 5. A avó Antónia não pode ler sem óculos. | 6. Ele é mentiroso, nunca diz a verdade.

5. 1. Trazemos-te aqui uma prenda de aniversário. *Wir bringen dir hier ein Geburtstagsgeschenk.* | 2. Damos-lhes o dinheiro amanhã. *Wir geben ihnen das Geld morgen.* | 3. Não lhes fazemos a vontade desta vez. *Wir tun ihnen diesmal nicht den Gefallen.* | 4. Dizemos-te já que vai ser difícil. *Wir sagen dir gleich, dass es schwierig sein wird.* | 5. Onde pomos a tua mala? *Wo stellen wir deinen Koffer hin?* | 6. Onde podemos acender a luz? *Wo können wir das Licht einschalten?* | 7. Perdemos sempre as chaves. *Wir verlieren immer die Schlüssel.* | 8. Não sabemos se vamos ao Porto no sábado. *Wir wissen nicht, ob wir am Samstag nach Porto fahren.*

6. 1. Hoje os amigos vão de autocarro. | 2. Vou ao museu com a Isabel. | 3. Vens? Já vou. | 4. Vejo o Pedro e a Susana no fim de semana. | 5. Não sou daqui. Não sei explicar o caminho. | 6. Ele quer comprar uma prenda para a sua avó.

7. No Brasil produz-se café. | Em Portugal produz-se vinho. | Na Alemanha produzem-se carros. | No Japão produzem-se computadores. | Na Irlanda produz-se uísque. | Na Suíça produz-se chocolate.

8. O senhor Santos, o pai da Susana e do Pedro, quer festejar os seus anos / o seu aniversário no fim de semana. Vêm 15 pessoas. O senhor Santos cozinha bem, adora vinho e peixe. Por isso prepara uma *Bacalhau à Brás* e compra vários vinhos. O irmão da Senhora Santos, Alberto, não pode vir, está no estrangeiro. Também o Pedro ainda não sabe se pode vir. Ele joga futebol numa equipa juvenil e tem um jogo importante no Algarve. A Susana põe a mesa. Os primeiros convidados chegam / estão a chegar. O senhor Santos leva-os para o jardim da casa. Todos dão os parabéns e entregam os presentes. Eles elogiam a comida fantástica e o Vinho Verde.

9. 1. contribuir – contribuem | 2. distribuir – distribuem | 3. substitutir – substituem | 4. destruir – destruem/destroem

10. 1. traduz | 2. gosta – diz – oiço/ouço | 3. conduz | 4. substitui

4 Präsens: unregelmäßige Verben (2) *S. 17–19*

1. 1. descubro – Ich entdecke immer Fehler in der Technik von Pedros Mannschaft. | 2. durmo – Morgen schlafe ich lange, weil das Spiel erst um 17 Uhr beginnt. | 3. fujo – Ich fliehe vor der Gefahr. | 4. agrido – Ich greife (*physisch*) den gegnerischen Spieler an. | 5. subo – Ich steige mit der Mannschaft in der Tabelle auf.

2. 1. preferimos | 2. me sinto – consumo | 3. subimos | 4. tosse | 5. veste – visto

3. insere-se | posso | consegue | prefere | digo | é | são | vemos | queremos
4. 1. Du befolgst den Rat des Trainers. | 2. Er lügt häufig. | 3. Wir stimmen dem Vorschlag zu. | 4. Ich entdecke neue Talente in dir. | 5. Wir schütteln die Teppiche aus. | 6. Die Mäuse fliehen vor dem Getigerten Rodolfo. | 7. Die Bomben explodieren. | 8. Der Schnee bedeckt die Erde. | 9. Die Lamas spucken. || A: seguir, mentir, consentir | C: descobrir, explodir, cobrir | D: sacudir, fugir, cuspir
5. 1. digo | 2. são | 3. prefere | 4. posso | 5. queremos | 6. insere | 7. vemos | 8. consegue || DESPORTIVO
6. (eles/elas) inserem-se | podem | conseguem | preferem | dizem | são | são | veem | querem
7. desce | buscar | ouve | surge-lhe | pragueja | chama | aparece | descem | colocam | veem | finge | dá | foge
8. 1. … e não exerço uma profissão. … não exercem uma profissão. | 2. … e reajo rapidamente. … reagem rapidamente. | 3. … e fujo de cães. … fogem de cães. | 4. … e não elejo o Presidente. … não elegem o Presidente. | 5. … e finjo ser inocente. … fingem ser inocentes.

5 Das Verb *ser* — *S. 20–23*

1. 1. foi – é/será | 2. são – é | 3. era | 4. são – É – São
2. 1. Quando é/será o próximo jogo? É na próxima segunda-feira. | 2. Quantos quilómetros são até ao centro da cidade? | 3. Hoje é quarta-feira, 17 de janeiro. São 13.00 horas. | 4. Quando foi o concerto? Foi no domingo às 16.00 horas. | 5. Daqui até à casa são pelo menos 4 quilómetros.
3. são | são | são | são | são | é | é | é | és
4. 1. é B. É | 2. foram E. Foram | 3. é/foi D. É/Foi | 4. são A. São | 5. é C. É
5. 1. é – A minha aula de ioga é às 18.00 horas. | 2. é – O meu encontro com a Ana é na quarta-feira. | 3. é – é – O meu treino é na quinta-feira e é à tarde.

6 Das Verb *estar* — *S. 24–25*

1. estás | estou | estão | estão | está
2. Estava frio, chuva e vento. A Susana já estava cedo em casa. As chaves do carro do seu pai estavam na mesa e o carro estava diante da casa. Porém, o seu pai não estava em casa. Só o seu irmão Pedro estava sentado ao computador no seu quarto. No chão estavam livros e revistas. O Pedro estava surpreendido por ver a sua irmã Susana.

   P: Tu já estás aqui? Não estás na aula de dança até às 17 horas? | S: Sim, mas o professor está doente. Onde estão os outros? | P: Ainda estarão na cidade. | S: Na cidade? Mas o carro do pai está aqui.

   A Susana estava preocupada. Mas o Pedro estava com um sorriso na cara. »Só estou a brincar«, disse ele, »eles estão ao lado em casa da família Lopes«. Pouco tempo depois, o senhor Santos e a sua mulher estavam de volta. Todos estavam molhados pela chuva. O senhor Santos estava com um cesto no braço. No cesto estava um gatinho cinzento. A Senhora Santos disse: »Esta é *Mimi*, uma filhinha do *Rodolfo* e da gata da família Lopes. Estás de acordo se ficamos com ela?« A Susana estava fora de si de alegria.

7 Die Verben *ser* und *estar* im Vergleich — S. 26–27

1. 1. somos | 2. são | 3. é | 4. está | 5. é | 6. está | 7. é | 8. estamos – são
2. 1. Ela estava bonita. Ela é bonita. | 2. Ela é simpática. Ela estava simpática. | 3. O vestido da Ana era vermelho. A Ana estava toda vermelha. | 4. Ele está aborrecido com ela. Às vezes isso é aborrecido.
3. A. sou – sou – sou – sou – estar | B. é – é || VENTO
4. 1. As rosas para a avó são compradas pelo Sr. Santos. As rosas estão compradas. | 2. Os vizinhos são informados pela Susana. Os vizinhos estão informados. | 3. O texto para a escola é traduzido pela Dona Idália. O texto está traduzido. | 4. As janelas são fechadas pela avó. As janelas estão fechadas.
6. 1. está – FAZER PLANOS | 2. é – COMER | 3. é – é – FALAR | 4. estão – está – ESTAR TRISTE

8 Einfaches Perfekt — S. 28–31

1. José Saramago wurde 1922 in einer Landarbeiterfamilie geboren. Seine Eltern zogen nach Lissabon, wo er seine Jugend verbrachte. Er besuchte das Gymnasium, konnte den Schulbesuch jedoch aufgrund finanzieller Schwierigkeiten nicht fortsetzen. Er war Autodidakt, und bevor er sich ausschließlich der Literatur widmete, arbeitete er als Schlosser, Mechaniker, Zeichner, Verleger, Übersetzer, Journalist. Er begann sein literarisches Schaffen 1947 mit dem Roman »Terra do Pecado« (*Land der Sünde*), veröffentlichte danach jedoch erst wieder 1966. Er arbeitete 12 Jahre lang in einem Verlag. 1972 und 1973 gehörte er zur Redaktion der Tageszeitung »Diário de Lisboa«, wo er politischer Kommentator war. Von 1976 an lebte er ausschließlich von seiner literarischen Arbeit, anfänglich als Übersetzer, später als Autor. 1980 erlangte er Berühmtheit mit dem Buch »Levantado do Chão« (*Hoffnung im Alentejo*). Zwei Jahre später veröffentlichte er den Roman »Memorial do Convento« (*Das Memorial*). Er war der erste portugiesischsprachige Schriftsteller, der 1998 den Literaturnobelpreis erhielt. Er starb 2010.

   nasceu – emigraram – passou – Fez – pôde – trabalhou – Iniciou – Trabalhou – fez – foi – passou (a viver) – alcançou – publicou – Foi – Morreu
2. 1. cheguei – Fui – fiz – Liguei – ouvi – adormeci | 2. fizeram – fizemos | 3. assististe | 4. começou | 5. disseram-me | 6. descobri
3. 1. Onde nasceste? Nasci na/em França. | 2. O filme foi muito interessante. | 3. Eles tiveram um acidente na semana passada. | 4. Ontem conhecemos o amigo da Teresa. | 5. Não encontrei esta palavra no dicionário. | 6. De 1992 a/até 1996 ela estudou em Lisboa. | 7. Como foi o trabalho hoje?
4. Ontem levantei-me às 7.30 horas. Tomei banho/duche, tomei o pequeno almoço e, às 8.30 horas, fui de autocarro para a universidade. O primeiro curso de Língua começou às 9.15 horas. Fizemos uma tradução do alemão para o português, o texto não foi difícil.

   Na segunda aula encontrei a minha amiga Luisa. Decidimos tomar um café juntas. Infelizmente perdi a aula de Literatura. Quando cheguei a casa, telefonei à minha colega de estudo Juliane para saber os temas. À tarde ainda tive de ler um artigo longo.
5. C: Já mudaste de casa? | S: Sim, já mudei para o Porto. Nunca estiveste no Porto? | C: Não, nunca conheci uma grande cidade. | S: Já vivi nas duas maiores cidades de Portugal. Até 1990 moramos/ morámos no Porto, depois mudamos/ mudámos para Lisboa, agora tivemos de mudar outra vez para o Porto.

6. 1. fui | 2. inaugurou | 3. vi – viu | 4. vestiram – foram-se (embora) | 5. descobriram | 6. chegou – decidi
7. 1. Na quinta-feira não pudemos vir, a Annika não veio hoje. | 2. Ainda não li o novo livro de Paulo Coelho. Vocês trouxeram o livro? | 3. Cheguei há poucos minutos. De repente começou a chover. | 4. Quando entrei na sala, vi-te logo. | 5. O meu marido terminou os seus estudos em setembro. | 6. Vi o filme três vezes.

9 Imperfekt S. 32–36

1. Der egoistische Riese | Inmitten der kleinen Stadt erhob sich, groß, das Schloss des Riesen. Er jedoch war vor einiger Zeit auf Reisen gegangen. Um das Schloss herum gab es einen großen, sehr schönen Garten, bedeckt mit weichem Rasen. Hier und dort wuchsen schöne Blumen, die wie Sterne aussahen, und es gab zwölf Pfirsichbäume, die sich im Frühling mit zarten rosa und perlenfarbenen Knospen bedeckten und im Herbst köstliche Früchte trugen.

   Jeden Nachmittag, wenn sie aus der Schule kamen, pflegten die Kinder im Garten des Riesen zu spielen. Die Vögel in den Bäumen sangen so schön, dass die Kinder ihre Spiele unterbrachen, um ihnen zuzuhören. – Wie gut ist es, in diesem Garten zu sein! – sagten sie zueinander.

   Eines Tages kam der Riese zurück. ... – Was macht ihr hier? – schrie er sie sehr wütend an, und die Kinder rannten alle voller Angst davon. – Mein Garten gehört nur mir! – sagte der Riese ... Er baute dann eine große Mauer um den Garten herum und stellte davor ein Schild auf: ZUTRITT VERBOTEN. Er war wirklich ein sehr egoistischer Riese.

   erguia-se | tinha (partido) = *Plusquamperfekt* | havia | cresciam | pareciam | havia | (se) cobriam | davam | vinham | costumavam | cantavam | paravam | diziam | era
2. 1. tinha – contava-nos – ouvia-nos – Mein Großvater hatte viel Geduld mit den Enkeln: Er erzählte uns viele Geschichten und hörte uns aufmerksam zu. | 2. era – Früher war er sympathisch. Jetzt ist er es nicht mehr. | 3. íamos – In jenem Jahr in Spanien fuhren wir oft nach Madrid. | 4. era – costumava – Als ich jünger war, verbrachte ich die Ferien gewöhnlich bei meinem Onkel und meiner Tante auf dem Land. | 5. tinha – dava – Das Haus hatte eine Terrasse, die zu einem Garten hinausging. | 6. havia – escreviam – Früher gab es keine Computer und kein Internet, die Leute schrieben Briefe. | 7. comíamos – abriam – Jedes Jahr am 24. Dezember aßen wir Bacalhau und am 25. morgens packten die Kinder die Geschenke aus.
3. 1. achava | 2. dormia | 3. ficava | 4. amavas | 5. abriam | 6. trazia | 7. falava || COIMBRA
4. 1. Na minha juventude gostava de sair à noite. *In meiner Jugend ging ich gern abends aus.* | 2. Antigamente não praticávamos desporto e não nos alimentávamos bem. *Früher trieben wir keinen Sport und ernährten uns nicht gut.* | 3. No século XV ainda não havia eletricidade e água. *Im 15. Jahrhundert gab es keinen Strom und kein Wasser.* | 4. Antes da sua estadia nos EUA não falava bem inglês. *Vor seinem Aufenthalt in den USA sprach er nicht gut Englisch.* | 5. Há alguns anos ela trabalhava na rádio. *Vor einigen Jahren arbeitete sie beim Radio.*
5. 1. Onde passavas as férias de inverno? Eu passava as férias de inverno na Áustria. | 2. Aonde ias jantar em Lisboa? Eu ia jantar ao Bairro Alto. | 3. Com quem falavas sobre o estágio? Eu falava com o professor de economia. | 4. O que davas de comer a um gato doente? Eu dava-lhe leite misturado com água.

6. 1. Falavas com ele? | 2. Ajudavas-me? | 3. Davas-me o jornal? | 4. Ia até à porta? | 5. Sentava-se um momento? | 6. Trazia-me mais uma água? | 7. Abria a janela? || FADISTA
7. Era – Tinha – morava – passava – Era – havia – estavam – apareciam – Havia – era – passava – corriam – adorava – tinha

   Es war einmal ein weißes Haus in den Dünen. Es hatte eine Tür, sieben Fenster und eine Terrasse aus Holz. In diesem Haus wohnte ein kleiner Junge, der die Tage damit verbrachte, am Strand zu spielen. Es war ein sehr großer Strand, wo es viele wunderbare Felsen gab. Während der Flut waren die Felsen mit Wasser bedeckt. Bei Ebbe jedoch tauchten die Felsen auf, bedeckt mit Tang und Algen. Es gab Steine in allen Farben und Formen. Und das Wasser des Meeres war klar und kalt. Manchmal kam ein Fisch vorbei und überall liefen eilig die Krebse herum. Der kleine Junge aus dem weißen Haus liebte die Felsen und die durchsichtige Frische des Wassers über alles. Und deshalb tat es ihm sehr leid, kein Fisch zu sein.
8. 1. Ficávamos satisfeitos/alegrávamo-nos quando a nossa tia Mia nos visitava. | 2. Ela trazia sempre pequenas prendas para as crianças. | 3. Ela era uma mulher alta e elegante e tinha cabelo loiro. | 4. Ela costumava estar sentada na cozinha com os meus pais e eles conversavam. | 5. Ela ficava muitas vezes até à meia-noite.

10 Zusammengesetztes Perfekt *S. 37–38*

1. 1. Verbrauch regionaler Gemüseprodukte steigt / ist gestiegen. | 2. Sparquote in Portugal sinkt / ist gesunken. | 3. Bücher sind/waren und werden es weiterhin sein: eines der wichtigsten Mittel der Informationsbewahrung und -übertragung. | 4. Die Wirtschaftskrise führt / hat zu Arbeitslosigkeit in den Familien geführt. | 5. Die Situation hat sich in den letzten Jahren verschlechtert.
2. 1. tens discutido | 2. tem tido | 3. tem passado | 4. tenho estado | 5. tem andado | 6. tem recebido | 7. tem aprendido
3. 1. Nos últimos tempos tem estado frio no norte de Portugal. | 2. Tens falado com ele (nos últimos tempos)? Não o tenho encontrado (há algum tempo). | 3. O número de estudantes na Universidade do Porto tem aumentado (nos últimos anos). | 4. Desde que (me) mudei para o Porto, tenho tido muitas visitas. | 5. Ela tem-se interessado mais por desporto, desde que o conheceu.

11 Plusquamperfekt *S. 39–41*

1. assistira – tinha assistido | partíramos – tínhamos partido | estiveras – tinhas estado | puséramos – tínhamos posto | dissera – tinha dito | ouvíramos – tínhamos ouvido | fizera – tinha feito | viram – tinham visto | viera – tinha vindo | foram – tinham ido (Verb: ir) / tinham sido (Verb: ser)
2. 1. *tinha ouvido* – Als sie ankamen, hatte der Direktor schon von dem Unfall gehört. | 2. *tinha comprado* – Meine Freundin hatte schon einen Stadtführer gekauft, als ich sie anrief, um den Weg zu erklären. | 3. *tinha ido* – Im vergangenen Jahr ist Rita nach Brasilien gefahren und es hat ihr sehr gefallen. Paulo war schon im Jahr zuvor dort hingefahren. | 4. *tinha assistido* – Sie wollte ein Live-Konzert besuchen, weil sie nie eins besucht hatte. | 5. *tinha usado* – *tinha tido* – Mein Kollege hatte dieses Medikament schon verwendet und hatte keine allergische Reaktion (gehabt). | 6. *tinha trabalhado* – Früher hatte mein Vater bei der Bank »Santander Totta« in Lissabon gearbeitet. | 7. *tinha arrumado* – Bevor er ins Kino ging, hatte mein Bruder sein Zimmer aufgeräumt.

3. 1. Antes de (ela) dar uma volta pela cidade, (ela) tinha-se informado sobre visitas guiadas na internet. | 2. Até ontem não tinha ouvido nada disso. | 3. Quando cheguei a casa, já tinha parado de chover. | 4. Já (alguma vez) o tinhas visto antes? | 5. Antes ela tinha estudado Matemática.

12 Vergangenheitszeiten und ihr Gebrauch im Vergleich *S. 42–45*

1. nadava, olhavam, era, tinha, faziam (*Imperfekt*): Schilderung einer Hintergrundsituation / eines Zustandes | decidiu (*Einfaches Perfekt*): neu einsetzende Handlung | olhou e viu (*Einfaches Perfekt*): aufeinander folgende punktuelle Handlungen | era (bonito), queria (acreditar), estava (sozinho) (*Imperfekt*): Beschreibung des Aussehens, des Zustandes | (se) tinha transformado, tinha encontrado (*Zusammengesetztes Plusquamperfekt*): abgeschlossene Handlung in der Vorvergangenheit
2. 1. trabalhei | 2. trabalhava | 3. tenho trabalhado | 4. tinha trabalhado
3. cheguei – fui – sentei-me – abri – vi – li | eram – cheguei – fui – estava – sentei-me – abri – estava – vi – era – li
4. 1. ia | 2. tinha – dava | 3. estava – chegaram | 4. tem dedicado | 5. tinha partido – foram | 6. Era – acabou | 7. telefonava – consertava | 8. era – tinha
5. Man diskutiert / hat diskutiert (in letzter Zeit) viel über den neuen Flughafen. – Man hatte (zuvor) viel über den neuen Flughafen diskutiert. | Ich höre / habe gehört (in letzter Zeit) von deinem Geschichtslehrer. – Ich hatte (zuvor) von deinem Geschichtslehrer gehört (reden hören).
6. 1. era – costumava | 2. Estava – entrou | 3. tenho chegado | 4. preparava – lia
7. 1. Eu estava a ler quando ela ligou / telefonou. | 2. A Catarina ainda não me respondeu à mensagem que lhe tinha enviado. | 3. Amanhã vou a um concerto, ontem fui a uma exposição. | 4. Estive lá há um mês. | 5. Hoje tive uma aventura com que não tinha contado. | 6. Era meio-dia quando a reunião acabou. | 7. Ontem à noite telefonei-te, mas não estava ninguém em casa. | 8. Nos últimos tempos tem estado calor no Algarve. | 9. Era um quarto grande e claro com três janelas que davam para o jardim.

13 Konditional *S. 46–50*

1. A Dona Idália faria uma viagem ao Canadá. | A avó Antónia iria sair para um baile com o seu amigo. | O Senhor Santos compraria o último modelo da BMW. | O Pedro jogaria no clube do Benfica. | A Susana gostaria de ser uma bailarina conhecida. | O Rodolfo Tigrado daria um passeio com a gata da família Lopes.
2. 1. Senão, veria o jogo na TV. *Sonst würde er sich das Spiel im Fernsehen ansehen.* | 2. Senão, ofereceríamos mais dinheiro. *Sonst würden wir mehr Geld bieten.* | 3. Senão, terias que ir à Embaixada na capital. *Sonst müsstest du zur Botschaft in der Hauptstadt fahren.* | 4. Senão, teriam que pagar uma multa elevada. *Sonst müssten sie eine hohe Strafe zahlen.*

3. a. faria | b. veria | c. viria | d. dormiria | e. diria | f. conseguiria | g. reagiria | h. traria || REI DE PORTUGAL
4. 1. Präsident der USA, G.W. Bush, soll gefragt haben, was der G20 wäre. | 2. Fahrer des Krankenwagens soll zugegeben haben, dass er am Lenkrad geschlafen hat. | 3. Cisco soll ein Kaufangebot für Skype vorgelegt haben. | 4. Behörde der USA soll radioaktives Strahlenrisiko der Tomografie nicht gekannt haben. | 5. UFO soll über Atacama-Wüste gesehen worden sein.
5. 1. Eu telefonava ao médico. *Ich würde den Arzt anrufen.* | 2. Eu fazia a tradução como ele disse. *Ich würde die Übersetzung machen, wie er gesagt hat.* | 3. A Dona Idália reconhecia a minha amiga. *D. Idalia würde meine Freundin wiedererkennen.* | 4. Podia trazer-me a conta, por favor? *Würden Sie mir bitte die Rechnung bringen?* | 5. Não o trazíamos amanhã. *Wir würden es morgen nicht bringen.* | 6. Visitavam-nos com muito prazer. *Sie würden uns sehr gern besuchen.* | 7. O Senhor Santos pedia-lhe desculpa. *Herr Santos würde ihn/sie/Sie um Entschuldigung bitten.*
6. 1. O que faria o Sr./a Sra.? Começaria? Não, eu ainda esperaria. | 2. O que farias? Queixar-te-ias? Sim, eu escreveria uma carta. | 3. Como reagiriam os teus amigos? Diriam alguma coisa contra ti? Não, eu penso que estariam contentes.
7. 1. Senão, eu teria perdido o comboio. *Sonst hätte ich den Zug verpasst.* | 2. Senão, um cão teria ferido a gatinha. *Sonst hätte ein Hund das Kätzchen verletzt.* | 3. Senão, a equipa teria perdido o jogo. *Sonst hätte die Mannschaft das Spiel verloren.* | 4. Senão, ele não teria vindo. *Sonst wäre er nicht gekommen.*
8. 1. Eu não lhe teria dado a mão. | 2. Eu não teria dito nada e não o teria provocado. | 3. Eu não teria usado o vestido. | 4. Eu não me teria metido no conflito. | 5. Eu teria ficado e teria esperado por ele.

14 Futur *S. 51–55*

1. comprará | estudarás | escreverás | comeremos | discutiremos | partirei | partirão | seremos | estaremos | terás | fará | trarei | sentir-se-á | virei | viremos | veremos
2. Dona Idália: »No ano novo eu farei uma dieta.« | Senhor Santos: »No ano novo eu deixarei de fumar.« | Pedro: »No ano novo eu estudarei mais para a universidade.« | Susana: »No ano novo eu irei mais vezes à aula de piano.« | Rodolfo Tigrado: »No ano novo eu tornar-me-ei num bom gato.«
3. Pedro → Susana: Pedro, poderás fazer gastos em prazeres pessoais. Poderás encontrar um novo amor. | Oma Antónia → Dona Idália: Idália, na saúde, o novo ano não será dos melhores, mas haverá satisfação no trabalho, e na vida amorosa saberás aproveitar os momentos a dois. | Dona Idália → Sr. Santos: Paulo, no trabalho, surgirão novos estímulos. Deverás dar mais atenção à saúde. Na vida amorosa, uma relação consolidar-se-á.
4. 1. Ele virá à festa no fim de semana? Será que ele vem à festa no fim de semana? | 2. Ele terá uma namorada? Será que ele tem uma namorada? | 3. Ele só brincará comigo? Será que ele brinca comigo? | 4. Ele interessar-se-á pela Rita? Será que ele se interessa pela Rita?
5. 1. Não te preocupes, ele terá deixado o telemóvel em casa. | 2. … ele não terá conseguido um táxi. | 3. … ele terá saído tarde de casa. | 4. … ele ainda terá comprado rosas no caminho.

6. 1. faremos | 2. roubarás | 3. agradecerá | 4. poderão | 5. falarei | 6. ficarás | 7. comprará | 8. partirás | 9. irá | 10. agitarei | 11. terás | 12. será | 13. dirá | 14. traremos || RODOLFO TIGRADO
7. 1. teremos comprado | 2. teremos voltado | 3. ter-me-ei deitado | 4. terei falado

15 Das periphrastische Futur *S. 56–57*

1. vai trazer | vou dizer | vão fazer | vou poder | vou estar | vou ser | vou ouvir | vou trazer | [nicht möglich] | [nicht möglich] | vai saber | vais ver
2. Algumas das previsões mais surpreendentes para o ano de 2012 são: 1. As ações da Apple vãoter uma queda ... Os produtos mais inovadores da Apple, o iPhone e o iPad, vão enfrentar ... | 2. A crise da dívida da União Europeia vai voltar com toda a força ... as bolsas vão ter uma queda ... | 3. Vai surgir um candidato ainda não anunciado e vai conseguir a presidência ... | 4. O preço do trigo vai duplicar ...
3. O meu marido vai estar em Madrid e vai ter um workshop do seu banco. | O Pedro vai ficar em casa de um amigo dele e vai estudar para o exame universitário de geografia. | A minha mãe vai encontrar-se com uma amiga da juventude. | A Susana vai a Lisboa e vai visitar as amigas de escola dela. | O nosso gato vai ficar em casa do vizinho que tem um gato também. | Nós vamos ter tempo para conversar e vamos poder ir ao teatro. || WINDSURF

16 Die Zeitenfolge im Indikativ *S. 58*

1. 1. Eu sabia quando a) ele tinha trabalhado. – b) ele trabalhava. – c) ele trabalharia / iria trabalhar (trabalhava/ia trabalhar). | 2. Ela viu que a) ele tinha levado a mala. – b) ele levava a mala. – c) ele leva-ria / iria levar (levava/ia levar) a mala. | 3. Era óbvio que a) tinha chovido. – b) chovia. – c) choveria / iria chover (chovia/ia chover).

17 Persönlicher Infinitiv *S. 59–62*

1. 1. [tu] comprares – Es ist besser, dass/wenn du das Buch im Buchladen kaufst. | 2. [eles] chegarem – Es ist möglich, dass sie früh ankommen. | 3. [nós] decidirmos – Es ist wichtig, dass wir sehr früh entscheiden. | 4. a Sra. escrever – Es genügt, dass/wenn Sie eine E-Mail schreiben. | 5. você assinar – Es genügt, dass/wenn Sie hier unterschreiben. | 6. [nós] entregarmos – Es genügt, dass/wenn wir die Arbeit am 14. abgeben.
2. 1. É melhor eu ir de carro. *Es ist besser, wenn ich mit dem Auto fahre.* | 2. É maravilhoso irmos ao concerto. *Es ist toll, dass wir ins Konzert gehen.* | 3. É necessário [vocês] trazerem os passaportes. *Es ist notwendig, dass Sie/ihr die Reisepässe mitbringen/mitbringt.* | 4. É importante [eles] encontrarem-se antes. *Es ist wichtig, dass sie sich vorher treffen.* | 5. É bom estares tão interessada. *Es ist gut, dass du so interessiert bist.* | 6. É mau ele não mostrar mais interesse. *Es ist schlecht, dass er nicht mehr Interesse zeigt.* | 7. É ótimo [eles] poderem passar as férias na praia. *Es ist toll, dass sie die Ferien am Strand verbringen können.*

3. 1. telefonarmos – Bevor wir telefonieren, musst du mit seinem Vater sprechen. | 2. os convidados chegarem – Bevor die Gäste ankommen, müssen wir alles vorbereiten. | 3. sairmos – Als wir auf die Straße gingen, trafen wir Fernando. | 4. [eles] regressarem – Als sie nach Hause zurückkamen, war der Vater schon da. | 5. sabermos – Als wir die Neuigkeit erfuhren/erfahren haben, warst du schon abgefahren. | 6. termos entrado em contacto – Nachdem wir mit ihnen in Kontakt getreten sind, werden wir sehen. | 7. teres regressado – Wir gehen an den Strand, nachdem du aus der Stadt zurückgekehrt bist. | 8. estarem prontos – Wir warten, bis alle fertig sind.

4. 1. teres de partir | 2. termos de partir | 3. [vocês] chegarem | 4. conhecermos | 5. [os Srs.] ouvir | 6. [os Srs.] poderem | 7. compreenderes

5. 1. É bom o Pedro estar em casa amanhã. | 2. Chega a Dona Idália falar com o vizinho. | 3. É possível as amigas da Susana virem hoje de Lisboa | 4. Ao [eles] abrirem a porta, um carro pára diante da casa. | 5. Antes de o Sr. Santos sair de casa de manhã, a sua mulher dá-lhe um beijo de despedida. | 6. O Sr. Santos leva o carro à oficina para fazerem uma inspeção. | 7. O Rodolfo Tigrado fica debaixo da mesa por chover lá fora.

6. 1./2. a) obligatorisch (Subjektverschiedenheit) | 1./2. b) fakultativ, aber bevorzugt (Subjektgleichheit, aber vorangestellter Infinitivsatz) | 1./2. c) fakultativ (Subjektgleichheit)

18 Gerundium — S. 63–65

1. 1. transportando – Die »rabelos« waren typische Boote, die den Douro hinunter fuhren und die Portweinfässer bis zu den Weinkellern von Vila Nova de Gaia transportierten. | 2. encontrando – Da sie keine Lösung für die Aufgabe fand, beschloss sie, im Internet zu suchen. | 3. telefonando – Die Nutzer können sich per E-Mail an diesen Service wenden oder indem sie eine der Servicenummern anrufen. | 4. pedindo – Selbst wenn sie sehr darum bittet, wird es ihr nicht gelingen, in Lissabon zu bleiben. | 5. referindo-se – Wenn es sich nur auf zehn Personen bezieht, kann das Ergebnis der Umfrage nicht repräsentativ sein. | 6. ligando – Die Brücke »D. Luís I.«, erbaut von 1880 bis 1887, ist eine Metallkonstruktion, die die Städte Porto und Vila Nova de Gaia verbindet.

2. 1. Recebendo uma resposta da agência de viagens, marco logo o voo. | 2. Não conhecendo o marido da minha colega, não sei o que lhe oferecer para o seu dia de anos. | 3. Viajando de avião, não podes levar tanta bagagem.

3. 1. Se passares no exame, podes viajar com os teus amigos. | 2. Quando chegou ao Porto, surpreenderam-na as pontes que ligam a cidade do Porto com Vila Nova de Gaia. | 3. Como tenho em vista passar as férias no Algarve, vou pedir um catálogo da Península Ibérica.

19 Partizip — S. 66–69

1. 1. eleitos | 2. inquietos | 3. extintos | 4. impresso | 5. suspeito | 6. pagos | 7. seguro | 8. aceite || ENTREGUE (< ENTREGAR)

2. 1. suspeitos | 2. estinto | 3. paga | 4. seguros | 5. eleita | 6. impressos | 7. inquietas | 8. aceite

3. podido | perdido | sido | ido | sabido | tido || visto | posto | vindo | dito | feito | trazido

4. revistados | apreendido | sido revistado | visto | surpreendidas | encerrada | transmitido

20 Vorgangs- und Zustandspassiv *S. 70–73*

1. 1. 100 empregados são despedidos (pela empresa) por causa da crise. | 2. O monumento é inaugurado (pelo ministro) no próximo mês. | 3. Os membros do grupo são procurados (pela polícia). | 4. Eles são procurados (pela polícia). / Tu és procurado/a (pela polícia).
2. 1. Spieler wird für 30 Millionen an Benfica verkauft! | 2. Gegen Politiker wird wegen Korruptionsverdachts ermittelt! | 3. Fünf Tage alte Giraffe in deutschem Zoo präsentiert! | 4. Superharte Reifen können in Spanien eingeführt werden!
3. 1. Uma parede foi pintada de preto (pelo Pedro). | 2. As laranjas foram compradas no supermercado (pela avó Antónia). | 3. O texto foi traduzido (pela Dona Idália).| 4. Fui criticado/a (pelo professor). / Fui elogiado/a (pelo professor).
4. 1. As paredes ficaram danificadas pela água. *Die Wände wurden/waren durch das Wasser beschädigt.* | 2. O carro ficou destruído, mas o motorista não ficou afetado no acidente. *Das Auto wurde/ war zerstört, aber der Fahrer wurde/war beim Unfall nicht beeinträchtigt.* | 3. O jogo ficou interrompido e o jogador ficou excluído. *Das Spiel wurde/war unterbrochen und der Spieler wurde/war ausgeschlossen.* | 4. O assunto ficou encerrado e o problema ficou resolvido. *Die Angelegenheit war/ wurde beendet und das Problem war/ wurde gelöst.*
5. 1. 100 empregados estão despedidos. | 2. A porta está fechada. | 3. O texto está traduzido. | 4. Os computadores em casa da família Santos estão instalados. | 5. Estamos convidados para (ir a) o Porto.
6. 1. Kanada wurde/war in die Verhandlungen einbezogen. | 2. Die Teilnehmer wurden/ waren nicht informiert. | 3. Das Land wurde/war gezwungen, die Schulden zu reduzieren. | 4. Die Kosten wurden/ waren bezahlt, bevor wir eintrafen. | 5. Es wurde/war alles aufgeklärt. | 6. Du wurdest/warst in die Mannschaft integriert.
7. Familie Santos ist um den Tisch versammelt und alle erzählen, was während des Tages Unangenehmes passiert ist: Oma Antónia: Sr. Leonardo wurde heute ins Krankenhaus eingeliefert. (foi internado) | Pedro: Das Wochenendspiel wurde/ist wegen Schlechtwettervorhersage abgesagt. (foi/está cancelado) | Sr. Santos: Meine Kollegin Ana Paula wurde zur Abteilungsleiterin befördert. (foi promovida) | D. Idália: Ich wurde wegen einer Schülerin zur Schuldirektorin gerufen. (fui chamada) | Susana: Der Tanzlehrer war von mir enttäuscht. (estava desiludido) | Rodolfo: Die Maus war schon gefangen (estava apanhado), aber ich war zerstreut (estava distraído) wegen der Katze des Nachbarn und die Maus ist entwischt.

21 Passiversatz mit *-se* *S. 74–75*

1. 1. Aluga-se casa de férias. *Es wird ein Ferienhaus vermietet. / Ferienhaus zu vermieten.* | 2. Aqui consertam-se carros. *Hier werden Autos repariert.* | 3. Procura-se gatinho preto e cinza tigrado. *Schwarz-grau getigertes Kätzchen gesucht.* | 4. Vendem-se móveis em segunda-mão. *Es werden Möbel aus zweiter Hand verkauft. / Möbel … zu verkaufen.*
2. 1. Fecham-se as janelas. | 2. Escreve-se um postal ao Manuel. | 3. Aqui pode-se ouvir o texto. | 4. Compram-se garrafas do vinho do Porto. | 5. Não se fuma durante a reunião. | 6. As frases lêem-se em voz alta. | 7. Não se vai a pé. | 8. Aqui bebe-se muito vinho.

3. 1. As flores põem-se na jarra. | 2. Pergunta-se aos pais. | 3. Amanhã não se trabalha. | 4. Em Portugal toma-se o café depois da refeição. | 5. Sobe-se de elevador. | 6. Isso não se faz.

4. 1. Cumprimentam-se o João e o Manuel. – doppeldeutig (bei Personen): *João und Manuel werden begrüßt / begrüßen sich.* | 2. Consertam-se as máquinas. – eindeutig (bei Gegenständen) | 3. Enviam-se as cartas na próxima semana. – eindeutig | 4. Acordam-se os hóspedes às sete horas. – doppeldeutig: *Die Gäste werden um 7 Uhr geweckt / wecken sich (gegenseitig) um 7 Uhr auf.*

22 Demonstrativpronomen *S. 76–79*

1. esta; estes; estas; este | esse; essa; essas; esses | aquelas; aquele; aquela; aqueles

2. este edifício aqui | aqueles castelos ali | esta livraria aqui | essa peixaria aí | aquele prédio ali | esta biblioteca aqui | essas pontes aí

3. 1. Isto é o guia da cidade do Porto. Este guia é muito interessante. | 2. Aquilo é a Torre dos Clérigos. Aquela torre é um dos monumentos mais conhecidos. | 3. Isso é um recado da tua mãe. Esse recado é muito importante. | 4. Isso são revistas. Essas revistas são do teu pai.

4. 1. esta | 2. este | 3. essa | 4. aquele | 5. este – aquele

6. 1. Isto é uma guitarra portuguesa. | 2. Já conheço este problema. | 3. Tenho de aproveitar esta oportunidade! | 4. Onde compraste esse vestido? | 5. Esse argumento não me convence. | 6. Nesse tempo encontravam-se regularmente. | 7. Quem são aqueles senhores que falam ali com o José? | 8. Naquele ano chovia muito. | 9. Ela disse que aquela casa era muito bonita. | 10. O que é isso? Isto são dicionários. Estes dicionários são dos estudantes. | 11. Conheces aquele edifício/prédio ali?

7. S.: Este/Isto é o vestido azul de que te contei. | P.: Esse vestido azul é muito bonito, mas muito caro, este vestido de malha vermelho também é bonito. E vermelho está na moda neste inverno. | S.: Os dois vestidos são realmente bonitos, compro este ou esse? Ou ainda experimento aquela saia? | P.: O vestido de malha vermelho fica-te muito bem. Eu compro esta camisola, o que achas?

23 Possessivpronomen *S. 80–83*

1. o seu instituto – 1. sein (Sg.) Institut, 2. ihr (Sg.) Institut, 3. ihr (Pl.) Institut, 4. Ihr (höfliche Anrede) Institut | a minha casa – mein Haus | a sua casa – 1. sein (Sg.) Haus, 2. ihr (Sg.) Haus, 3. ihr (Pl.) Haus, 4. Ihr (höfliche Anrede) Haus | o vosso instituto – euer Institut | a tua casa – dein Haus | a nossa casa – unser Haus

2. sein Zimmer 1. o seu quarto, 2. o quarto dele | ihr Zimmer 1. o seu quarto, 2. o quarto dela, 3. o quarto deles, 4. o quarto delas | Ihr Zimmer (*höflich*)1. o seu quarto, 2. o quarto do senhor, 3. o quarto da senhora, 4. o quarto dos senhores, 5. o quarto das senhoras | euer Zimmer o vosso quarto | dein Bett a tua cama | sein Bett 1. a sua cama, 2. a cama dele | ihr Bett 1. a sua cama, 2. a cama dela, 3. a cama deles, 4. a cama delas | Ihr Bett (*höflich*) 1. a sua cama, 2. a cama do senhor, 3. a cama da senhora, 4. a cama dos senhores, 5. a cama das senhoras | euer Bett a vossa cama

3. 1. a minha casa | 2. a tua bicicleta | 3. os nossos colegas | 4. os seus filhos / os filhos da senhora | 5. a sua família / a família deles | 6. os vossos computadores / (os seus computadores)

4. 1. O Senhor Santos lava o seu carro / o carro dele. | 2. A Senhora Santos vai à cidade com a (sua) mãe / com a mãe (dela). | 3. A Susana faz um bolo com a sua amiga / com a amiga dela. | 4. O Pedro prepara o seu próximo teste / o próximo teste dele. 5. O vizinho procura as chaves do seu carro / do carro dele.

5. 1. uma das tuas irmãs; uma irmã tua | 2. um dos nossos filhos; um filho nosso | 3. uma das tuas perguntas; uma pergunta tua | 4. uma das vossas prendas; uma prenda vossa

6. liebevoll-wertschätzend: Minha querida!, Meu bem! | scherzhaft-kritisch: Sua malandra!, Seu tonto! | beleidigend: Seu parvalhão!, Seu estúpido!

24 Subjekt- und Anredepronomen S. 84–86

1. Das Pronomen kann immer weggelassen werden, weil aus der Verb-Endung und dem Kontext der Bezug klar hervorgeht.

2. 1. eine Person – familiär | 2. eine Person – formal | 3. mehrere Personen – familiär oder formal | 4. eine Person – formal | 5. mehrere Personen – familiär oder formal | 6. mehrere Personen – familiär oder formal

3. Äußerung 3: Anrede você.

4. 1 – A | 2 – B | 3 – C

25 Unbetonte Objekt- und Reflexivpronomen S. 87–93

1. 1. vi-o | 2. convidou-nos | 3. acho-o; ajudas-me | 4. queria-a

2. 1. vão exigi-la | 2. vou trazê-lo | 3. provamo-lo | 4. abrimo-la | 5. trá-lo | 6. fá-la | 7. dão-nas | 8. fazem-na | 9. pintam-na

3. 1. emprestar-me | 2. oferecer-te | 3. dar-vos / dar-lhes | 4. vender-lhes

4. 1. as nossas amigas – Visitamo-las. – Não as visitamos. | 2. o seu amigo no Porto – O João e a Rita visitaram-no. – O João e a Rita não o visitaram. | 3. o mapa da cidade – Os amigos estudam-no. – Os amigos não o estudam. | 4. a tradução – Ela verificou-a. – Ela não a verificou. | 5. um e-mail – Vamos escrevê-lo. – Não o vamos escrever. | 6. o professor – A Susana costuma imitá-lo. – Não o costuma imitar. | 7. as garrafas de vinho – Estão a abri-las. – Não as estão a abrir.

5. 1. (Nós) Lemos o último livro de José Saramago. (Nós) Lemo-lo. Porque (é que) o lemos/leram? | 2. (Eu) Visitei os meus avós. (Eu) Visitei-os. Quando (é que) os visitei/visitaste? | 3. Eles comeram pão branco. Eles comeram-no. Porque (é que) o comeram? | 4. (Tu) Bebeste o vinho tinto todo. Bebeste-o. Quando (é que) o bebeste? | 5. O senhor resolveu os problemas com a eletricidade. O senhor resolveu-os. Como (é que) o senhor os resolveu?

6. 1. (Tu) Conheces me bem. Não me conheces bem. | 2. Ele encontrou-nos ontem. Não nos encontrou ontem. | 3. Entendo-vos. Não vos entendo. | 4. Vejo-te todos os dias. Não te vejo todos os dias. | 5. Lembro-me. Tu lembras-te? Não me lembro. Tu não te lembras? | 6. Encontramo-nos amanhã. (Vocês) Encontram-se? Não nos encontramos amanhã. (Vocês) Não se encontram?

7. 1. o diretor, o armário, a mesa – Viste-o. Viste-o. Viste-a. | 2. a professora, as tarefas, os problemas, os homens – Entendi-a. Entendi-as. Entendi-os. Entendi-os. | 3. a bailarina, os políticos, as crianças, o sol – Admiramo-la. Admiramo-los. Admiramo-las. Admiramo-lo. | 4. o Senhor Silva, a Senhora Silva, o Senhor e a Senhora Silva – Encontrei-o / Encontrei-a / Encontrei-os ontem na cidade.

8. 1. Tu também o viste. | 2. Ainda não a entendi. | 3. Todos a admiraram. | 4. Só o encontrei na cidade ontem.

9. 1. a) O Sr. Santos apresenta-o à sua mulher. b) O Sr. Santos apresenta-lhe o seu amigo. c) O Sr. Santos apresenta-lho. | 2. a) Enviamo-la à nossa empresa. b) Enviamos-lhe a encomenda. c) Enviamos-lha. | 3. a) Eu dou-o ao pai. b) Eu dou-lhe o dinheiro. c) Eu dou-lho. | 4. a) Tu deste-os ao vizinho? b) Tu deste-lhe os jornais? c) Tu deste lhos? | 5. a) Eles contam-na ao João. b) Eles contam-lhe a história. c) Eles contam-lha. | 6. a) Mostramo-lo à Ana. b) Mostramos-lhe o apartamento. c) Mostramos-lho.

10. 1. Podemos oferecer-lhes um café? – Não lhes podemos oferecer um café? | 2. Posso convencer-vos a ficar mais um dia? – Não vos posso convencer a ficar mais um dia? | 3. Podia trazer-me um chá, por favor? – Não me podia trazer um chá, por favor? | 4. Podem dizer-me as horas? – Não me podem dizer as horas?

11. 1. O Pedro vê o filme hoje, eu vejo-o amanhã. | 2. Encontramos a Susana hoje à noite. Encontramo-la hoje à noite. | 3. Também vemos o professor no café. Também o vemos no café. | 4. Eu conheço-o, mas ele não me conhece. | 5. Eles contam a história ao João. Eles contam-lha. 6. Ele mandou um e-mail à Claudia. Ele mandou-lhe um e-mail. | 7. Eles sabem a resposta. Eles sabem-na. | 8. Conhecemos as raparigas no restaurante. Conhecemo-las ontem à noite. Vocês ainda não as conhecem. | 9. Ele faz a tradução amanhã. Ele fá-la amanhã. | 10. Eu já li este livro. Eu já o li.

12. 1. Eu mostrava-lho. *Ich würde es ihm zeigen.* | 2. Eu escrevia-lho. *Ich würde es ihm schreiben.* | 3. Eu dizia-lho. *Ich würde es ihm sagen.* | 4. Eu pagava-lho. *Ich würde es ihm bezahlen.*

26 Betonte Objektpronomen *S. 94–97*

1. 1. Ele aborrece-se com ela. | 2. Lembras-te de mim? | 3. Ele parece esperar por nós. | 4. Tenho plena confiança no Senhor. | 5. Nunca falaram sobre vocês.

2. para mim | por (causa de) ti | com ele | para ela | por nós | sobre vocês | contra eles/elas | dele

3. Olá Catarina, penso em ti muitas vezes, porque aqui podíamos/poderíamos caminhar juntas como em Sintra e nos arredores. Tens de vir para aqui/cá e caminhar comigo no Parque da Peneda Gerês! Poderia/Podia pernoitar contigo num pequeno hotel, poderíamos/podíamos cavaquear sobre tudo (também sobre »ele«) até à noite … (O) Que pensas sobre isso? Beijinhos, Susana

4. 1. A ti, (ele) não te leva à discoteca. | 2. A ela, (ele) nunca lhe traz flores. | 3. A nós, (ele) não nos mostra a fotografia. | 4. A vocês, (ele) explica-vos a tarefa. | 5. A eles, (ele) não lhes entregou os documentos.

5. Z: A professora de física é simpática. A ela, a Susana pode-lhe dizer tudo. | P: Não creio que fale com ela. Ela tem mais confiança na professora de arte, a ela, já lhe disse que tem problemas em matemática. | Z: Ainda não confia nos colegas da sua nova turma, a eles,

não lhes ia dizer/dizia/ diria nada! E a ti? Tu és o irmão dela. | P: A mim, também me conta pouco. A sua melhor amiga mora em Lisboa, a ela, confia-lhe todos os segredos.

6. 1. Mostras-me a foto (3. Ps.) da tua irmã? Mostras-ma? | 2. Ele já te (2. Ps.) apresentou aos seus colegas? Ele já te apresentou a eles? | 3. Ele ofereceu-lhe as rosas (3. Ps.). Ele ofereceu-lhas. | 4. Ele mostrou-te (2. Ps.) a mim. | 5. Ela traz os bilhetes (3. Ps.) ao seu irmão. Ela traz-lhos. | 6. Queria apresentar-nos (2. Ps.) a ela.

27 Indefinitpronomen *S. 98–103*

1. 1. alguém | 2. ninguém | 3. alguém – ninguém | 4. alguém | 5. ninguém
2. alguma: alegria, fruta, resposta, estudante | todas as: raparigas, irmãs, notícias | muita: alegria, fruta | nenhum: interesse, dinheiro, dia, ano, estudante, país | algum: interesse, dinheiro, dia, ano, estudante, país | poucas: raparigas, irmãs, notícias | alguns: carros, resultados | outra: alegria, fruta, resposta, estudante | ambas as: raparigas, irmãs, notícias | quaisquer: raparigas, irmãs, notícias, carros, resultados | todo o: interesse, dinheiro, dia, ano, país, (estudante) | nenhuns: carros, resultados | qualquer: alegria, fruta, resposta, estudante, interesse, dinheiro, dia, ano, país | pouco: interesse, dinheiro | todo este: interesse, dinheiro, dia, ano, país
3. 1. Contou-te tudo? A mim, nunca me diz a verdade toda. | 2. Todo o país espera pelos hóspedes do Campeonato Mundial de Futebol. Tudo está preparado. | 3. A Claudia esteve doente toda a semana, e o Pedro telefonou todos os dias. | 4. Convidei todas as minhas amigas e todas vieram. | 5. Ela está muito interessada e tem muitas perguntas. | 6. No nosso grupo só há poucos homens, e eles estão pouco integrados. | 7. Já é muito tarde. Hoje fizemos muito.
4. A. 1. algo – nada | 2. algo | 3. tudo – tudo | 4. muito – pouco | B. 1. algum – nenhum | 2. algum | 3. a (sopa) toda – toda | 4. muitas – poucas
5. 1. Tem algum interesse num curso de espanhol. | 2. Ninguém viu o Pedro. | 3. Não recebeste nenhuma má notícia? | 4. Não sabes nada? | 5. Alguma das alternativas pode substituir um voo direto.
6. 1. vor allem – trotz allem – vor allem | 2. alles ist richtig – das ist alles für heute – wer alles haben will, verliert alles | 3. in jedem Fall – jedes Mal
7. 1. Na secretária está o dicionário amarelo. E onde está o outro? | 2. Isto/Esta é uma oportunidade, mas ainda há outras. | 3. Onde estão os outros? Os rapazes estão todos no autocarro, (a) metade das raparigas também. As outras ainda estão na casa de banho.
8. auf (gar) keinen Fall: de modo nenhum | noch einmal: outra vez | jedes (einzelne) Mal: cada vez | Nichts zu danken! / Gern geschehen! De nada! | etwas: alguma coisa | zuerst/zunächst einmal: antes de mais nada | Nichts dergleichen! / Stimmt nicht! Nada disso! | an irgendeinem Ort: nalgum sítio | nicht mehr und nicht weniger: nada mais, nada menos | Das ist gar nicht (mal so) schlecht. Não é nada mau. | Ich bin gar nicht zufrieden. Não estou nada contente. | kein anderer: nenhum outro | es ist einige Zeit her / vor einiger Zeit: há algum tempo | zu nichts taugen: não prestar para nada

28 Relativpronomen *S. 104–110*

1. 1. (em) que | 2. (de) quem | 3. (com) que | 4. (a) que | 5. (por) quem | 6. (com) quem
2. 1. (em) que | 2. sob a qual | 3. (sobre) o qual | 4. (para) a qual | 5. (a) que | 6. (de) que
3. 1. cuja (poesia) | 2. cujo (telhado) | 3. cujo (programa) | 4. cujas (filhas)
4. 1. que | 2. que | 3. (a) que / à qual | 4. que | 5. o que/quanto | 6. cujos | 7. (de) quem | 8. o que | 9. cujo | 10. onde/em que/no qual | 11. que | 12. as quais
5. 1. Muito obrigado pelo postal que me enviaste. | 2. O Pedro ainda não entregou o trabalho o que eu não entendo. | 3. Esse é o autor cujo novo romance estou a ler. | 4. Esses são os amigos para os quais comprei os bilhetes. | 5. Não comprei tudo o que/quanto queria. | 6. Este é o vestido de que falei.
6. 1. que | 2. quem | 3. quem | 4. a qual | 5. cujo
7. 1. O meu primo Paulo visita-me no fim de semana o que [eu] ainda não contei aos pais. | 2. O meu primo Paulo, com quem [eu] faço uma visita guiada, gosta da cidade do Porto. | 3. O meu primo Paulo, cujas férias acabam na semana que vem, só pode ficar três dias.
8. que
9. 1. que – Hunde, die bellen, beißen nicht. | 2. quem – Wer zuerst kommt, mahlt zuerst.| 3. quem – Wer Wind sät, wird Sturm ernten. | 4. que – (Alles Schlechte hat auch sein Gutes.) | 5. quem – (Wer fragt, kommt weiter.) | 6. o que – Was du heute kannst besorgen, das verschiebe nicht auf morgen. | 7. onde – (Eine Hütte, wo man lacht, ist mehr wert, als ein Palast, wo man weint.) | 8. quem – (Wer alles will, verliert alles.)

29 Adjektive *S. 111–116*

1. espanhola | italiana | francesa | alemã | japonesa | brasileira | suíça | angolana | chinesa
2. 1. Estas são questões simples de resolver. | 2. Os plurais dos adjetivos são relativamente fáceis. | 3. Os meus tios são muito amáveis, mas as histórias que eles contam são um pouco infantis. | 4. Nós não somos capazes de estudar estas matérias difíceis. | 5. Estes convénios bilaterais luso-alemães foram assinados há 3 anos.
3. O Paulo é brasileiro e é juiz. | O Giuseppe e o Giovanni são italianos e são músicos/engenheiros. | A Martha e a Maria são austríacas e são médicas. | O Hendrik é holandês e é mecânico/arquiteto. | O Robert e a Susan são ingleses e são engenheiros/músicos. | O Laurindo é moçambicano e é arquiteto/ mecânico. | A Sophie é alemã e é tradutora.
4. 1. secundária – espanhóis | 2. gregas – difíceis | 3. portugueses – setentrionais | 4. belgas – bons
5. des-: desnecessário , desigual, desprotegido | in-: inumano, infeliz, ineficaz | ir-: irreal, irregular, irreversível | im-: impossível, imprevisto, imperdoável
6. -ário: necessário, universitário, bancário | -oso: saboroso, montanhoso, orgulhoso | -ente: inteligente, urgente, ausente | -[ion]al: final, tradicional, inicial | -vel: amável, sensível, admirável
7. doce: bebida doce – amarga | divertido: filme divertido – triste/aborrecido | rápido: comboio rápido – lento | escuro: cor escura – clara | barato: carro barato – caro | fiel: cão fiel – infiel | difícil: exame difícil – fácil | pobre: país pobre – rico | feliz: mulher feliz – infeliz

8. Voranstellung nur bei bom (kurze Form, nicht klassifizierend) und velha (wenn nicht klassifizierend gebraucht) möglich.

30 Steigerung der Adjektive S. 117–121

1. mais velho | melhor | maior | mais alto | mais pequeno/inferior | pior | mais quente
2. 1. Ah, então hoje está mais quente (do) que ontem. | 2. Ah, então o concelho de Lisboa é maior (do) que o do Porto. | 3. Ah, então o Pedro corre mais rápido (do) que o Ricardo. | 4. Ah, então os teus óculos custaram mais (do) que os do teu pai. | 5. Ah, então a Susana teve menos valores na prova de inglês (do) que a colega dela.
3. 1. Tenho menos dinheiro (do) que tu. | 2. O livro é menos interessante do que prometeram. | 3. Bebo esta água, está mais fresca (do) que a outra. | 4. O edifício do/no lado esquerdo é mais alto (do) que o do/no lado direito. | 5. A Maria fala melhor português (do) que eu. | 6. Ela é mais bonita (do) que a sua irmã mais velha, mas não é tão simpática.
4. 1. maior – É Lisboa. | 2. mais recente – É a ponte Vasco da Gama. | 3. mais saborosos – São os pastéis de nata. | 4. mais conhecida – É Amália Rodrigues.
5. útil | feliz | bom | amável | mau | fiel | simples
6. 1. Comprei um vestido moderníssimo. | 2. A situação está complicadíssima. | 3. A fruta é de uma qualidade ótima. | 4. Estes óculos são fraquíssimos.
7. 1. O francês é tão difícil como o português. | 2. Eu percebo tão pouco do problema como tu. | 3. Paga-se tanto por um quarto de hotel como por um apartamento. | 4. O filme no cinema 1 começa tão tarde como o filme no cinema 2.
8. ser esperto como uma raposa: schlau wie ein Fuchs sein | ser mais papista que o papa: päpstlicher als der Papst sein | ser estúpido como uma porta: dumm wie Bohnenstroh sein (wörtl: wie eine Tür) | ser mais velho do que a Sé de Braga: steinalt sein (wörtl.: wie die Kathedrale von Braga) | ser mais chato do que a sarna: lästig wie eine Schmeißfliege sein (wörtl.: wie die Krätze) | ser teimoso como um burro: stur wie ein Esel sein

31 Imperativ S. 122–124

1. 1. Frage ihn/sie! | 2. Frage ihn/sie nicht! | 3. Fragen Sie (Sg.) ihn/sie! | 4. Fragt ihn/sie! / Fragen Sie (Pl.) ihn/sie! | 5. Fragt ihn/sie nicht! / Fragen Sie (Pl.) ihn/sie nicht! | 6. Fragen wir ihn/sie!
2. 1. o Sr. / a Sra. / você | 2. tu | 3. os Srs. / vocês | 4. tu | 5. o Sr. / a Sra. / você
3. 1. a) Continua! – b) Não continues! – c) Continue a ler o texto! | 2. a) Vai! – b) Não vás! – c) Vá à biblioteca! | 3. a) Veste! – b) Não vistas! – c) Vista a camisola! | 4. a) Lê! – b) Não leias! – c) Leia o romance de Saramago!
4. 1. Atravesse a rua! | 2. Procure os bilhetes! | 3. Não se constipe! | 4. Faça uma proposta! | 5. Imagine! | 6. Dê-me um toque para o telemóvel!
5. 1. Siga (Sg.)/sigam (Pl.) as instruções! | 2. Tenham paciência! | 3. Não me interrompas! | 4. Vem cá! | 5. Não lhe mostre/mostrem tudo! | 6. Fique/Fiquem mais um momento! | 7. Não lho tragas agora! Traz-lho amanhã! Tragam as fotos! Traga-me um copo de água, por favor! | 8. Não lho digas! Diz-lho mais tarde! Digamo-lo ao professor!

6. demolhe | retire | desfie | corte | pique | frite | leve | deixe | junte | deite | mexa | retire | sirva
7. 1. ler – guardar | 2. desligar | 3. colocar | 4. puxar – encher
8. organize | trate | tome | tenha

32 Konjunktiv Präsens: Allgemeines und einfache Sätze S. 125–127

1. duvido: duvide, duvides, duvide, duvidemos, duvidem | compreendo: compreenda, compreendas, compreenda, compreendamos, compreendam | traduzo: traduza, traduzas, traduza, traduza-mos, traduzam | explico: explique, expliques, explique, expliquemos, expliquem | pago: pague, pagues, pague, paguemos, paguem | agradeço: agradeça, agradeças, agradeça, agradeçamos, agradeçam | peço: peça, peças, peça, peçamos, peçam | consigo: consiga, consigas, consiga, consigamos, consigam | trago: traga, tragas, traga, tragamos, tragam
2. mande | diga | possa | possa | fujamos | façamos | corrijam | tragas | sinta | venha
3. 1. faça | 2. compreenda | 3. conheça | 4. tenha | 5. (não) me constipe | 6. seja
4. 1. Traga-me a conta, por favor! | 2. Que entre! | 3. Sirva-se bem frio! | 4. Viva o Pedro! | 5. Oxalá não chova hoje! | 6. Talvez ele diga a verdade.

33 Konjunktiv Präsens: Nebensätze I S. 128–132

1. 1. mude | 2. responda | 3. prestem | 4. pratiques | 5. informe | 6. leia
2. 1. É necessário que lhe perguntes. | 2. É pena que não me possas visitar no domingo. | 3. É provável que (ele) o encontre no escritório/no gabinete. | 4. Convém que/é conveniente que aprendas/estudes mais. | 5. É certo que ele vem hoje.
3. 1. podemos – possam | 2. leio – leiam | 3. faço – façam | 4. vêm – venha
4. 1. É claro que não quer … / É estranho que não queira mudar de casa. | 2. É provável que não tenha … / É evidente que tem grande experiência de condutor. | 3. É óbvio que ela gosta … / É incrível que ela goste mais de chocolate do que o irmão dela.
5. 1. É possível que ele tenha razão. – … que traga o dicionário. | 2. É conveniente que aprendas mais. – … que ela tome cuidado/preste atenção. | 3. É necessário que o ajudes. – … que repitamos estes exercícios.
6. Olá Paula, é incrível que eu esteja no Porto já há quatro semanas. É urgente que venhas! Talvez tenhas tempo no fim de semana? Beijinhos, Susana
7. 1. Espero que o Senhor Sebastiani fale português. | 2. Espero que consigam fazer tudo numa semana. | 3. Espero que vejas melhor com as novas lentes de contacto. | 4. Espero que ele diga a verdade à professora.
8. 1. tome | 2. possa | 3. depositem | 4. telefone | 5. exija | 6. regresse | 7. frequente | 8. seja | 9. venha | 10. vai
9. 1. b) Não acho que possa eleger qualquer partido. | 2. a) Creio que a imprensa me influencia. | 3. d) Acredito que ele desempenha muito bem essa função. | 4. c) Pensa que ela gosta dele. | 5. f) Não acredito que este novo romance vá encontrar poucos leitores. | 6. e) Não julgo que o exame seja fácil.

10. 1. Acho que a Ana vai encontrar ... 2. Não creio que a amiga da Ana possa mudar ... | 1. Tenho pena que a minha filha não encontre ... 2. Penso que a minha filha se sente ... | 1. Ela pede que convidemos ... 2. Tenho a certeza que a amiga dela ...
11. 1. fico contente / fico satisfeito / alegro-me | 2. exige / ordena | 3. impedem | 4. receias / temes / tens medo
12. 1. dê | 2. deixe
13. 1. Ele propõe que ela consulte um médico. | 2. Não quero que abras a porta. | 3. Espero que eles/elas tenham uma viagem agradável. | 4. Duvido que ele tenha razão. Aconselho-te que lho digas. | 5. Lamento muito que não me possa(m) dar esta informação. | 6. Não acredito que (o Sr.) esteja interessado. | 7. Não admito/deixo que ele fale sobre ti desta maneira. | 8. (Eu) Alegro-me/ (eu) estou contente que ele traga a sua irmã / a irmã dele.

34 Konjunktiv Präsens: Nebensätze II — S. 133–134

1. 1. conheça | 2. saiba | 3. esteja | 4. possas
2. 1. temos – possa | 2. tenho – seja | 3. contém – contenha | 4. tem – tenha
3. 1. tenha | 2. jogue | 3. cura | 4. O Senhor Santos procura um carro que seja económico. | 5. O Pedro vende a sua bicicleta que só tem 3 mudanças. | 6. O Pedro quer comprar uma bicicleta que tenha 7 mudanças.
4. 1. tenha | 2. possa | 3. possuam
6. A família Santos muda de casa. A família precisa de uma casa que disponha de nove quartos e duas casas de banho e que tenha muita luz. O Senhor Santos procura uma casa que tenha um jardim grande. A Susana quer um quarto que tenha muitas janelas. Há alguém que possa recomendar uma casa no Porto?

35 Konjunktiv Perfekt — S. 135–136

1. 1. tenham pago | 2. tenha ido | 3. tenha saído | 4. tenham feito | 5. tenha chegado | 6. tenha corrido
2. 1. É possível que ele esteja doente / tenha estado doente. | 2. É provável que ela diga a verdade / tenha dito a verdade. 3. É importante que não nos esqueçamos disso / não nos tenhamos esquecido disso. | 4. É conveniente que o ajudes / o tenhas ajudado. | 5. Espero que estejas contente / tenhas estado contente.
3. 1. É possível que ela não o tenha sabido. | 2. Receio que (eles) não tenham recebido a carta. | 3. Talvez ele ainda não o tenha feito. | 4. Ele espera que vocês se tenham preparado bem para o exame.
4. Querida Paula, estou muito contente que me tenhas escrito. É claro que sinto a tua falta. Espero que me visites/venhas visitar em breve. Não penso que tenhas tido tempo para ver o filme sobre o Porto. Lamento que não tenha falado contigo sobre a mudança (de casa) mais cedo. É incrível que tenhamos mudado (de casa) já há cinco semanas! É bom que fiquemos em contacto. Beijinhos, S.

36 Konjunktiv Imperfekt S. 137–141

1. duvidaram – duvidassem | ofereceram – oferecessem | pediram – pedissem
2. 1. ofereçam– Era ótimo que os meus pais me oferecessem uma bicicleta. | 2. marque – Preferia que o Filipe ainda não marcasse o voo para o Porto. | 3. transmita – Os amigos desejavam que eu transmitisse a mensagem aos outros. | 4. compres – Agradecia que comprasses os bilhetes para o concerto. | 5. revele – Ele tinha medo que eu revelasse o segredo. | 6. estudes – Era preciso que estudasses mais gramática.
3. 1. a) É bom que ele me acompanhe. – b) Foi/era bom que me acompanhasse. | 2. a) É importante que conheças a verdade. – b) Foi/era importante que connhecesses a verdade. | 3. a) Fico agradecido/a que alguém ligue/telefone à Joana. – b) Ficava/Ficaria agradecido/a que alguém ligasse/telefonasse à Joana. | 4. a) Prefiro que o João alugue a casa na Costa da Caparica. – b) Preferia que o João alugasse a casa na Costa da Caparica.
4. disseram – dissessem | foram – fossem | estiveram – estivessem | souberam – soubessem | trouxeram – trouxessem | puseram – pusessem | puderam – pudessem | quiseram – quisessem | viram – vissem | vieram – viessem | fizeram – fizessem
5. 1. viesse | 2. reservasse | 3. se informasse
6. 1. existisse | 2. estudasses | 3. pudéssemos | 4. aceitassem | 5. fosse | 6. comprasse | 7. estivesse | 8. fosses
7. 1. Foi/era bom que todos pudessem vir. | 2. Ela fala tão bem português como se fosse portuguesa. | 3. A Susana propôs que fizessem um jantar em casa dela. | 4. Agradecia/Agradeceria que vôces preparassem os textos da próxima vez. | 5. Preferia que ela não saísse sozinha. | 6. Lamentei muito que não me dessem esta informação. | 7. Se tivesse bastante dinheiro, comprava/compraria um portátil. | 8. Se tivesse melhores argumentos, convencia-me/convencer-me-ia.
8. 1. mudarmos de casa | 2. mudássemos | 3. mudou | 1. visitarem | 2. visitassem | 3. visitava/ visitaria
9. saíssemos | voltássemos

37 Konjunktiv Plusquamperfekt S. 142–143

1. 1. tivéssemos encontrado | 2. tivesse saído | 3. se tivesse alegrado
2. 1. Foi/Era provável a) que ela dissesse / b) que ela tivesse dito a verdade. | 2. Foi/Era importante a) que (nós) não nos esquecêssemos disso / b) que (nós) não nos tivéssemos esquecido disso. | 3. Foi/Era conveniente a) que (tu) o ajudasses / b) que (tu) o tivesses ajudado. | 4. (Eu) quis/queria a) que ela viesse / b) que ela tivesse vindo.
3. 1. (eles) estivessem interessados | 2. tivesses pedido | 3. (ele) tivesse entendido | 4. tivesses ligado | 5. (eu) tivesse conhecido
4. 1. Se eu tivesse tido mais dinheiro … | 2. Se eu não tivesse estudado … | 3. Se eu tivesse ganho o concurso … | 4. Se eu tivesse perdido o meu porta-moedas …

38 Die Zeitenfolge im Konjunktiv — *S. 144–146*

1. 1. a) tenha – b) tenha – c) tenha tido | 2. a) tivesse tido – b) tivesse – c) tivesse
2. 1. a) É possível que ele chegue a tempo/a horas. – b) É possível que ele chegue a tempo. – c) É possível que ele tenha chegado a tempo. | 2. a) Foi/era possível que ele tivesse chegado a tempo. – b) Foi/era possível que ele chegasse a tempo. – c) Foi/era possível que ele chegasse a tempo.
3. 1. cheguem | 2. tenham chegado | 3. não esteja em casa | 4. não tivesses estado em casa | 5. fosse | 6. acompanhasse | 7. interviesse | 8. interviesse | 9. terminássemos | 10. tenha escrito | 11. tivesse escrito | 12. tivesse escrito
4. 1. a) tragam – Ich bitte darum, dass ihr/Sie mir die Zusammenfassungen morgen bringt/bringen. – b) trouxessem – Ich würde darum bitten, dass ihr/Sie mir die Zusammenfassungen morgen bringt/bringen. | 2. a) não fumem – Ich bin dankbar/bitte darum, dass/wenn sie nicht rauchen. – b) não fumassem – Ich wäre dankbar, wenn sie nicht rauchen würden. | 3. a) fiques – Es ist mir lieber, dass/wenn du heute Nachmittag zu Hause bleibst. – b) ficasses – Es wäre mir lieber, wenn du heute Nachmittag zu Hause bleiben würdest.
5. 1. É necessário que o Pedro se prepare para o exame. | 2. Os seus pais têm medo que ele não passe no exame. | 3. Era/Seria melhor que ele tivesse estudado já ontem. | 4. Ele esperava que pudesse ir ao estádio porque o Benfica jogava no Porto. | 5. A mãe dele queria que ele devolvesse os bilhetes. | 6. Era/Seria impossível que o Pedro perdesse um jogo da sua equipa favorita/preferida. | 7. Foi/era bom que ele tivesse comprado os bilhetes a tempo. | 8. O pai dele permitiu finalmente que ele fosse ao jogo, mas os pais dele exigiram/pediram que estudasse no fim de semana. | 9. O Pedro esperava que a sua equipa ganhasse. | 10. É bom que o Porto tenha um novo estádio e que possa convidar outras equipas. | 11. É pena que o Benfica tenha perdido, mas a Susana alegra-se / fica contente que o seu irmão tenha visto o jogo. | 12. O Pedro não pensa que o FC Porto seja a equipa melhor.

39 Konjunktiv Futur — *S. 147–151*

1. duvidaram – duvidarem | pediram – pedirem | ofereceram – oferecerem | fizeram – fizerem | tiveram – tiverem | foram – forem | propuseram – propuserem | compreenderam – compreenderem | puderam – puderem | venderam – venderem | partiram – partirem
2. 1. Quando visitarmos … | 2. Quando comprarmos … | 3. Quando fizermos … | 4. Quando os meus pais comerem ….
3. 1. receberem | 2. estiveres | 3. chegar | 4. regressar | 5. puder
4. 1. Quando (eles) receberem o teu convite, vão alegrar-se/ vão ficar contentes. | 2. Enquanto o professor não estiver (cá), não podemos começar. | 3. Informa-o assim que/ logo que o encontrares. | 4. Sempre que/todas as vezes que eu ouvir o CD, vou pensar em ti.
5. 1. b. | 2. d. | 3. a. | 4. e. | 5. c.
6. 1. Se fizer bom tempo … | 2. Se aproveitarmos bem o tempo … | 3. Se passarmos pelos bairros da Ribeira …

7. 1. quando – tiverem | 2. como – quiseres | 3. quem – estiver | 4. custe o que – custar | 5. sejaquem – for | 6. conforme – preferires | 7. se – tiverem | 8. traga o que – trouxer
8. 1. posso | 2. vieres | 3. fazemos | 4. fizermos
9. 1. a) persönlicher Infinitiv – b) Konjunktiv Futur | 2. a) persönlicher Infinitiv – b) Konjunktiv Futur | 3. a) persönlicher Infinitiv – b) Konjunktiv Futur
10. 1. Podes ficar em casa se quiseres. | 2. Enquanto vocês estiverem aqui, podem usar as nossas bicicletas. | 3. Aconteça o que acontecer, vou visitar-te/vou-te visitar regularmente. | 4. Se não vierem para casa/chegarem a casa a tempo, vou deixar/deixarei um recado. | 5. Vem para o Porto assim que/logo que puderes. | 6. Quem tiver boas referências, vai ser/será contratado. | 7. Se tiver a oportunidade, leia o relatório do governo.

40 Der Finalsatz S. 152–153

1. 1. possa | 2. visitarem | 3. corra | 4. promoverem | 5. receberem
2. 1. conseguissem | 2. se inscrever | 3. visitassem | 4. poder
3. 1. a fim de evitar | 2. para tirar
4. 1. solicitasse – ... para ele solicitar um novo passaporte. | 2. possam – ..., a fim de os partici-pantes poderem consultá-los com antecedência. | 3. conhecessem – ... para eles conhecerem o centro histórico da cidade classificado pela UNESCO como Património Mundial.
5. 1. Quero que estudes para que passes no exame. – ... para passares no exame. | 2. Preciso da receita para que não me esqueça de ingredientes. – ... para não me esquecer de ingredientes. | 3. Venha(m) a tempo para que possamos começar pontualmente. – ... para podermos começar pontualmente. | 4. Esconde-te para que não te vejam. – ... para não te verem. | 5. Vou ficar para que ela não se sinta sozinha. – ... para ela não se sentir sozinha.

41 Der Konzessivsatz S. 154–157

1. 1. embora, seja | 2. ainda que, aprenda | 3. se bem que, tenha estado | 4. mesmo que, queiras
2. 1. pudesse | 2. ficasse surpreendida | 3. tivessem comprado | 4. falasse
3. 1. Embora hoje faça mau tempo, vou à praia. | 2. Embora ontem fizesse mau tempo, fui à praia. | 3. Ajudo-o, mesmo que não tenha tempo. | 4. Ajudei-o, mesmo que não tivesse tempo. | 5. Embora a proposta dele seja boa, rejeitam-na/não a aceitam. | 6. Embora a proposta dele fosse boa, reijeitaram-na/não a aceitaram.
4. 1. Mesmo que faça frio, ele anda de manga curta. – (Mesmo) Fazendo frio, ... | 2. Mesmo que ela saiba guiar, ela não tem carta de condução – (Mesmo) Sabendo guiar, ... | 3. Mesmo que sejam muito idosos, estão muito interessados em política. – (Mesmo) Sendo muito idosos, ...
5. 1. Por mais que perguntem, ninguém sabe a resposta. *So viel Sie auch fragen/ihr auch fragt, niemand weiß die Antwort.* | 2. Por mais que ele coma, não engorda. *So viel er auch isst, er wird nicht dick.* | 3. Por mais que penses, não resolves o problema. *So viel du auch nachdenkst, du löst das Problem nicht.*

6. 1. Por pouco que ele coma, ele engorda. | 2. Por pouco que a Carla estude, ela tem bons resultados na escola. | 3. Por pouco que eles treinem, eles ganham todos os jogos.
7. 1. queira | 2. venham | 3. veja | 4. traga | 5. faça – aja | 6. chegue
8. 1. O que quer que ela diga, não entendo o problema dela. | 2. Aonde quer que ela vá, leva sempre o seu gato. | 3. Quer queiras quer não, tens de falar com ele. | 4. O que quer que procures, vais encontrar as informações adequadas na rede. | 5. Por pouco que ganhe, gosta do seu trabalho. | 6. Por mais/muito que discutam, não chegam a um resultado.

42 Der Temporalsatz *S. 158–163*

1. 1. (A) escrevo – (B) escrever – (C) escrevi | 2. (A) arranjo – (B) arranjar – (C) arranjava | 3. (A) descobre – (B) puder – (C) pude/podia | 4. (A) tenho – (B) tiver – (C) tinha | 5. (C) veio – (verkürzt) vir/ter vindo | 6. (C) chegou – (verkürzt) chegar | 7. (B) comece – (C) começasse – (verkürzt) começar | 8. (A) estás – (C) morou
2. 1. fique – … até a sua pele ficar mais firme. | 2. mudou – Depois de ele mudar de emprego, … | 3. parta – … antes de ela partir para o Porto.
3. 1. Quando fores adulto, podes fazer o que quiseres. | 2. A Susana estava no cinema, quando o Pedro lhe enviou um SMS. | 3. Eles não vão fornecer a mercadoria enquanto não pagarmos a fatura. | 4. Enquanto ela telefonava, o seu irmão consertava o computador. | 5. Espere em casa até que (eu) lhe telefone / … até eu lhe telefonar. | 6. O menino dava saltos até (ele) cair. | 7. Depois de o concerto acabar/ter acabado, ainda vamos a um bar. | 8. Pensa/Reflete bem antes que respondas. Pensa/Reflete bem antes de responderes.

43 Der Konditionalsatz *S. 164–167*

1. 1. (B1) Se eu comprar uma bicicleta, darei/vou dar/dou grandes passeios. *Wenn ich ein Fahrrad kaufe / kaufen sollte, mache ich große Touren.* – (B2) Se eu comprasse uma bicicleta, daria/ia dar/ dava grandes passeios. *Wenn ich ein Fahrrad kaufen würde, würde ich große Touren machen / machte ich große Touren.* – (B3) Se eu tivesse comprado uma bicicleta, teria dado/tinha dado grandes passeios. *Wenn ich ein Fahrrad gekauft hätte, hätte ich große Touren gemacht.* | 2. (B1) Se tivermos a oportunidade, compraremos/vamos comprar/compramos a casa. – (B2) Se tivéssemos a oportunidade, compraríamos/íamos comprar/comprávamos a casa. – (B3) Se tivéssemos tido a oportunidade, teríamos comprado/tínhamos comprado a casa. | 3. (B1) Se a Maria gostar do filme, oferecer-lhe-ei/ vou oferecer-lhe/ofereço-lhe o DVD. – (B2) Se a Maria gostasse do filme, oferecer-lhe-ia/ ia oferecer-lhe/oferecia-lhe o DVD.– (B3) Se a Maria tivesse gostado do filme, ter-lhe-ia oferecido / tinha-lhe oferecido o DVD.
2. 1. (B1) Se eles vierem amanhã, falaremos/vamos falar/falamos com eles. – (B2) Se eles viessem hoje, falaríamos/íamos falar/falávamos com eles. – (B3) Se eles tivessem vindo ontem, teríamos falado/tínhamos falado com eles. | 2. (B1) Se (o Sr./os Srs.) estiver(em) de acordo, assinaremos/ vamos assinar/assinamos o contrato. – (B2) Se estivesse(em) de acordo, assinaríamos/íamos assinar/assinávamos o contrato. – (B3) Se tivesse(m) estado de acordo, teríamos assinado/ tínhamos assinado o contrato.

3. P: Se o meu pai nos der o carro, podemos ir até Faro. | R: Se ainda houver quartos na pequena pensão na praia, ficamos lá. | A: Se fizer bom tempo, vamos tomar banho! | R: Andreia, podes telefonar à pensão em Faro, se tiveres tempo?
4. me dê | tenha | queira
5. 1. E se a convidasses para ver o novo filme no sábado? | 2. E se cozinhasses para ela no fim de semana? | 3. E se pedisses desculpa e tentasses explicar tudo?
6. Se eu não tivesse reagido daquela maneira impaciente, ela não teria dado/tinha dado aquela resposta irritada. | Se eu tivesse dito logo tudo e não tivesse esperado tanto tempo, ela teria compreendido/tinha compreendido a minha atitude. | Se eu tivesse escrito um SMS ontem à noite, ela não teria ficado tão aborrecida / não tinha ficado tão aborrecida.
9. 1. exceto se *außer wenn* – aumentar | 2. salvo se *außer wenn* – mudar | 3. desde que *sofern* – haja | 4. sob a condição que *unter der Bedingung, dass* – alterem | 5. suposto que *vorausgesetzt, dass* – chegue. | 6. a não ser que *es sei denn, dass* – encontrem
10. O Pedro estaria contente se c) precisasse – emprestasse. | O Rodolfo Tigrado … d) estivesse – desse | A Susana … b) aceitasse – fosse | O Senhor Santos … e) tivesse – bebesse | A Dona Idália … a) respondesse – pudesse

44 Der Kausalsatz *S. 168–170*

1. 1. fazemos, tenho – Não poderei vir hoje à noite por fazermos um teste de inglês amanhã e por eu ter de aprender ainda os vocábulos. | 2. são – Por as novas palavras e expressões serem difíceis, vou precisar de muito tempo. | 3. se interessa – Por ninguém se interessar pelo curso de alemão, vão oferecer um curso de inglês.
2. 1. era | 2. estavas | 3. tinha visto/(vi)
3. O Pedro ama a Claudia/gosta da Claudia porque 1. ela é bonita e inteligente. | 2. … porque eles são tão diferentes: os opostos atraem-se. | 3. … porque ela o defende sempre.
4. 1. Hoje todas as lojas estão fechadas porque é feriado. | 2. Ontem todos os bancos estavam fechados dado que era domingo. | 3. Vou ajudá-la que ela é a minha amiga. | 4. Uma vez que eles têm problemas, precisam da minha ajuda. | 5. Como se tinha esquecido do seu telemóvel, ele não nos podia/pôde telefonar.

45 Indirekte Rede *S. 171–177*

1. 1. A professora disse que trazia um dicionário. | 2. A professora disse que tinha corrigido os testes ontem à noite. | 3. A professora disse que, quando era nova, tinha mais paciência com os alunos. | 4. A professora disse que gostaria de saber os resultados do exercício.
2. 1. A Susana disse que eles passavam / nós passávamos pela Ribeira e que aquele bairro portuense era muito impressionante. | 2. O Senhor Santos disse que (ele) estaria / ia estar / iria estar em Lisboa todo o mês que vem. | 3. A Dona Idália disse que lhe parecia que a Paula gostaria / ia gostar / iria gostar da estadia dela no Porto. | 4. A Catarina disse que tinha estado no Algarve e que não tinha recebido a notícia. | 5. A avó Antónia disse que na sua infância passava o verão no Alentejo. | 6. A Amália disse que no ano seguinte (ela) faria / ia fazer / iria fazer uma viagem para o Brasil.

3. 1. O Pedro disse que esperava que a amiga dele estivesse melhor. | 2. A Rita disse que ficava contente que ele lhe tivesse escrito. | 3. A Ana disse que queria que a informassem com antecedência. | 4. A Dona Idália disse que, se (eles) não fossem dentro de pouco tempo, iam perder / iriam perder / perderiam o barco.
4. 1. A Paula disse que a Isabel procurasse a palavra no dicionário. | 2. A Rosa disse que estivéssem/ estivéssemos lá por volta das 8 horas para jantarem/jantarmos. | 3. A Susana disse que tivesse paciência com ela. | 4. A Rita disse que (eu/ele/ela) lhe desse o endereço eletrónico do Paulo.
5. 1. Não penso que o filme seja bom. – A Susana disse que não pensava que o filme fosse bom. | 2. Não penso que a Ana goste de mim. – A Susana disse que não pensava que a Ana gostasse dela. | 3. Não penso que o FC Porto ganhe o jogo. – A Susana disse que não pensava que o FC Porto ganhasse o jogo.
6. A Susana disse que o vinho do Porto era muito famoso também no estrangeiro e acrescentou que o vinho do Porto era exportado a partir das caves que se situavam na margem esquerda do rio Douro, em Vila Nova de Gaia, para todo o mundo. | A mãe explicou que aquela viagem outrora era feita nos históricos ›Barcos Rabelos‹. | A Paula quis saber se podia comprar uma garrafa para levar a casa. Os pais dela iam/iriam gostar sobretudo do Ruby. | A Susana afirmou que também gostava muito do vinho mais doce e que já estava com um grão na asa. Era melhor que não bebessem mais … | A mãe disse que se fossem embora e que o barco ia/iria partir / partiria na margem oposta pelas 14 horas.
7. 1. A Paula disse que o novo quarto da Susana era mesmo muito bonito. | 2. A Susana disse que (ela) queria fazer uma festa e que também convidaria/ia convidar/iria convidar os novos amigos dela do Porto. | 3. A Paula acrescentou que faria/ia fazer/iria fazer um bolo que era uma especialidade lisboeta. | 4. A Susana perguntou ao seu irmão se tinha convidado alguém para o fim de semana ou se ela podia usar o quarto dele.
8. 1. Susana: Vou à praia com o meu irmão. | 2. Vizinha: Hoje está muito calor. | 3. Paulo: Recebi uma notícia da minha irmã. | 4. Pai: Ontem à noite senti-me mal. | 5. Professora: Leiam o texto em voz alta. | 6. Pergunta à avó.
9. Mariza disse que pensava sempre nas suas raízes, donde tinha vindo, como tudo tinha acontecido. Portugal Post (PP) perguntou como é que tinha sido. Mariza respondeu que tinha nascido em Moçambique, tinha ido viver para a Mouraria, tinha uma infância difícil. (…) Aos seis anos já trabalhava, aos cinco já cantava. Tinha feito um disco para oferecer à família e a amigos e de repente tinha começado a fazer espetáculos sem dar conta e que eram sete anos de tournée consecutiva. Ela acrescentou que, (portanto), manter os pés assentes no chão era fácil, era só pensar de onde é que ela tinha vindo. Ela continuou que, (naquele momento), quando começava a olhar para onde é que ela ia/iria, (aí) já ficava muito difícil … PP quis saber qual era o balanço pessoal da Mariza/dela ao cabo de sete anos. Mariza explicou que achava que era uma privilegiada e que, (muito sinceramente), ela não tinha escolhido ser cantora. As coisas tinham acontecido de uma forma natural. Mas sentia que era um privilégio enorme poder cantar para um público que já a acompanhava não só pela curiosidade pela cultura e que ela representava, mas também porque a conhecia como cantora e intérprete.

Portugiesisch-deutsches Vokabelverzeichnis

A

abandonar aufgeben; verlassen

aberto geöffnet

abertura *f.* Eröffnung

abolir abschaffen

aborrecer ärgern; langweilen

abril *m.* April

acabar (be)enden; ~ de fazer aufhören zu tun; gerade getan haben

acaso *m.* Zufall; por ~ zufällig

aceitar annehmen; akzeptieren

acender anzünden

acesso *m.* Zugang; Zutritt

achar finden; meinen

acidente *m.* Unfall

acima her-, hinauf; nach oben; aufwärts

acompanhar begleiten

aconselhar (be)raten; empfehlen

acontecer sich ereignen, geschehen

acordar wecken; erinnern an; vereinbaren

acordo *m.* Übereinstimmung; Abkommen; estar de ~ einverstanden sein

acreditar (em) glauben (an)

acrescentar hinzufügen

adepto *m.* Fan; Anhänger

adiantar voranbringen; fortführen

admirar bewundern; ~-se sich wundern

admitir zulassen, akzeptieren

adoentado erkrankt

adolescente 1. *Adj.* jugendlich; 2. *m.* Jugendlicher

adorar (sehr) lieben/ mögen

adormecer einschlafen

adulto 1. *Adj.* erwachsen; 2. *m.* Erwachsener

adversário 1. *m.* Gegner; 2. *Adj.* gegnerisch

advertir warnen

afetado beeinträchtigt; betroffen

afinal schließlich, letztendlich

afirmar sagen; bekräftigen; bestätigen; behaupten

agência de viagens *f.* Reisebüro

agente *m./f.* Vertreter; Agent

agir handeln

agitar schütteln; bewegen

agosto *m.* August

agradável angenehm

agradecer danken

agradecido dankbar; ficar ~ dankbar sein

agravar(-se) (sich) verschlimmern; verschärfen

agredir angreifen

agressor *m.* Angreifer

ainda noch; ~ que obwohl; selbst wenn

ajudar helfen

alcançar erreichen; erlangen

alegrar-se sich freuen

alegria *f.* Freude; Fröhlichkeit

alemão 1. *Adj.* deutsch; 2. *m./f.* Deutsche/r

algo *Pron.* etwas; ein bisschen

alguém jemand

algum/a *Pron.* (irgend)ein/e

alho *m.* Knoblauch

ali dort, da

alimentação *f.* Ernährung

alimentar ernähren

almoçar zu Mittag essen

almoço *m.* Mittagessen

alojamento *m.* Wohnung

alto groß; hoch; laut

altura *f.* Größe; Höhe; Zeit(punkt); na/naquela ~ damals

alugar (ver)mieten

aluno/a *m./f.* Schüler/in

amabilidade *f.* Liebenswürdigkeit

amanhã morgen

amar lieben

amarelo gelb

amável liebenswürdig

ambos/as (die) beide(n)

ambulância *f.* Krankenwagen

ameaçar an-/bedrohen

amendoim *m.* Erdnuss

amoroso liebevoll; Liebes-

andar 1. gehen; fahren; laufen; 2. *m.* Stock(werk); ~ de cima *m.* oberes Stockwerk

anel *m.* Ring

animal *m.* Tier

aniversário *m.* Geburtstag

antecedência *f.* Vorangehen; com ~ im Voraus; rechtzeitig

anteontem vorgestern

anterior vorhergehend; früher

antes que/de bevor

antigamente früher

antigo alt; früher; antik

anunciar ankündigen; verkünden

anúncio *m.* Anzeige

aonde wohin

apagar löschen

apaixonar-se por sich verlieben in

apalpar (ab-, be)tasten

apanhar greifen, fangen (*Mäuse*); bekommen (*Zug*)

aparecer erscheinen

apenas nur, lediglich; kaum

apertar (zusammen)drücken

apesar de trotz, ungeachtet

aplicar anwenden

apoio *m.* Unterstützung

apreender jdn. festnehmen; etw. beschlagnahmen

apresentar vorstellen

aprofundado fundiert; vertieft

aprovação *f.* Genehmigung; Bestehen

aproveitar (aus-; be)nutzen

aquele/a jene (-r, -s); diese (-r, -s); der-, die-, dasjenige

aqui hier

aquilo das (dort), jenes

área *f.* Gelände; Gebiet

armário *m.* Schrank

arranjar herrichten

arredores *m., Pl.* Gegend; Gebiet; Umgebung

arroz *m.* Reis

arrumar aufräumen

artigo *m.* Artikel

artista *m./f.* Künstler/in

árvore *f.* Baum

assar braten; schmoren

assim so, wie; daher; also; ~ que sobald

assinar unterzeichnen

assistir a dabei sein; teilnehmen an

assunto *m.* Angelegenheit

até (que) bis (*zeitl./örtl.*)

atenção *f.* Aufmerksamkeit

atender annehmen (*Telefon*)

atento aufmerksam

atitude *f.* Haltung; Einstellung

ator *m.* Schauspieler

atrair anziehen

atrás zurück; hinten, dahinter

atrasado *Adj.* verspätet

atrasar-se sich verspäten

atravessar überqueren

atribuir verleihen, zuerkennen

atriz *f.* Schauspielerin

atualizar aktualisieren

aula *f.* (Unterrichts-)Stunde

aumentar vergrößern; steigen

ausência *f.* Abwesenheit

Áustria *f.* Österreich

autocarro *m.* Bus

autorização *f.* Genehmigung; Berechtigung

avançar vorrücken; vorstellen

avariar kaputt gehen

aventura *f.* Erlebnis; Abenteuer

avião *m.* Flugzeug

avisar benachrichtigen

avó *f.* Großmutter; ~s *f. Pl.* Großmütter; *m. Pl.* Großeltern; avô *m.* Großvater

azeite *m.* Olivenöl

azul blau

B

bacalhau *m.* Stockfisch

bagagem *f.* Gepäck

bailado *m.* Ballett

bailarino/a *m./f.* (Ballett-) Tänzer/in

baile *m.* Ball; Tanz

bairro *m.* Stadtviertel

baixo niedrig; klein

bancário *Adj.* Bank-

banco *m.* Bank (*Geldinstitut*)

banda *f.* (Musik)Band

bando *m.* Bande; (Vogel-) Schwarm

banho *m.* Bad; tomar ~ baden

barato billig, preiswert

barco *m.* Schiff; Boot

barril *m.* Fass

barulho *m.* Geräusch; Lärm

base *f.* Grundlage; Basis; ~ de dados Datenbank

basta es reicht

bastante genug; ziemlich; sehr

batata *f.* Kartoffel

bater schlagen; klopfen

beber trinken

bebida *f.* Getränk

beijo *m.* Kuss

belga 1. *Adj.* belgisch; 2. *m./f.* Belgier/in

bem-vindo willkommen

bica *f.* Tasse Kaffee

bicicleta *f.* Fahrrad

bilhete *f.* Eintrittskarte; Fahrkarte

boca *f.* Mund

boi *m.* Ochse; Rind

bolo *m.* Kuchen

bolsa *f.* Beutel; Handtasche; Stipendium

bombom *m.* Praline

bondoso gütig

bonzinho lieb

braço *m.* Arm

branco weiß; blass

brincadeira *f.* Spiel(erei); Scherz

brincar spielen

burro *m.* Esel

buscar suchen; holen; ir ~ (ab)holen

C

cá hier(her)

cabeça *f.* Kopf

cabelo *m.* Haar

caber hineinpassen

cada jede(-r, -s) einzelne

cadela *f.* Hündin

cair (hin)fallen

caixa *f.* Kiste, Box (*Post*); Kasse

calcanhar *m.* Ferse

calças *f., Pl.* Hose

calma *f.* Ruhe

calor *m.* Wärme; Hitze

cama *f.* Bett

Câmara Municipal *f.* Rathaus

caminhar wandern

caminho *m.* Weg

camisola *f.* T-Shirt; Pullover

campanha *f.* Kampagne

campo *m.* Land; Feld; Acker

canção *f.* Lied

cancelar absagen

candidatura *f.* Bewerbung

canivete *m.* (Taschen)Messer

cansado müde

cantar singen

cantina *f.* Kantine; ~ universitária Mensa

cantor/a *m./f.* Sänger/in

cão *m.* Hund

capacidade *f.* Fähigkeit

capaz (de) fähig (zu)

capital *f.* Hauptstadt

cara *f.* Gesicht

caranguejo *m.* Krebs; Krabbe

carapau *m.* Makrele; Stichling

carne *f.* Fleisch

carneiro *m.* Widder

carpete *f.* Teppich

carregar (be-, ver)laden; (herunter)drücken

carrinho *m.* kleiner Wagen

carro *m.* Wagen; Auto

carta *f.* Brief; ~ de condução Führerschein

casa *f.* Haus; em ~ de bei; ~ de banho Bad(ezimmer)

casaco *m.* Jacke

casado verheiratet

casamento *m.* Ehe; Hochzeit

casar(-se) (sich) (ver)heiraten

caso 1. *m.* Fall; 2. falls; no ~ de falls, im Falle, dass

castelo *m.* Schloss; Burg

castigar bestrafen

causa *f.* Ursache, Grund; por ~ de wegen

cavaquear schwatzen

cave *f.* Keller

cebola *f.* Zwiebel

cedo früh; zeitig

cego blind

celebrar feiern

cento hundert; por ~ Prozent

certeza *f.* Gewissheit; de ~ sicher

certo/a ein/e gewisse/r/s

cerveja *f.* Bier

cesto *m.* Korb

cético skeptisch

céu *m.* Himmel

chá *m.* Tee

chamar(-se) rufen; (heißen)

chapéu *m.* Hut

chato flach, platt; nervig

chave *f.* Schlüssel

chegar (a) (an)kommen, eintreffen (in, an)

cheio voll

chocolate *m.* Schokolade; ~ belga Praline

chorar weinen

choupana *f.* Hütte

chover regnen

chuva *f.* Regen

cidadão/ã *m./f.* Bürger/in

cidade *f.* Stadt

cigarro *m.* Zigarette

cima: de ~ von oben; em ~ de auf

cinza *f.* Asche; Adj. grau

cinzento grau

cisne *m.* Schwan

claro klar; hell

cliente *m./f.* Kunde; Patient/in

cobra *f.* Schlange

cobrir be-, abdecken

cofre *m.* Safe

coisa *f.* Sache, Ding

colega de estudos *m./f.* Kommilitone/in

colheita *f.* Ernte

colher 1. ernten; pflücken; 2. *f.* Löffel

colocar (ein)setzen

colorir färben

comboio *m.* Zug

começar anfangen

comida *f.* Essen; Nahrung

comigo mit/bei mir

como 1. wie; als; 2. wie?; 3. da, weil (*kausal*); ~ se als ob

cómodo bequem, angenehm

companheiro/a *m./f.* Lebensgefährte/in; Kamerad/in

companhia *f.* Gesellschaft; Begleitung

composição *f.* Zusammensetzung; Zusammenstellung

composto *Adj.* zusammengesetzt (de aus)

compreender verstehen; enthalten, umfassen

comprido lang

computador *m.* Computer

concelho *m.* (Verwaltungs)Kreis

concerto *m.* Konzert; ~ ao vivo Live-Konzert

concurso *m.* Wettbewerb

condição *f.* Bedingung

condutor/a *m./f.* Fahrer/in

conduzir fahren; führen

confiança *f.* Vertrauen

confiar (em) vertrauen (auf)

confiável vertrauenswürdig

conforme gemäß, entsprechend, wie

conforto *m.* Komfort

conhecer kennen(lernen)

conhecimento *m.* (Er)Kenntnis

consecutivo aufeinander folgend, hintereinander

conseguir gelingen, schaffen, können; erlangen

conselho *m.* Rat(schlag)

consentir zustimmen, erlauben; einwilligen

consertar reparieren

consolidar festigen, sichern

constipado erkältet

constipar-se sich erkälten

constituir bilden; darstellen

construir bauen; konstruieren

consultar befragen, zurate ziehen, konsultieren

consumidor/a *m./f.* Verbraucher/in

consumir verbrauchen

conta *f.* Rechnung; dar-se ~ de bemerken; sich bewusst werden

contactar in Kontakt treten

contacto *m.* Kontakt; Verbindung

contar 1. zählen; erzählen; 2. rechnen (com mit)

contente zufrieden; froh

conter enthalten

continuar fortsetzen; weiterführen

conto *m.* Erzählung

contradizer widersprechen

contratar einstellen; unter Vertrag nehmen

contrato *m.* Vertrag

contribuição *f.* Beitrag

contribuir beitragen

contudo jedoch; dennoch

convencer überzeugen

conveniente angebracht

convénio *m.* Abkommen

conversa *f.* Gespräch, Unterhaltung

conversar sich unterhalten

convidado *m.* Gast

convidar einladen

convite *m.* Einladung

copo *m.* Glas

cor *f.* Farbe

coração *m.* Herz

correio *m.* Post

correr laufen

cortar (zer)schneiden

costela *f.* Rippe

costumar fazer zu tun pflegen

cozinha *f.* Küche

cozinhar kochen

creme *m.* Creme; em ~ cremig

crer (em) glauben (an)

crescer wachsen; zunehmen

criança *f.* Kind

criar schaffen, schöpfen

criticar kritisieren

cuidado *m.* Vorsicht; Sorge; tomar ~ aufpassen

cujo dessen, deren

culpa *f.* Schuld

cumprimentar (be-)grüßen

cumprimento *m.* Gruß

cumprir erfüllen (*Bitte*); ausführen (*Befehl*)

cunhado/a *m./f.* Schwager/ Schwägerin

curar heilen

curiosidade *f.* Neugierde

curto kurz; knapp; ~-circuito Kurzschluss

cuspir spucken

custar kosten

custos *m. Pl.* Kosten

D

dado que sofern

dados *m., Pl.* Daten

dança *f.* Tanz

danificar beschädigen

dantes früher

dar geben; ~ para hinausgehen (*Fenster*); ~ por alg. beachten; ~-se bem (mal) sich (nicht) verstehen

data *f.* Datum

de repente plötzlich

década *f.* Jahrzehnt

decidir entscheiden; beschließen

decisão *f.* Entscheidung; tomar uma ~ eine Entscheidung treffen

declarar erklären

dedicar-se a sich widmen

defender verteidigen

deitar-se sich hinlegen; schlafen gehen

deixar (ver-)lassen; ~ de fazer aufhören zu tun

demasiado zu viel

dente *m.* Zahn

dentista *m./f.* Zahnarzt/-ärztin

departamento *m.* Abteilung

depois danach; ~ de nach, nachdem

depositar hinterlegen

depressa schnell

desaconselhar (de) abraten (von)

desafio *m.* Wettkampf

desagradável unangenehm

descer hinabsteigen

descobrir entdecken

desculpa *f.* Entschuldigung

desde seit; ~ que seit, seitdem

desejar wünschen

desempenhar erfüllen (*Pflicht, Rolle*)

desemprego *m.* Arbeitslosigkeit

deserto *m.* Wüste

desfazer auseinandernehmen, zerstören

desfiar zerpflücken

desiludir enttäuschen

desligar ausschalten

desnecessário unnötig

despedir(-se) (sich) verabschieden

despir ausziehen

desportista *m./f.* Sportler/in

desporto *m.* Sport

destino *m.* Schicksal

destruir zerstören

Deus queira que hoffentlich

dever müssen; sollen

devido entsprechend, nötig

dezembro *m.* Dezember

dia *m.* Tag; ~ de anos Geburtstag

dicionário *m.* Wörterbuch

dieta *f.* Diät

difícil schwierig; schwer

dificuldade *f.* Schwierigkeit

diminuir verkleinern

dinheiro *m.* Geld

direção *f.* Richtung; Adresse

direito rechts; à direita (nach) rechts

direto direkt

dirigir-se (a) sich wenden (an)

disco *m.* Scheibe

discurso *m.* Rede

discutir diskutieren, streiten

dispôr de verfügen über

disponível verfügbar

disposto (a) bereit (zu); bem ~ gut gelaunt

distinguir unterscheiden

distrair zerstreuen

distribuir verteilen

divertir(-se) (sich) unterhalten; sich vergnügen

dívida *f.* Verschuldung, Schuld(en)

divulgar verbreiten, bekannt machen

doce süß

doente krank

domingo *m.* Sonntag

donde (= de onde) woher; woraus

dono *m.* Eigentümer, Besitzer

dor *f.* Schmerz

dormir schlafen

doutor/a *m./f.* Doktor/in; Arzt/Ärztin

duplicar verdoppeln

durante während

durar (an)dauern

duro hart; zäh

dúvida *f.* Zweifel; Bedenken

duvidar (be)zweifeln

duvidoso zweifelhaft

E

económico wirtschaftlich; sparsam

edifício *m.* Gebäude

editor/a *m./f.* Verleger/in; Herausgeber/in

efeito *m.* Wirkung; Ergebnis

eficaz wirksam

elaborar ausarbeiten; anfertigen

eleger (aus-)wählen

eletricidade *f.* Elektrizität

eletrodoméstico *m.* elektrisches Haushaltsgerät

elevado hoch; erhöht

elevador *m.* Aufzug, Fahrstuhl

elogiar loben

embaixada *f.* Botschaft

embora obwohl, obgleich

empregado 1. *Adj.* angestellt; 2. *m.* Angestellter

empregar einstellen; beschäftigen

emprego *m.* Arbeitsstelle; Gebrauch

empresa *f.* Unternehmen, Betrieb

emprestar (aus)leihen

encantador bezaubernd

encerrar schließen

encher füllen

encomenda *f.* Bestellung; Paket

encomendar bestellen

encontrar treffen; finden

encontro *m.* Treffen

endereço *m.* Anschrift, Adresse

enfermeira *f.* Krankenschwester

enfrentar entgegentreten

enganar täuschen; betrügen

engenheiro/a *m./f.* Ingenieur/in

engomar bügeln

engordar dick werden

enorme groß, gewaltig

enquanto während; solange

ensinar unterrichten

entanto: no ~ indessen, jedoch

então damals; also

entender verstehen

entrar eintreten, hereinkommen

entre zwischen; unter (mehreren)

entregar abgeben, übergeben

entretanto inzwischen

entrevista *f.* Interview

entusiasmo *m.* Begeisterung

enviar (zu)schicken, senden

equipa *f.* Mannschaft; Team

erguer(-se) (sich) aufrichten, erheben

erro *m.* Fehler; Irrtum

erva *f.* Kraut

escada *f.* Treppe

escapar entrinnen; davonkommen

esclarecer (auf-, er)klären

escola *f.* Schule; ~ secundária Oberschule

escolha *f.* Wahl, Auswahl

escolher (aus)wählen

escritor/a *m./f.* Schriftsteller/in

escurecer verdunkeln

escuro dunkel

esgotado ausverkauft

espanhol spanisch

especialidade *f.* Spezialität

especialista *m./f.* Spezialist/in

espelho *m.* Spiegel

espera *f.* Warten; ficar/estar à ~ de auf jdn./etw. warten

esperança *f.* Hoffnung

esperar por warten/hoffen auf

esperto schlau

espetáculo *m.* Schauspiel

espinha *f.* Gräte

esposo/a *m./f.* Ehemann, -frau

esquecer(-se de) vergessen

esquecimento *m.* Vergessen

esquerdo links; à esquerda (nach) links

esse *Pron.* diese (-r, -s); der, die, das (da)

estação *f.* Bahnhof; Haltestelle

estadia *f.* Aufenthalt

estádio *m.* Stadion; Stadium

estágio *m.* Praktikum

este *Pron.* diese (-r, -s); der, die, das (hier)

estímulo *m.* Anreiz; Ansporn

estrangeiro 1. *Adj.* ausländisch; 2. *m.* Ausländer; Ausland

estranho fremd(artig), seltsam, komisch

estrela *f.* Stern

estudante *m./f.* Student/in

estudar studieren; lernen; zur Schule gehen

estudos *m., Pl.* Studium

estúpido *Adj.* dumm

europeu europäisch

evidente offenkundig; deutlich

evitar vermeiden; verhindern

evolução *f.* Entwicklung

exame *m.* Prüfung

excelente vortrefflich; exzellent

exceto se außer wenn

exclamar (aus)rufen; schreien

excluir ausschließen

excursão *f.* Ausflug

exemplo *m.* Beispiel; Vorbild

exercer ausüben

exercício *m.* Übung

exigir fordern, verlangen

experiência *f.* Erfahrung

experimentar probieren

explicação *f.* Erklärung

explicar erklären

expor ausstellen

exportar exportieren

exposição *f.* Ausstellung

expressão *f.* Ausdruck

exprimir ausdrücken

expulsar hinauswerfen

exterior Außen-, außen

extinguir auslöschen

F

fã *m./f.* Fan

fabuloso fabelhaft

faca *f.* Messer

fácil leicht

faculdade *f.* Fakultät; ~ de letras Geisteswissenschaftliche Fakultät

fadista *m./f.* Fadosänger/in

falador schwatzhaft

falta *f.* Fehler; Mangel

faltar fehlen

famoso berühmt

fato *m.* Anzug

favorável günstig

favorito *Adj.* Lieblings-

fé *f.* Glaube

fechar schließen

feio hässlich

feliz glücklich

fenómeno *m.* Phänomen

feriado *m.* Feiertag

férias *f., Pl.* Ferien

ferida *f.* Wunde; Verletzung

ferir verletzen

ferro *m.* Eisen; ~ de engomar Bügeleisen

ferroviário Eisenbahn-

ferver kochen

fevereiro *m.* Februar

festa *f.* Feier; Fest

ficar bleiben; sein

fiel treu; zuverlässig

figo *m.* Feige

filhinha *f.* Töchterchen

fim *m.* Ende; ~ de semana Wochenende; a ~ de (que) damit

fingir vortäuschen

fino fein; dünn

finlandês finnisch

firme sicher; standhaft; fest

flauta *f.* Flöte

flor *f.* Blume

fome *f.* Hunger

fora draußen; außerhalb; estar ~ de si außer sich sein

força *f.* Kraft; Gewalt

formação *f.* Bildung

fornecer liefern

forte stark; kräftig

fraco schwach

francês französisch

frango *m.* Hähnchen

frase *f.* Satz

freguês *m.* Kunde

freguesia *f.* Gemeinde; Stadtbezirk

frente *f.* Vorderseite

frequência *f.* Häufigkeit; com ~ oft; häufig

frequentar besuchen

fresco frisch

frigorífico *m.* Kühlschrank

frio kalt; kühl

fritar braten

fruta *f.* Obst; Frucht

fugir fliehen

fumar rauchen

funcionário *m./f.* Angestellte/r

fundir schmelzen; gießen

fundo 1. *Adj.* tief; 2. *m.* Grund

furtar stehlen

G

gabinete *m.* Büro

galinha *f.* Henne, Huhn

ganhar gewinnen; verdienen

ganso *m.* Gans

garagem *f.* Garage

garfo *m.* Gabel

garganta *f.* Kehle, Hals

garrafa *f.* Flasche

gastar verbrauchen; ausgeben (*Geld*)

gasto *m.* Ausgabe; Kosten

gato/a *m./f.* Kater/Katze

gaveta *f.* Schublade

gelado *m.* Eis(creme)

gémeo *m.* Zwilling

genro *m.* Schwiegersohn

gente *f.* Leute; Menschen; a ~ wir

geral allgemein; generell

gerente *m./f.* Manager/in; Geschäftsführer/in

gesto *m.* Geste

gigante *m.* Riese

girafa *f.* Giraffe

golo *m.* Tor; marcar um ~ ein Tor schießen

gordo dick; fett

gostar de mögen; gern haben

governo *m.* Regierung

grau *m.* Grad

grave schwer; ernst; schlimm

grego griechisch

gritar schreien

guardar (auf)bewahren

guarda-redes *m., Pl.* Torwart

guarda-roupa *m.* Kleiderschrank

guia *m./f.* (Stadt-)Führer/in

guiar führen, leiten, lenken

H

habitação *f.* Wohnung

hábito *m.* Gewohnheit

habitualmente gewöhnlich

haver haben; geben, existieren

herói *m.* Held

heroína *f.* Heldin

história *f.* Geschichte

hoje heute

hora *f.* Stunde; a ~s pünktlich

hospital *m.* Krankenhaus

hoteleiro *Adj.* Hotel-

I

idade *f.* Alter

ideia *f.* Idee

idoso betagt, alt

ignorar nicht wissen; ignorieren

igreja *f.* Kirche

igual gleich

ilha *f.* Insel

imaginar (sich) vorstellen; einbilden

imediatamente sofort, augenblicklich

imenso unermesslich; immens

imitar nachmachen; imitieren

impaciente ungeduldig

impedir verhindern; vermeiden

impensável undenkbar

importadora *f.* Importunternehmen

importante wichtig

impossível unmöglich

imprensa *f.* Presse

impressionante beeindruckend

imprimir drucken

inaugurar einweihen, eröffnen

incêndio *m.* Brand

incluído inklusive

incomodado gestört, belästigt

incorrigível unverbesserlich

incrível unglaublich

indicar (an-)zeigen; hinweisen auf; angeben

indignar-se sich entrüsten

indivíduo *m.* Individuum

infância *f.* Kindheit

infantil kindlich

infeliz *Adj.* unglücklich

inferior unterlegen

inferno *m.* Hölle

ínfimo *Adj.* unterst; niedrigst

influenciar beeinflussen

inglês englisch

ingrediente *m.* Zutat

inicial anfänglich

início *m.* Beginn

inocente unschuldig

inovador innovativ

inquietar beunruhigen

inscrever-se sich einschreiben

inserir einfügen; einsetzen

instituir einrichten

instrução *f.* Anweisung; (Aus)Bildung

instruir unterrichten

integrar einbeziehen

inteiro ganz; vollständig

intenção *f.* Absicht

interessar-se por sich interessieren für

interesse *m.* Interesse; ter ~ em Interesse haben an

interior Innen-, innerlich

intérprete *m./f.* Dolmetscher/in; Interpret/in

interrogar (be)fragen

interromper unterbrechen

intervir eingreifen

inventar erfinden

inverno *m.* Winter

inverso umgekehrt; entgegengesetzt

invés: ao ~ de (an)statt

investigar (er)forschen

ioga *m.* Yoga

ir gehen; fahren; ~-se embora weggehen

irmã *f.* Schwester

irmão *m.* Bruder

irritar reizen, wütend machen

isso das, dieses (da)

isto das, dieses (hier)

J

já schon; (so)gleich; jetzt

jamais niemals

janeiro *m.* Januar

janela *f.* Fenster

jantar 1. (zu Abend) essen; 2. *m.* Abendessen

jardim *m.* Garten

jeitoso nett, brauchbar; »gut gebaut«

joelho *m.* Knie

jogador/a *m./f.* Spieler/in

jogar spielen

jogo *m.* Spiel

jornal *m.* (Tages)Zeitung

jovem 1. *Adj.* jung; jugendlich; 2. *m./f.* Jugendliche/r

juiz/juíza *m./f.* Richter/in

juntar hinzufügen, verbinden

junto beiliegend; zusammen; ~ a neben

julgar finden, meinen, denken

julho *m.* Juli

junho *m.* Juni

justo gerecht

juventude *f.* Jugend

L

lá dort

lã *f.* Wolle

lado *m.* Seite; ao ~ de nebenan; bei

ladrão *m.* Dieb

ladrar bellen

lago *m.* See

lama *f.* Lama

lamentar bedauern

lâmpada *f.* Glühbirne

lançar werfen; schleudern

lápis *m.* Bleistift

lar *m.* (Wohn)Heim

laranja *f.* Orange

lavar waschen

legumes *m., Pl.* Gemüse

leão *m.* Löwe

lei *f.* Gesetz

leite *m.* Milch

leitor/a *m./f.* Leser/in; Lektor/in

lembrar-se (de) sich erinnern (an)

lençol *m.* (Bett-)Tuch, Laken

lentes de contacto *f., Pl.* Kontaktlinsen

lento langsam

levantar aufstehen

levar (hin)bringen; mitnehmen

licença *f.* Erlaubnis

licenciar gestatten

liceu *m.* Gymnasium

ligado eingeschaltet, verbunden

ligar verbinden; einschalten

ligeiro leicht; flink

limão *m.* Zitrone

limpar sauber machen; reinigen

limpo sauber; rein(lich)

lindo schön

lisboeta *m./f.* Lissaboner/in

lista *f.* Liste; Verzeichnis

livraria *f.* Buchhandlung

livre frei

logo (so)gleich; bald; nachher; ~ que sobald

loiça/louça *f.* Geschirr

loiro/louro blond

lua *f.* Mond

lugar *m.* Ort; Platz; ter ~ stattfinden

lume *m.* Feuer(stelle)

luso- portugiesisch

luz *f.* Licht

M

maçã *f.* Apfel

machista *m.* Macho

madeira *f.* Holz

madrugada *f.* Tagesanbruch

maduro reif

maio *m.* Mai

mal schlecht; schlimm

mala *f.* Koffer

malandro *m.* Nichtsnutz; Frechdachs; Spaßvogel

mandar schicken; anordnen

maneira *f.* Art (und Weise)

manga *f.* Ärmel

manhã *f.* Morgen; de ~ morgens

manter ein-, erhalten

manual *f.* (Hand-, Lehr)Buch

mão *f.* Hand

mapa *m.* (Land)Karte

mar *m.* Meer

maravilhoso wunderbar

marcar kennzeichnen; vorbestellen; markieren

março *m.* März

maré alta *f.* Flut

maré baixa *f.* Ebbe

margem *f.* Ufer; Rand

marido *m.* (Ehe)Mann

marisco(s) *m., Pl.* Meeresfrüchte; Muscheln; Schalentiere

mas aber; sondern

matar töten

mau/má schlecht; schlimm

máximo größte, höchste

meado *m.* Mitte; em ~s de maio Mitte Mai

médico/a *m./f.* Arzt/Ärztin

medida *f.* Maßnahme

medieval mittelalterlich

medir messen

medo *m.* Angst

meia-noite *f.* Mitternacht

meio *m.* Mitte; halb

meio-dia *m.* Mittag

melão *m.* Melone

melhor besser

membro *m.* Mitglied

menino/a *m./f.* Junge/Mädchen

menos weniger; a ~ que es sei denn, dass

mensagem *f.* Nachricht

mentir lügen

mentira *f.* Lüge

mentiroso *m.* Lügner

mercado *m.* Markt

mercadoria *f.* Ware

merecer verdienen

mês *m.* Monat

mesa *f.* Tisch; pôr a ~ den Tisch decken

mesmo gleich; selbst; ~ que selbst/auch wenn

meter-se sich einmischen

metro *m.* 1. Meter; 2. Metro

mexer (um)rühren; bewegen

milagre *m.* Wunder

milhão *m.* Million
milho *m.* Mais
mini-saia *f.* Minirock
misturar (ver)mischen
moda *f.* Mode; à ~ de nach Art von
modo *m.* Art (und Weise)
mole weich; schlaff
molhado nass
molhar nass machen
montanha *f.* Gebirge
monumento *m.* Monument; Sehenswürdigkeit
morango *m.* Erdbeere
morar wohnen
morder (zer-, an)beißen
morrer sterben
mostrar zeigen; vorführen
motorista *m./f.* Autofahrer/in
móvel 1. *Adj.* beweglich; 2. *m.* Möbel(stück)
mudança *f.* Wechsel; Umzug (*Haus*); Gang (*Fahrrad*)
mudar wechseln; ändern; umziehen
multa *f.* Geldstrafe
mundial weltweit; Welt-
murcho welk; schlaff
muro *m.* Mauer

N

nada nichts; gar nicht
nadador/a *m./f.* Schwimmer/ in
nadar schwimmen
namorado/a *m./f.* (feste/r) Freund/in
nariz *m.* Nase
nascer geboren werden
natação *f.* Schwimmen
navegador *m.* Seefahrer
necessário notwendig
necessidade *f.* Notwendigkeit
negar bestreiten; leugnen
negociação *f.* Verhandlung
nem nicht einmal; ~ que selbst wenn
nenhum/a kein (-e, -er, -es)
nervosismo *m.* Nervosität
neto/a *m./f.* Enkel/in
neve *f.* Schnee
ninguém niemand
ninho *m.* Nest
nogueira *f.* (Wal)Nussbaum
noite *f.* Nacht; Abend à ~ am Abend, abends
noiva *f.* Braut
nomear (be-, er)nennen
nora *f.* Schwiegertochter
norte *m.* Norden
notícia *f.* Nachricht
novembro *m.* November
novidade *f.* Neuigkeit
noz *f.* (Wal)Nuss
nublado bewölkt, wolkig
número *m.* Zahl; Nummer
nunca nie(mals)

O

objeto *m.* Gegenstand
obra *f.* Werk
obrigado 1. verpflichtet; 2. danke
obrigar (a) zwingen, verpflichten (zu)
obstruir versperren; verstopfen
obter erreichen
óbvio offensichtlich
oceano *m.* Ozean
óculos *m., Pl.* Brille
odiar hassen
oferecer schenken
oferta *f.* Angebot
oficina *f.* Büro; Werkstatt; Workshop
oiro/ouro *m.* Gold
olhar anschauen; betrachten
olho *m.* Auge
olhinho *m.* Äuglein; fazer ~s a flirten mit
ontem gestern
opinião *f.* Meinung; Einstellung
oportunidade *f.* Gelegenheit
oposto entgegengesetzt
ordenar anordnen; befehlen
orgulho *m.* Stolz
origem *f.* Ursprung; Herkunft
ótica *f.* Optik
ótimo toll; hervorragend
outono *m.* Herbst
outro/a ein/e andere/r; noch ein/e
outrora damals, früher, einst
outubro *m.* Oktober
ouvir hören
oxalá hoffentlich
ovo *m.* Ei

P

paciência *f.* Geduld
pagar bezahlen
país *m.* Land
pais *m., Pl.* Eltern
paisagem *f.* Landschaft; Gegend
palavra *f.* Wort
palha *f.* Stroh; cortar em ~ in Stifte schneiden
panela *f.* (Koch)Topf
pão *m.* Brot
para *örtl.* nach; zu; an; *zeitl.*/ *Zweck* für; *final* damit
parabéns *m., Pl.* Glückwünsche
paraíso *m.* Paradies
parar anhalten; stoppen
pardo *m.* grau; dunkel(farbig)
parecer (zu sein) scheinen; aussehen; jdm. vorkommen
parede *f.* Wand
parte *f.* Teil; Anteil; fazer ~ de gehören zu
participante *m. / f.* Teilnehmer/in
participar em teilnehmen an; dabei sein

partido *m.* Partei

partir aufbrechen, abfahren; (zer)teilen

passado 1. *Adj.* vergangen; früher; 2. *m.* Vergangenheit

passagem *f.* Durchgang; Überfahrt

passaporte *m.* (Reise)Pass

passar no exame die Prüfung bestehen

passar por durch-/überqueren

pássaro *m.* Vogel

passear spazierengehen

passeio *m.* Spaziergang

patente *Adj.* offen; offensichtlich

patinho *m.* Entlein

patrão *m.* Chef; Arbeitgeber

paz *f.* Frieden

pé *m.* Fuß; a ~ zu Fuß

pedir (er)bitten; bestellen

pedra *f.* Stein

peixaria *f.* Fischgeschäft

peixe *m.* Fisch

pele *f.* Haut; Fell

pena *f.* Mitleid; Strafe; ter ~ leid tun

pentear kämmen

pequeno klein; gering

pêra *f.* Birne

perceber verstehen; bemerken

perder verlieren; verpassen

perdoar entschuldigen

perdoável verzeihlich

perguntar fragen

perigo *m.* Gefahr

perigoso gefährlich

permitir erlauben; gestatten

perna *f.* Bein

pernoitar übernachten

perseguir verfolgen

perto (de) nahe (bei)

pêssego *m.* Pfirsich

pessegueiro *m.* Pfirsichbaum

pessoa *f.* Person; ~s Leute

pessoal persönlich

picar hacken; stechen

pimenta *f.* Pfeffer

pintar malen

pintura *f.* Malerei

pior schlechter

pisar (be)treten

pobre arm

poder können; dürfen

poema *m.* Gedicht

pois da; weil

ponte *f.* Brücke

pontual pünktlich

por *örtl.* durch; *zeitl.* gegen; *kausal* weil

pôr setzen; stellen; legen

por cento *m.* Prozent

por isso (isto) darum; deshalb

porque weil

porta *f.* Tür

porta-moedas *m.* Portemonaie

portátil *m.* Notebook

posse *m.* Besitz; tomar ~ antreten (Amt)

posição *f.* Stelle; Position

possível möglich

postal *m.* Postkarte

posterior nachfolgende (-r, -s); später

posto que da; weil

pouco wenig

praguejar fluchen

praia *f.* Strand

prata *f.* Silber

prato *m.* Teller; Gericht

prazer *m.* Vergnügen; Freude; Genuss

prazo *m.* Frist; Termin

preço *m.* Preis

prédio *m.* Grundstück; Gebäude

preferir vorziehen

prejuízo *m.* Nachteil, Schaden (*materiell*)

premiar auszeichnen

prenda *f.* Geschenk

prender festnehmen; gefangen nehmen

preocupado besorgt

preocupante Besorgnis erregend

preocupar-se (com) sich Sorgen machen (um)

preparação *f.* Zubereitung

preparar vorbereiten

presenciar beiwohnen; erleben

pressão *f.* Druck

preto schwarz

previsão *f.* Voraussicht; Vorhersage

primavera *f.* Frühling

primo *m.* Cousin

procedimento *m.* Vorgehens-weise

procura *f.* Suche

procurar suchen

professor/a *m./f.* Lehrer/in; Professor/in

profissão *f.* Beruf

progresso *m.* Fortschritt

proibir verbieten

projeto *m.* Projekt

prometer versprechen

promover fördern

pronto fertig; umgehend

proposta *f.* Vorschlag

proteger schützen

prova *f.* Probe; Beweis; Prüfung

provar probieren; prüfen

provável wahrscheinlich

provocar provozieren

próximo nahe gelegen (*örtl.*); nah; nächst (*zeitl.*)

publicar veröffentlichen

pudim *m.* Pudding

Q

qual welche (-r, -s)

qualidade *f.* Eigenschaft; Qualität

qualquer jede/r/s beliebige

quando wann; als; (immer) wenn

quanto wie viel (*interrogativ*); ~ a hinsichtlich, betreffend

quarta-feira *f.* Mittwoch

quarto *m.* Zimmer; Viertel

quase fast, beinahe

que 1. *Relativpron.* der, die, das; 2. *Konj.* dass; 3. *Interrogativpron.* was, wie, was für ein

queda *f.* Fall; Sturz

queixar-se de sich beklagen über

quem wer (*interrogativ*); der, die, das; ~ me dera que hoffentlich

quente warm

querer mögen; wollen

questão *f.* Frage; Problem

quinta *f.* (Land)Gut

quinta-feira *f.* Donnerstag

quintal *m.* Garten

R

rabelo *m.* Boot (zum Transportieren des Portweins auf dem Douro)

rainha *f.* Königin

ramo de flores *m.* Blumenstrauß

rapariga *f.* Mädchen

rapaz *m.* Junge

rápido schnell

raposa *f.* Fuchs

raro selten; außergewöhnlich

rato *m.* Maus

razão *f.* Grund; Recht; Vernunft; ter ~ Recht haben

reação *f.* Reaktion

reagir reagieren

recado *m.* Nachricht

recear (be)fürchten

receber empfangen; erhalten

receita *f.* Rezept

recente neu; jüngst

recomendar raten, empfehlen

reconhecer (an-, wieder-) erkennen

referência *f.* Referenz; Bezug

referir erwähnen; ~-se a sich beziehen auf

refletir nachdenken, überlegen

refogar (an)schmoren; köcheln

reger regieren, herrschen

região *f.* Gegend; Gebiet; Region

regra *f.* Regel

regressar zurückkommen

regular 1. *Adj.* regelmäßig; 2. regeln; ordnen; regulieren

rei *m.* König

rejeitar zurückweisen

relação *f.* Beziehung; Zusammenhang; em ~ a im Verhältnis zu; in Bezug auf

relativo a bezüglich

relatório *m.* Bericht

relva *f.* Rasen

remédio *m.* (Heil-, Hilfs-)Mittel

renda *f.* Ertrag; Miete

repetir wiederholen

repleto überfüllt; überladen

representar vorstellen; darstellen

reservatório *m.* Behälter; Speicher

resolver lösen; beschließen

respeitar respektieren

respeito *m.* Achtung, Respekt; Rücksicht; com ~ a in Hinblick auf

respetivo betreffend; entsprechend

responder a (be)antworten (auf)

resposta *f.* Antwort

restaurante *m.* Restaurant

restituir zurückerstatten

resto *m.* Rest

restringir einschränken

resumo *m.* Resümee

retirar zurückziehen; zurücknehmen

reunião *f.* Versammlung

reunir vereinen, versammeln

revelação *f.* Enthüllung

revelar enthüllen

revista *f.* Zeitschrift

revistar durchsuchen

rico reich

rim *m.* Niere

rio *m.* Fluss

rir lachen

risco *m.* Risiko; Gefahr

rocha *f.* Fels

rodela *f.* (runde) Scheibe

romance *m.* Roman

rondar umkreisen

roubar stehlen

roupa *f.* Kleidung; Wäsche

rua *f.* Straße

S

sábado *m.* Samstag

saber wissen; schmecken

sabor *m.* Geschmack

saboroso schmackhaft

saco *m.* Sack; Beutel; Tüte

sacudir (aus)schütteln

saída *f.* Ausgang; Ausfahrt

sair ausgehen; weggehen

sal *m.* Salz

sala *f.* (Wohn)Zimmer; Raum; ~ de aula Klassenraum

salsa *f.* Petersilie

salto *m.* Sprung; Absturz; Fall

salvar retten

salvo se außer wenn

são, sã gesund

sarna *f.* Krätze; Räude

satisfação *f.* Zufriedenheit; Befriedigung

satisfeito zufrieden

saúde *f.* Gesundheit

se 1. *Pron.* sich; man; 2. Konj. wenn, falls; ob
seco trocken
secretária *f.* Sekretärin; Schreibtisch
século *m.* Jahrhundert
seda *f.* Seide
segredo *m.* Geheimnis
seguido folgende (-r, -s)
seguinte folgend; nächst
seguir folgen
segunda-feira *f.* Montag
segundo 1. *m.* Sekunde; 2. zweit; zweitens
segurar sichern
seguro sicher
sem ohne
semana *f.* Woche
semear sähen
semestre *m.* Semester
sempre immer; ~ que immer wenn
senão sonst; wenn nicht
sentar-se sich setzen
sentenciar verurteilen
sentir fühlen; bedauern
sequer wenigstens; überhaupt
ser sein; sich befinden; a não ~ que es sei denn, dass
serralheiro *m.* Schlosser
servir (be)dienen; servieren
sesta *f.* Mittagsruhe
setembro *m.* September
setentrional nördlich
sexta-feira *f.* Freitag
significativo bedeutsam
silêncio *m.* Schweigen
simples einfach
sinal *m.* Zeichen; Signal; Schild
sítio *m.* Ort, Platz, Stelle
situar-se sich befinden
só 1. allein; nur; 2. erst (*zeitl.*)
sob unter
sobre auf; über
sobremesa *f.* Nachtisch
sobretudo vor allem
sobrinho/a *m./f.* Neffe/Nichte
sofrer leiden
sogro/a *m./f.* Schwiegervater, -mutter
sol *m.* Sonne; fazer ~ scheinen (*Sonne*)
solicitar beantragen; auffordern
solução *f.* Lösung
somente nur; erst
sondagem *f.* Umfrage
sonhar com träumen von
sono *m.* Müdigkeit; Schlaf
sopa *f.* Suppe
sorrir lächeln
sorriso *m.* Lächeln
sorte *f.* Glück; Schicksal
sozinho allein
suave sanft; mild; weich
subir (hinauf)steigen
subscrever unterschreiben
substituir ersetzen
sugerir vorschlagen, nahelegen
suíço schweizerisch
sujo schmutzig, dreckig
superior höher (a als); besser
supor voraussetzen; annehmen, vermuten
suposto que vorausgesetzt, dass
surgir auftauchen, erscheinen
surpreender überraschen
surpresa *f.* Überraschung
suspeita *f.* Verdacht
suspeitar verdächtigen

T

tabela *f.* Tabelle
taça *f.* Pokal; Kelch
tacho *m.* Kochtopf
talvez vielleicht
também auch, ebenfalls
tampa *f.* Deckel; Verschluss
tanto so viel; so sehr
tão so; so sehr
tarde 1. *f.* Nachmittag; à ~ am Nachmittag, nachmittags; 2. *Adv.* spät
tarefa *f.* Aufgabe
tática *f.* Taktik
taxa *f.* Gebühr; Steuer; Rate
teimoso eigensinnig, stur
telemóvel *m.* Mobiltelefon, Handy
telhado *m.* Dach
temer fürchten
tempero *m.* Gewürz
tempestade *f.* Unwetter; Sturm
tempo *m.* Zeit; Wetter
tencionar beabsichtigen
tentar versuchen
ter haben; ~ de/que müssen
terça-feira *f.* Dienstag
terminar beenden
terra *f.* Erde; Boden; Heimat
terramoto *m.* Erdbeben
tia/tio *f./m.* Tante/Onkel
tijolo *m.* Ziegel(stein)
time *m.* Team
tirar (heraus)ziehen; herausnehmen
tocar berühren; klingeln; spielen (*Instrument*)
todo *Adj.* ganz
todos/todas alle, jede/r/s
tomara que hoffentlich
tonto *m.* Dummkopf
toque *m.* Berührung; dar um ~ anklingeln (*Handy*)
tórax *m.* Brustkorb
tornar umwenden; umdrehen; ~-se werden
torneira *f.* Wasserhahn
torre *f.* Turm
tossir husten
touro *m.* Stier
traduzir übersetzen
trair verraten

transgredir übertreten, überschreiten

trânsito *m.* Verkehr

transmissão *f.* Übertragung

transmitir übertragen

tratar behandeln; ~ por tu duzen

trazer (mit)bringen

treinador *m.* Trainer

treinar trainieren

trigo *m.* Weizen

tripas *f., Pl.* Innereien; Kaldaunen

triste traurig

troça *f.* Spott

trovoada *f.* Gewitter

tudo alles; acima/antes de ~ vor allem; apesar de ~ trotz allem

turma *f.* Klasse; Gruppe

U

uísque *m.* Whisky

ultimamente in letzter Zeit

último letzt

unha *f.* (Finger-, Fuß)Nagel

união *f.* Vereinigung; Union

único einzig(artig)

urgência *f.* Dringlichkeit

urgente dringend

usar gebrauchen; anwenden

uso *m.* Gebrauch; Anwendung

usuário *m.* Nutzer

útil nützlich

utilizador/a *m./f.* Benutzer/in

utilizar benutzen

V

vaca *f.* Kuh

valer wert sein

valor *m.* Wert

válvula *f.* Ventil; Klappe

vangloriar schmeicheln

vapor *m.* Dampf

varanda *f.* Balkon; Veranda

vário verschieden(artig)

vazio 1. *Adj.* leer; 2. *m.* Leere

vela *f.* Kerze

velocidade *f.* Geschwindigkeit

vencer besiegen

vendedor *m.* Verkäufer

vender verkaufen

vento *m.* Wind

verão *m.* Sommer

verdade *f.* Wahrheit

vermelho rot

véspera *f.* Vorabend

vestido *m.* Kleid

vestir anziehen

vez *f.* Mal; muitas ~es oft; todas as ~es immer; alguma ~ jemals; às ~es manchmal

viagem *f.* Reise

viajar reisen

vida *f.* Leben

vigiar bewachen

vila *f.* Kleinstadt

vinho *m.* Wein

vir kommen

virgem *f.* Jungfrau

virtude *f.* Tugend; em ~ de aufgrund; da

visibilidade *f.* Sichtbarkeit

visionar sehen; erblicken

visita *f.* Besuch; Besichtigung ~ guiada Stadtführung

visitante *m./f.* Besucher/in

visitar besuchen; besichtigen

vista *f.* (Aus)Blick; Sehfähigkeit

visto que da, weil

vítima *f.* Opfer

vitória *f.* Sieg

viver leben

vizinhança *f.* Nachbarschaft

vizinho/a *m./f.* Nachbar/in

voar fliegen

vocábulo *m.* Wort; Vokabel

volante *m.* Lenkrad

volta *f.* Rückkehr; Wende; à/por ~ de ungefähr, etwa; gegen; dar uma ~ (por) einen Rundgang machen (durch); estar de ~ zurück sein

voltar zurückkommen; ~ a fa- zer wieder tun

vontade *f.* Wille; à ~ frei heraus, nach Belieben; fazer a ~ den Gefallen tun

voo *m.* Flug

voto *m.* Stimme (*Wahl*)

voz *f.* Stimme; em ~ alta laut

Z

zangado böse, wütend

zona *f.* Abschnitt; Zone

Stichwortregister